敍述觀點與歷史建構

兩晉史家的「三國」前期想像

陳俊偉　著

序

晉武帝司馬炎於公元二八〇年結束了自公元一八四年黃巾之禍以來的亂局，隨後十年間，來自蜀國的陳壽完成了《三國志》。表面上這百餘年歷史的波濤似乎暫時歸趨平靜，然而事實上三國史錯綜複雜的屬性，也在魏、蜀、吳各地史家爭相追憶故國家邦、人物神采與山河風雲的激情中，逐步擴展開來。而在一百四十多年後，劉宋元嘉六年，裴松之奉命完成深具史學意義的《三國志注》，再一次對三國史的總結與素描提出了層層的挑戰與質詢。

《三國志注》中搜集的史料總計二百二十五種書目，史部典籍即有一百五十七種。若將《三國志》視為指標性的定位，成書時間點在其之前的著作主要有：王沈《魏書》、魚豢《魏略》《典略》、韋昭《吳書》、胡沖《吳曆》等，皆是陳壽著史時得以掌握的史料。至於陳壽撰史時未能見到的則有：虞溥《江表傳》、張勃《吳錄》、習鑿齒《漢晉春秋》及孫盛《魏氏春秋》等等。

而歷來對於《三國志注》的研究雖然極為豐沛，但是大多停留在外圍幾個區塊打轉，並沒有詳細將其置諸三國史錯綜複雜的語境中加以探究，是以《三國志注》中暗藏的語碼及意義尚未有系統性的揭示。換句話說，《三國志注》所引諸書其實可以當成對陳壽《三國志》的解構與重建。

陳俊偉君與余遊學於花東縱谷東華大學有年，終於完成其《敘述觀點與歷史建構——兩晉史家的「三國」前期想像》一書。除了承繼余處理裴松之《三國志注》的筆韻之外，更加入袁宏《後漢紀》、常璩《華陽國志》、范曄《後漢書》等完整的史學巨著，視野更加遼闊，並藉此重新建構「前三國史」的所謂「歷史真相」，的確能發前人之所未言。今其書將付梓出版，相信陳君數年辛勤耕耘之心血與卓識，當獲得更多知音者共鳴，是為序。

民國一〇四年春分

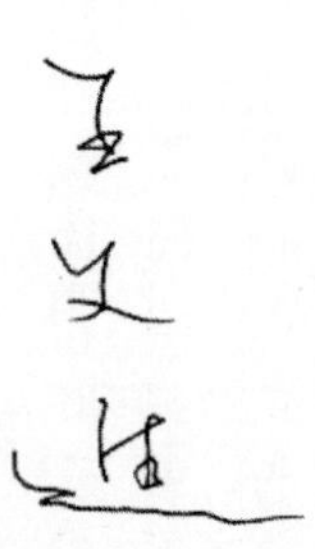

自序

「精彩與驚險是一線之隔」、「優點即缺點」，或許定調了本書的特色。

如何研判史家的著述意識、政治立場、臨史態度等，是個很艱難的問題。畢竟，「過去」已經不復返，留下來的歷史文本終究都僅是論述而已。這種情況下，只有透過將史料與較可信的歷史事實進行對比，抑或透過不同史料間進行對比、互相定位座標等，方能觀察出史家的敘述傾向，方能觀察出史家留下的暗碼。而且，史家敘述歷史時的考量可能是多面、複雜的，判定史家之各種意圖（包括類似合傳人物的判準等問題）的研究成果通常不容易定論。

《批評的循環》舉了一個例子，一位五歲小男孩說：「我的手被門夾到了，好痛。」是在陳述事實，還是在尋求關愛的眼神呢？相較於話語本身，似乎話語的意圖更耐人尋味：國立成功大學林盈翔博士曾經使用這個案例提醒過我，確實道盡了箇中棘手之處。因而，操作上有其困難處。史家終究有其實錄歷史的職責，有時候記載一些對特定人物正面／負面的史料，究竟是史家情有所偏、還是史家單純收錄之？這個時候只能連結史家的個人立場，以及觀察、收集出史籍中的多項特殊處才能判定，過程必然還要對所有留存下來的相關史料嫻熟於心：歸納法的重要性不言可喻。

資訊爆炸的時代，一本書籍的出版看似了無輕重。但是考量到撰寫過程實仰賴眾多師友們協助，也有賴於秀威資訊給予的出版機會；不僅為週遭添了不少麻煩，自己也花費了眾多時間、金錢、心力，又深感到這部將近二十萬字的原稿實得來不易。最後，再特別感謝業師王文進老師從學生的大學時期即開始之敦敦教誨，學生於人生、學術方面都受益匪淺，這次出版亦於百忙之中贈序。劉漢初老師、曾守正老師，曾經仔細閱讀過本書初稿並且給予諸多修改意見，學生銘感五內。還有，感謝引薦、協助出版的好友敘銘：從大學時期一路以來的幫助，寂寞的學術道路上能有同儕不吝於提攜，實是萬幸。

民國一〇四年驚蟄
臺灣大學　文學院

目次
CONTENTS

導論

從東漢（二五－二二〇）末年歷經魏晉南北朝，史學發展之茁壯、茂盛，當謂為這動盪頻繁時期的一大光景。錢穆將這時期崇高的成就與其他時期相較，得出以下結論：「中國史學發達，應始東漢晚期，至魏晉南北朝大盛。不僅上駕兩漢，抑且下凌隋唐。此下惟宋代差堪相擬，明清亦瞠乎其後。」[1]統計從東漢末年到隋朝（五八一－六一九）之間，光是記載東漢、三國、兩晉歷史的著作，數量已經非常可觀，北魏（三八六－五三四）柳虯（五〇一－五五四）甚至發出以下感嘆：「著漢魏者，非一氏；造晉史者，至數家。後代紛紜，莫知准的。」[2]該著作實況，可視作這時期史學活躍的證明與縮影。

1 見氏：〈略論魏晉南北朝學術文化與當時門第之關係〉，《中國學術思想史論叢（三）》（合肥：安徽教育出版社，二〇〇四年六月），頁一四一。

2 《周書．柳虯傳》。〔唐〕令狐德棻等撰：《周書》（北京：中華書局，二〇〇九年三月），頁六八一。白壽彝嘗試依據統計資料：「這時，傳紀體的著述多起來了，後漢史有十種，三國史有七種，晉史有十一種，南北朝史有十七種。編年史也多起來了，後漢史有四種，三國史有二種，晉史有十一種，南北朝史有六種。」暫且不論確切數量是否完全正確，但已經不難看出一代之史的編纂竟然有眾家前仆後繼。見氏：〈陳壽和袁宏〉，《中國史學史論集》（北京：中華書局，二〇〇一年十月），頁一五五。

雖然史籍散佚嚴重，現存較完整的史籍並不多，幸而有賴劉宋（四二〇－四七九）裴松之（三七〇－四四九）[3]在奉詔編纂的《三國志注》中廣泛徵引（書目約二百一十本左右，史籍約一百五十本左右）[4]，提供後人從僅存的史料揣想該書原貌的可能性。清代（一六四四－一九一一）四庫館臣曾指出《裴注》的優點：「網羅繁富，凡六朝舊籍，今所不傳者，尚一一見其崖略，又多首尾完具，不似酈道元《水經注》，李善《文選注》皆翦裁割裂之文。」[5]裴松之及其助手徵引史料時有兩項優點：「網羅繁富」、「首尾完具」，尤其後者使其不似北魏酈道元（？－五二七）《水經注》、唐代（六一八－九〇七）李善（六三〇－六八九）《文選注》等較有「翦裁割裂」的情況。更何況，例如西晉（二六五－三一六）陳壽（二三三－二九七）《三國志》，東晉（三一七－四二〇）常璩（二九一－？－三六一？）[6]、袁宏（三二八－三七六）的《華陽國志》、《後漢紀》，劉宋范曄（三九八－四四五）《後漢書》等等，這些與「三國學」關係密切的史籍，有賴前輩學者勞心費力的校勘、整理，幾盡於是以全貌呈現於今人案前。本書

3 詳見陳健梅：〈裴松之生卒年考〉，《中國史研究》第二期（二〇〇一年五月），頁五二。

4 楊翼驤：〈裴松之與《三國志注》〉，《學忍堂文集》（北京：中華書局，二〇〇二年十一月），頁一八七。

5 〔清〕紀昀等纂：《欽定四庫全書總目》（臺北：藝文印書館，一九八九年），第二冊，頁九七三。《水經注》、《文選注》還是有其各自在保存史料方面的貢獻，尤其是前者，詳見陳橋驛：〈《水經注文獻錄》序〉，《杭州大學學報（哲學社會科學版）》第一六卷第三期（一九八六年九月），頁四七－五二。

6 詳見任乃強考辨，〔晉〕常璩著；任乃強校注：《華陽國志補圖注》（上海：上海古籍出版社，二〇〇九年七月），〈前言〉，頁一－三。

的研究對象信然能稱之資料豐富。

衡諸古今研究，三國史相關著作受到關注的盛況，沒有辜負這時期史學的精彩燦爛[7]，佚史著作輯佚與基礎研究持續有成果問世[8]。相信如是努力，未來定然能更全面、深刻地認識魏晉間

---

7 關於《三國志》的研究成果爬梳，可詳見楊耀坤：《陳壽評傳》（南京：南京大學出版社，二〇〇二年一月），第六章〈《三國志》的價值及後世對它的研究〉，頁一〇八－二〇三；專書探討研究盛況熱烈的清代「三國學」，則可詳見黃文榮：《論清代《三國志》之研究——以校勘、評論、補注為例》（臺北：花木蘭文化出版社，二〇〇七年三月（原臺中：東海大學歷史學系碩士學位論文，呂士朋先生指導））。《裴注》研究的概況則可詳見張瑞龍：〈從經注與史注的變奏看裴松之《三國志注》的學術地位〉，《史學月刊》第六期（二〇〇四年），頁九五－一〇二；林盈翔：《裴松之與劉孝標史注學比較研究》（花蓮：國立東華大學中國語文學系碩士論文，王文進先生指導，二〇一〇年七月），第一章第二節〈文獻回顧〉，頁九－一一。范曄《後漢書》的研究回顧，詳見鍾書林：《《後漢書》文學初探》（北京：中國社會科學出版社，二〇一〇年六月），〈緒論〉，頁一－一二；楊小平：《《後漢書》語言研究》（成都：巴蜀書社，二〇〇四年十二月），〈緒論〉第三章，頁二四－三九。袁宏《後漢紀》的研究概況，詳見卓季志：《《後漢紀》與袁宏之史學及思想》（臺北：花木蘭文化出版社，二〇〇九年三月（原臺中：中興大學歷史學系所碩士學位論文，王明蓀先生指導，二〇〇七年）），第一章第二節，頁七－一七；田亞瓊：《袁宏《後漢紀》研究》（安徽大學歷史文獻學系碩士論文，張子俠先生指導，二〇一〇年四月），第一章第二節，頁七－一一；葉霞：《范曄《後漢書》與袁宏《後漢紀》之比較研究——以兩者帝紀材料和史論為例》（暨南大學（大陸）碩士學位論文，徐國榮先生指導，二〇〇八年五月），〈緒論〉，頁一－三。常璩《華陽國志》的研究回顧，可詳見劉重來，徐適端主編：《《華陽國志》研究》（成都：巴蜀書社，二〇〇八年六月），第一章〈緒論〉，第四節〈研究的概況與前景〉，頁三七－五五。日本漢學界研究魏晉史籍的成果相當厚實，但是目前受到的關注稍嫌不足，將隨文徵引之。

8 宋志英曾概述兩晉時期的諸本史籍（包括已經散佚者），見氏：《晉代史學研究》（南開大學史學理論及史學史博士學位論文，喬治忠先生指導，二〇〇二年六月）。

散佚的史籍與魏晉史學概況[9]。然而省察「三國學」的研究成果，有個現象相當值得關注，即是往往將《裴注》徵引諸書置諸在追求歷史真相的架構下進行探討。這是早從裴松之本人即揭示的「三國學」傳統研究徑路[10]。學者碰觸《裴注》徵引的諸家史料時，往往侷限於考核虛實的二元慣性思維。較少重視到這些史籍身為人為建構的產物，必然帶有其各自建構歷史時的個人史觀；有時候問題不在真偽，而在於史家何以如是敘述歷史。即使是近代的學者也沒有因受到後現代史學的洗禮，而大幅跳出該慣性思維。這或許又是受到《三國志演義》身為小說的巨大身影影響，

9 有些論者由於未能細探史籍的特性，詮釋的過程與結論難免有待商榷。例如李祥年認為《江表傳》中記載劉備（一六一－二二三）於赤壁之戰（二〇八）前恐慌、踟躕兩端的表現記載相當生動可信，從而認定不載其當陽潰敗後驚慌狼狽的陳壽有袒護劉備的嫌疑，見氏：《漢魏六朝傳記文學史稿》（上海：復旦大學出版社，一九九五年四月），頁九四－九五。然而考慮到《江表傳》具有相當濃烈的「仇蜀意識」，與其說是陳壽「黨蜀」，更可能的是《江表傳》「仇蜀」，詳見王師文進：〈論「赤壁意象」的形成與流轉——「國事」、「史事」、「心事」、「故事」的四重奏〉，《成大中文學報》第二八期（二〇一〇年〇四月），頁一〇五－一〇六。

10 逯耀東：「裴松之對材料的考證，是為了追求歷史的真實，他的態度是相當固執的。《宋書》本傳載其〈上禁斷私碑表〉就說『顯彰茂實，使百代之下知其不虛……。』這正是考辨材料的目的。雖然《三國志注》蒐集了各種不同的材料，但裴松之對某些材料仍持保留的態度。……其所論辯的範圍並不僅限於陳壽的《三國志》，並且包括所引用的魏晉其他史學著作。」見氏：〈裴松之與魏晉史學評論〉，《魏晉史學的思想與社會基礎》（臺北：東大圖書股份有限公司，二〇〇〇年二月），頁四五六－四五七。楊翼驤：「裴氏以第一手材料為主，從不輕信，認真鑒別史料，從不同方面考証史料，開創了史料比較法和發展了史料考証學。」見氏：〈裴松之和范曄〉，《學忍堂文集》，頁一七一。

從而侷限學者運用《三國志》、《裴注》等等史籍內容的方式。既然《演義》係屬充滿虛構內容的文學作品，與之相對的史料在辨偽後就通常直接視作史實，鬆懈了史料來源的檢定。

這一慣性思維使得《裴注》徵引諸書，甚至陳壽《三國志》本身的敘史觀點皆較難以被視為研究重心呈現出來，較缺乏深入探究各本史籍具個性之面貌的嘗試。僅列舉陳壽之前的北方史家魚豢為案例說明[11]，其著作《魏略》：

> 劉備屯於樊城。是時曹公方定河北，（諸葛）亮知荊州次當受敵，而劉表性緩，不曉軍事。亮乃北行見備，備與亮非舊，又以其年少，以諸生意待之。坐集既畢，眾賓皆去，而亮獨留，備亦不問其所欲言。備性好結毦，時適有人以髦牛尾與備者，備因手自結之。亮乃進曰：「明將軍當復有遠志，但結毦而已邪！」備知亮非常人也，乃投毦而答曰：「是何言與！我聊以忘憂耳。」亮遂言曰：「將軍度劉鎮南孰與曹公邪？」備曰：「不及。」亮又曰：「將軍自度何如也？」備曰：「亦不如。」曰：「今皆不及，而將軍之眾不過數千人，以此待敵，得無非計乎！」備曰：「我亦愁之，當若之何？」亮曰：「今荊州非少

---

11 王師文進對魚豢立足於曹魏政權（二二〇—二六五）本位，嘗試詆毀蜀漢政權（二二一—二六三）、諸葛亮（一八一—二三四）的種種記載進行過較完整的探討，本書參酌其成果以交代研究時採取的新視野，見氏：〈論魚豢《魏略》的三國史圖像〉，《中國學術年刊》第三三期（秋季號）（二〇一〇年九月），頁一—三四。

人也，而著籍者寡，平居發調，則人心不悅；可語鎮南，令國中凡有游戶，皆使自實，因錄以益眾可也。」備從其計，故眾遂強。備由此知亮有英略，乃以上客禮之。《九州春秋》所言亦如之。[12]

倘若採信魚豢的說法，那麼諸葛亮出仕就不再是因為劉備「三顧茅廬」的緣故，反倒是諸葛亮毛遂自薦的結果[13]。這條史料表面上雖然承認諸葛亮具有內政方面的優秀才幹，實際則突顯劉備處理政事之暗昧，同時瓦解「三顧茅廬」這一後世歌頌的君臣佳話[14]。

---

12 《三國志．蜀書．諸葛亮傳》注引。〔晉〕陳壽撰；〔宋〕裴松之注：《三國志》（北京：中華書局，二〇〇七年五月），頁九一三。

13 沈伯俊：「有人別出心裁地說：『如果既要接受《魏略》和《九州春秋》，同時又不否定《出師表》和《三國志》，就只有一種可能，即兩種說法都是事實，而且「登門自薦」在前，「三顧茅廬」在後。』這種說法，表面看來似乎很『全面』實際上卻犯了折中主義的錯誤。按照《魏略》的記載，聽了諸葛亮的批評和建議後，『備由此知亮有英略，乃以上客禮之』。既然劉備已經將諸葛亮待為上賓，哪裡還需要勞神費力地再去『三顧茅廬』呢？由此可見，兩種記載，一真一偽，無法兼容，所謂『兩種說法都是事實』，只能是一種主觀猜想。」見氏：〈為諸葛亮析疑辨誣〉，《成都大學學報（社科版）》第六期（二〇〇七年），頁一三。

14 唐代詩歌雙璧「李杜」，皆有詩歌論及該事。李白（七〇一—七六二）〈讀諸葛武侯傳書懷贈長安崔少府叔封昆季〉：「赤伏起頹運，臥龍得孔明。當其南陽時，隴畝躬自耕。魚水三顧合，風雲四海生。武侯立岷蜀，壯志吞咸京。」〔唐〕李白著；瞿蛻園、朱金城校注：《李白集校注》（臺北：里仁書局，一九八一年三月），頁六二二；杜甫（七一二—七七〇）〈蜀相〉：「三顧頻繁天下計，兩朝開濟老臣心。出師未捷身先死，長使英雄淚滿襟。」〔唐〕杜甫著；〔清〕仇兆鰲注：《杜詩詳注》（北京：中華書局，一九八〇年七月），頁七三六。

想要證明《魏略》的記載純屬虛妄之語並不困難，諸葛亮〈出師表〉一文即當事人自道：「先帝不以臣卑鄙，猥自枉屈，三顧臣於草廬之中。」[15]西晉北人張輔（？—三〇五）亦言「（劉備）屢造其（諸葛亮）廬」[16]。又，陳壽〈上《諸葛氏集》表〉：「時左將軍劉備以（諸葛）亮有殊量，乃三顧亮於草廬之中。」[17]這份奏表乃是要上呈西晉官方，豈能憑空杜撰以遭物議。裴松之即駁斥《魏略》的說辭：

臣松之以為（諸葛）亮〈表〉云「先帝不以臣卑鄙，猥自枉屈，三顧臣於草廬之中，諮臣以當世之事」，則非亮先詣備，明矣。雖聞見異辭，各生彼此，然乖背至是，亦良為可怪。[18]

裴松之認為不應當「乖背至是」的困惑[19]，正好說明了該條史料之謬誤已經不足以用「聞見異

15 《三國志．蜀書．諸葛亮傳》。〔晉〕陳壽撰；〔宋〕裴松之注：《三國志》，頁九二〇。
16 〔西晉〕張輔著：〈名士優劣論〉，〔唐〕歐陽詢編，汪紹楹校：《藝文類聚》（上海：上海古籍，二〇一〇年六月），頁四〇九。
17 〔晉〕陳壽撰；〔宋〕裴松之注：《三國志》，頁九三〇。
18 同前註，頁九一四。
19 裴松之對魚豢的記載產生百思不得其解之困惑，還有一次案例是面對《魏略》敘述劉禪（二〇七—二七一）與劉備相失之謬說：「此則《魏略》之妄說，乃至二百餘言，異也！」該事見《三國志．蜀書．後主傳》注引。同前註，

辭」解釋了！縱然傳聞故事未必然是魚豢杜撰，有可能是北方地區揑造的故事；然而該故事畢竟是親附曹魏政權的魚豢所樂見，自然寧願載錄之，或者對謬說進行加工處理。另一收錄的史籍《九州春秋》，作者係西晉宗室司馬彪（二四三－三〇六），著述立場也是較傾向曹魏政權（詳見本書第三章第三節）。

前文徵引的《魏略》史料是較容易分判真偽的案例，這裡僅再舉一處較難辨別的記載，藉此說明魚豢解讀諸葛亮的特性。詳見《魏略》記載魏延（？－二三四）提出「子午谷奇謀」一事始末：

> 夏侯楙為安西將軍，鎮長安，（諸葛）亮於南鄭與群下計議，（魏）延曰：「聞夏侯楙少，主壻也，怯而無謀。今假延精兵五千，負糧五千，直從褒中出，循秦嶺而東，當子午而北，不過十日可到長安。楙聞延奄至，必乘船逃走。長安中惟有禦史、京兆太守耳，橫門邸閣與散民之穀足周食也。比東方相合聚，尚二十許日，而公從斜谷來，必足以達。如此，則一舉而咸陽以西可定矣。」亮以為此縣危，不如安從坦道，可以平取隴右，十全必克而無虞，故不用延計。[20]

頁八九三－八九四。

[20] 《三國志・蜀書・魏延傳》注引。同前註，頁一〇〇三。

陳壽的記載則差異顯著，《三國志・蜀書・魏延傳》：「（魏）延每隨（諸葛）亮出，輒欲請兵萬人，與亮異道會于潼關，如韓信故事，亮制而不許。延常謂亮為怯，歎恨己才用之不盡。」[21]「韓信故事」根據《史記・高祖本紀》：「八月，漢王用韓信之計，從故道還，襲雍王章邯。邯迎擊漢陳倉，雍兵敗，還走；止戰好畤，又復敗，走廢丘。漢王遂定雍地。」[22]這一「明修棧道，暗渡陳倉」的典故即是《史記・淮陰侯列傳》：「八月，漢王舉兵東出陳倉，定三秦。」[23]然而無論是劉宋裴駰《集解》：「《地理志》武都有故道縣。」[24]張守節《正義》：「漢王從關北出岐州陳倉縣。」[25]等等，皆無法指證韓信奇襲之計是道經「子午谷」，《魏略》記載成「子午谷」恐有爭議。而且相較於地名的問題。最關鍵的差異是，《三國志》僅言魏延意欲分掌重兵而已，非是考量夏侯楙「怯而無謀」的緣故才企圖奇襲長安。

北宋（九六〇－一一二七）司馬光（一〇一九－一〇八六）在《資治通鑑》保留「子午谷奇謀」一事[26]，未能辨別魚豢之言的「仇蜀」性質，該書之權威地位相信還造成一定的傳播效果。

---

21 同前註。

22 〔西漢〕司馬遷撰；〔劉宋〕裴駰集解；〔唐〕司馬貞索隱；〔唐〕張守節正義：《史記》（北京：中華書局，二〇〇七年六月），頁三六八。

23 同前註，頁二六一三。

24 《史記・高祖本紀》。同前註，頁三六八。

25 《史記・淮陰侯列傳》。同前註，頁二六一三。

26 〔宋〕司馬光編著；〔元〕胡三省音注：《資治通鑑》（北京：中華書局，二〇〇七年六月），頁二二三九－二二

即使是認為魏延的奇謀未必能成功者，早已經是在接受魚豢的說辭下嘗試進行辯駁，沒有明察這條史料乃屬於敵國傳聞之言，較難徵信[27]。魚豢的記載確切對諸葛亮非常不利，清代王夫之（一六一九－一六九二）即接受「子午谷奇謀」一事，藉此評價諸葛亮的「應變將略」：

> 魏延請從子午谷直搗長安，正兵也；諸葛繞山而西出祁山，趨秦、隴，奇兵也。高帝舍棧道而出陳倉，以奇取三秦，三秦之勢散，拊其背而震驚之，而魏異是。非堂堂之陣直前而攻其堅，則雖得秦、隴，而長安之守自有餘。魏所必守者長安耳，長安不拔，漢固無如魏何。而迂回西出，攻之於散地，魏且以為是乘閒攻瑕，有畏而不敢直前，則敵氣愈壯，而我且疲於屢戰矣。夏侯楙可乘矣，魏見漢兵累歲不出而志懈，卒然相臨，救援未及，小得志焉；彌旬淹月，援益集，守益固，即欲拔一名都也且不可得，而況魏之全勢哉？故陳壽謂應變將略非武侯所長，誠有謂已。[28]

四〇。

27 例如清代黃恩彤（一八〇一－一八八三）：「觀此則（魏）延計若行，關中必大擾。而魏主與曹真輩已全力爭之，延必不能支，即諸葛亮至，恐進可戰而退無可守也。」〔清〕黃恩彤撰：《鑑評別錄》（北京：北京出版社，二〇〇〇年，四庫未收書輯刊影印清光緒三十一年家塾刻本），第二輯，第二九冊，頁三〇三。

28 〔清〕王夫之著；舒士彥整理：《讀通鑑論》（北京：中華書局，二〇〇八年十一月），頁二七〇－二七一。清代尚鎔亦論及「子午谷奇謀」與諸葛亮自身「應變將略」的瑕疵處：「觀漢中之討策出法正，子午之計不從魏延，謂之應變將略非所長亦未可厚非也。或謂延子午之計懸危徼倖故武侯不從。鎔觀延督漢中九年，未聞過失，陽谿之戰

文中「魏見漢兵累歲不出而志懈」云云，其實是接受了《魏略》的另一條史料：「始，國家以蜀中惟有劉備。備既死，數歲寂然無聲，是以略無備預；而卒聞（諸葛）亮出，朝野恐懼，隴右、祈山尤甚，故三郡同時應亮。」[29]箇中或許蘊藏史家在敘述時，有意欲使不同記載可以相互配合以達成貶抑效果的試圖。現今學者持與王夫之類似意見者屢屢皆是，例如呂思勉：「使諸葛亮採用魏延之計，看似冒險，或者轉無馬謖的失著，亦未可知。所以諸葛亮不用魏延之計，實在是可惜的，而魏延的將略，亦就因此可見了。」[30]鄭欣論諸葛亮拒絕「子午谷奇謀」：

如果當時諸葛亮採納魏延的建議，很可能打魏軍一個措手不及，取得較大的勝利。可惜諸葛亮以為魏延的建議太冒險而未予採納，以致坐失良機。何茲全在《閒話諸葛亮》一文中說：『諸葛亮短于奇略。又不能用有奇略的人。』這個論斷符合事實。[31]

大破郭淮，則延亦知勇畧備者矣。」〔清〕尚鎔著：《三國志辨微》（北京：北京出版社，二〇〇〇年一月，四庫未收書輯刊影印清嘉慶刻本），第六輯，第五冊，頁三一七。

29 〔晉〕陳壽撰；〔宋〕裴松之注：《三國志》，頁九二二。

30 見氏：《呂著三國史話》（北京：中華書局，二〇〇六年九月），頁一一七－一一八。

31 見氏：《魏晉南北朝史探索》（濟南：山東大學出版社，二〇〇九年四月），頁八一。

諸家根據的史料，主要都是《魏略》的片面之詞。魚豢的三國史殊異解讀正直接或間接強化諸葛亮過於謹慎，而不善於「應變將略」、缺乏軍事才能的刻板印象。

羅秉英考證《魏略》係晉初脫稿[32]，主體係從曹魏時期開始撰寫[33]，書中內容多是「即身見聞」[34]，可視作魏末晉初的史籍。司馬彪《九州春秋》一書，則是於西晉泰始年間（二六五－二七四）內撰成（《續漢書》則更晚）[35]。陳壽撰寫《三國志》之前，已經先行編纂過《諸葛氏

32 見氏：〈《魏略》在中國史學發展史上的地位──兼評王沈《魏書》〉，《治史心裁：羅秉英文集》（昆明：雲南大學出版社，二〇〇五年九月），頁二九－四五。

33 部份學者根據《魏略》的一條史料，判定該書脫稿約於曹魏嘉平年間（二四九－二五四）或正元（二五四－二五六）年間，詳見晉宏忠、丁寶齋：《諸葛亮之謎》（北京：新華出版社，二〇〇一年五月），頁六〇；李文仁：〈魚豢《魏略．勇俠傳》研究札記〉，《早期中國史研究》第二卷第一期（二〇一〇年六月），頁一六〇。即《三國志．魏書．閻溫傳》注引《魏略．勇俠傳．鮑出傳》：「至青龍中，母百餘歲乃終，（鮑）出時年七十餘，行喪如禮，於今年八九十，才若五六十者。」〔晉〕陳壽撰；〔宋〕裴松之注：《三國志》，頁五五三。青龍（二三三－二三七）中鮑出約七十餘歲，那麼不難推測其八九十歲即「於今年」的時間點。這條史料固然可以交代《魏略》部份內容的寫作時間，卻未必是成書年代。日本學者較可信的成果基本都於魏晉易代之際前後，為避免陷入一家之言，僅寬泛的認定《魏略》作於魏末晉初，相關整理可詳見〔日〕津田資久：〈「魏略」の基礎的研究〉，《史朋》第三一期（一九九八年十二月），頁一－二九。

34 張鵬一：〈《魏略》輯本序〉，〔魏〕魚豢撰；張鵬一輯佚：《魏略輯本》（名古屋：采華書林，一九七二年五月），頁一。

35 《晉書．司馬彪傳》：「泰始中，為秘書郎，轉丞。注《莊子》，作《九州春秋》。以為『……』（司馬）彪乃討論眾書，綴其所聞，起于世祖，終於孝獻，編年二百，錄世十二，通綜上下，旁貫庶事，為紀、志、傳凡八十篇，號曰《續漢書》。」〔唐〕房玄齡等撰：《晉書》（北京：中華書局，二〇〇八年二月），頁二一四一－二一四

集》；對諸葛亮的作品與相關事蹟等等相信俱備完整、切確的理解。剔除《魏略》、《九州春秋》之言非是一味求簡，實帶有廓清北人謬誤認知的用意存焉[36]。倘若直接相信《魏略》的記載，無疑易使得諸葛亮的人物形象趨向負面，落入魚豢的史觀陷阱。

從前文徵引的案例，不難看出考核史實的研究慣性，以及前人據此出發的研究成果，對本書依然相當重要。可以協助研究者判別史家敘述成果背後持有的立場。藉由考辨史實的傳統與成果為巨人，讓本書能夠立足於其肩膀之上，進而突破、發展[37]。賴此觀察到史籍具有的獨特面貌，與撰史者自身的敘史觀點。如同透過辨別「三顧茅廬」一事的真偽，察見魚豢記載的失實之處，與之個人的擇史觀點傾向於貶抑蜀漢、諸葛亮。如是則更容易理解何故魚豢要大張旗鼓的詳寫魏延提出「子午谷奇謀」一事，實與之揚己抑彼的心態發用相關。

二。《九州春秋》係泰始年間撰成的史著，《續漢書》的撰寫時間則在該書之後，詳見楊翼驤：《中國史學史資料編年（第一冊）》（天津：南開大學出版社，一九八七年三月），頁八一－八二。

36 常常見及以下類似說法，葉振華：「由於陳壽的《三國志》過分追求簡淨，許多可貴的史料都被刪落，致使三國史的研究者多生材料缺乏之嘆。」見氏：〈王沈《魏書》初探〉，收錄於周鵬飛、周天遊主編：《漢唐史籍與傳統文化》（西安：三秦出版社，一九九二年七月），頁二一四。且不論將保存史料的責任交由一本私撰史籍是否恰當，陳壽記載的簡淨、篇幅過短有時不是刻意求之，而是帶有史學求真的考量，應要視實際案例辨別。

37 張高評：「學術研究借鏡他人之研究成果，善用第二手研究資料，當下灌頂，即刻加持，借力使力，媲美獲得高人指點招式，切磋觸發，且作為研究的起點，必將有助於新創發明。」見氏：〈研究視野與學術創新〉，《書目季刊》第四四卷第三期（二〇一〇年十二月），頁六。

「過去」與「歷史」的關係，誠如凱斯．詹京斯（Keith Jenkins）：「我們在研究歷史的時後，我們不是在研究過去，而是在研究歷史家如何去建構『過去』。」[38]無論收集多少史料、收集多少人類思想行事痕跡的證據[39]，逝往的過去皆無法完整的重現。尤其是史家本身無法避免主觀性，誠如海登．懷特（Hayden White）：

> 史家必須將文獻中曾報導之各事件予以預鑄，俾能化為一知識之可能對象。而預鑄行動即屬詩學，亦即未經審核與批判之前，即已存於史家自身意識所進行之編纂之中。[40]

---

38 凱斯．詹京斯（Keith Jenkins）著、賈士蘅譯：《歷史的再思考》（臺北：麥田出版，二〇〇九年十一月），頁一五九。

39 梁啟超：「史料為史之組織細胞，史料不具或不確，則無復史之可言。史料者何？過去人類思想行事所留之痕跡，有證據流傳至今日者也。」見氏：《中國歷史研究法》（北京：中華書局，二〇〇九年五月），頁四八。

40 海登．懷特（Hayden White）著，劉世安譯：《史元——十九世紀歐洲的歷史意象》（臺北：麥田出版社，一九九九年十二月），冊上，頁三五。李貞慧：「懷特以『轉義』（trope）為基礎，主張『歷史若文學』，歷史學家需過選擇、想像、建構等技巧，才能將不具意義的歷史事件，鍛鑄為具有意義的歷史敘事，這與構思一部小說，或一齣戲劇的情節化過程，實有相通之處。」見氏：〈重讀蘇軾〈方山子傳〉：以敘事觀點為中心的討論〉，《清華中文學報》第五期（二〇一一年六月），頁一五一。

透過史料的比對、審核，吾人還是可以逼近「歷史真實」（historical reality），這點不必過於悲觀。然而有限之人建構的歷史，必有其個性存焉。陶玉璞於其謝靈運（三八五－四三三）相關的學位論文中，有段問題意識的陳述相當值得取鑒：

> 「人是有限的個體」，因為「有限」，必然無法全面認識這個世界，終而每個人的對這個世界的認識都存有「偏見」。雖然這些偏見有時影響不大，但有時卻能擾亂整個價值體系，對當時、甚至對後世產生不可磨滅的影響。至於造成偏見的主要因素，則多構築於閱讀者對於閱讀對象的安頓方式。「知其然」，不如「知其所以然」，故而本論文不僅要探究歷代文人閱讀謝靈運詩文時的詮釋角度及接受程度，更希望積極地探索他們如何在自己的價值體系中安頓謝靈運。[41]

「知其然」，更要「知其所以然」！將引文的謝靈運、謝靈運詩文的位置改置成三國史，頗為切中本書研究時抱持的理念。史籍的作者如何接受、詮釋三國史，與史家個人生命之關聯性，方是這一新研究視野確切關懷之事。

41 見氏：《謝學史論——試論歷史如何安頓謝靈運》（臺北：淡江大學中國文學研究所碩士論文，李正治先生指導，一九九六年六月），論文提要。

陶氏還有段關於「三國學」的論述，說明史學家是在其個人的本位主義下進行歷史的建構。列舉陳壽《三國志》、東晉習鑿齒（？－三八四？）[42]《漢晉春秋》為例：

> 歷史就是當代史，所謂「透過歷史學者對自己所處時代的體會並解釋、組織歷史上遺留的證據」，就是在歷史著作中隱涵了個人的本位主義。否則，捨棄了這個本位主義，學者自我亦當隨之迷失座標，歷史自然無法得到安頓。也就是說，歷史著作不但要描繪歷史圖像，而且也在確立史學家的個人自我！由此一來，陳壽身為西晉臣僕，國承魏統，所著《三國志》史筆當必奉曹魏為正統。習鑿齒生當晉室南渡時節，處此類乎蜀漢之際，《漢晉春秋》自當立蜀漢為統。……如此總總，無非都是史家當時所秉持的世界觀所不得不爭

42 吳直雄依據《梅田習氏族譜》等考辨，判定卒年於西元四一二年，見氏：〈習鑿齒及其相關問題考辨〉，《南昌大學學報（人文社會科學版）》第四〇卷第四期（二〇〇九年七月），頁七四－八〇。葉植則駁斥之，見氏：〈論題係沙上建塔，鐵證乃謬誤堆成——答吳直雄先生並與其《習鑿齒及其相關問題再考辨》一文商榷〉，《襄樊學院學報》第三二卷第一二期（二〇一一年十二月），頁一三－二三。暫且按照《晉書》、《建康實錄》判定於東晉太元九年（三八四）的傳統說法，可詳見劉汝霖：《東晉南北朝學術編年》（上海：華東師範大學出版社，二〇一〇年五月），頁八〇－八三。但是習氏《襄陽記》最晚一條記載如下：「朱（序）累戰破賊，守備少懈，序陷于苻堅。後，堅敗得歸，拜征虜將軍，復還襄陽。太元十八年（三九三）卒。」〔東晉〕習鑿齒撰；黃惠賢校補：《校補襄陽耆舊記》（河南：中州古籍出版社，一九八七年三月），頁八五。考量到佚史輯佚著作幾經他手，能否可信尚且待考。

的重點所在。[43]

史家在史籍的本位表現，實與個人安頓歷史的基點、個人的「歷史記憶」[44]（historical memory），甚至是史家歸屬的特定群體之「集體記憶」[45]（collective memory）的差異相關。個人的本位主義對史家撰述歷史而言十分重要，捨棄之則將面臨迷失座標的窘境，歷史也無法安頓；從各人的本位出發，甚至是不惜違反史家追求實錄的原則，有意識在史籍進行揚己抑彼的安排。

「三國正統觀」可以隨著史家不同而更改，則史籍自然能隨著作者不同而俱備殊異圖樣像貌，也就是史籍描繪的歷史圖像迥然有別[46]。只是留存的史料足不足夠進行研究，後學能否洞察

---

43 見氏：《謝學史論——試論歷史如何安頓謝靈運》，頁一三—一四。

44 張榮明：「歷史真實（historical reality），是指在人類歷史進程中真實發生的事情；歷史記憶（historical memory），是指歷史事件的親身經歷或目擊者對歷史事件的紀錄與回憶，廣義上說，還指歷史學家對第一手資料加以整理和編纂形成的歷史著作。」見氏：〈歷史真實與歷史記憶〉，收錄於瞿林東，葛志毅主編；羅炳良，郝振楠副主編：《史學批評與史學文化研究》（哈爾濱：黑龍江人民出版社，二〇〇九年三月），頁三五四。

45 廖炳惠：「不同族群與文化都會形構其不同的『集體記憶』（collective memory），『記憶』的形構與再現，因而對『文化認同』和『國族認同』的確立與鞏固十分重要，它也和弱裔族群自我構述的權力有關。」見氏：《關鍵詞二〇〇：文學與批評研究的通用辭彙編》（臺北：麥田出版社，二〇〇九年十二月），頁一六二。

46 曾師守正：「歷史事件在特定的自然時空發生以後，往往會留下一些資料，此即『史料』。後人再以史料為證據，對歷史事件做出還原的動作，試圖描繪歷史事件的圖樣像貌，此即人為的『歷史圖像』。縱然『歷史圖像』是歷史事件的描繪品，但是圖像的形成卻不離開描繪者的主體意識。」見氏：〈唐修正史文學彙傳的文學史圖像與意

箇中奧秘而已。近年來王師文進在〈論魚豢《魏略》的三國史圖像〉一文，反省過往「三國學」的研究概況，並且提出新視野：

《裴注》引書在嚴格的歷史觀念下，也只能僅是史料之一，故《裴注》中登錄之史籍一方面雖可作為推測歷史真相的各項史料，卻也蘊藏三國各方不同政治立場下的敘史觀點。然後世卻因演義小說之誤導，往往僅簡單地引述《陳志》與《裴注》就逕行辨偽，卻忽略史料本身的多重疊影與小說虛構的移形換位。[47]

反省之餘即擺落過往研究與《三國志演義》並置產生的迷障，接受後現代史學的概念，再配合「南北文化之衝突與相爭」[48]的文化現象為詮釋逕路，逐步探討《裴注》徵引的諸書。就筆者研

47 見氏：〈論魚豢《魏略》的三國史圖像〉，頁四。

48 王師文進論及該文化現象係指：「長江南北的人士因地域、風俗或政權變遷等種種差異性而產生相互較勁與爭抑的意氣鬱結。事實上，中國因為幅員遼闊，各地氣候、物產、風俗等都極具差異性，使得各地人士往往具有鮮明的地域性格。然而正式以長江作為界線，南北人士出現壁壘分明，相互爭勝揚抑的情形，則始自魏晉南北朝時期。」見氏：〈三分歸晉前後的文化宣言——從左思〈三都賦〉談南北文化之爭〉，《南朝山水與長城想像》（臺北：里仁書局，二〇〇八年六月），頁三一七。關於地域文化對抗的主軸從秦漢至南北朝間的轉變，可詳見林郁迢：《北魏三書的南北文化觀》（國立政治大學中國文學系研究所博士論文，王文進指導，二〇〇八年十一月），第二章〈地識〉，《淡江人文社會學刊》第七期（二〇〇一年五月），頁二。

讀心得，該作法係將史書、史家視作一個整體，重視其個體性的存在，發掘該史家史籍內容特殊處蘊藏的意涵。一方面在詮釋時強調了敘述者個人的重要性，另外一方面是深入觀察與勾勒史籍的獨特面貌，並且連結兩端（過往論者縱然隱約有此意識，也往往是散論而未成系統性，或者是還不夠深入完整地探索）。甚至將之置於《裴注》、魏晉時期的史籍網絡之中察見其相對座標，也易於澄清特定歷史意象在三國文化史中的演變。並且時時警惕著，即使是無法用真偽方式辨別、看似合乎情理的史料，內容上都有可能完全是、或者部份是史家基於特定意識型態發用下虛構、誇飾、建構出來的敘述；又或者是史家基於個人偏見，較易去收錄、虛構、誇飾對特定對象較正面／負面的史料，從而影響後人對「過去」的認知。

本書即遠承後現代史學的理念，以及其他領域對本書有所啟發的實際操作過程或成果；近則承續王師文進在「三國學」拓展的新意，嘗試探討「三國」逐步走入歷史以後，兩晉史家如何回顧這段歷史。主要探討東漢斷代史史家的「前三國時期」書寫、諸葛亮型塑、「三國正統觀」三項具有重疊處，且涉及之史料的內容大多於廣義「三國」前半期的主題。藉此過程將一一勾勒出兩晉史家解讀三國歷史的殊異性，確認各位史家的著述立場，並使用五章進行實際探討。雖然兩晉史籍的三國歷史敘述足資探討、且具價值者，相信不只有聚焦之處。選定主題的理由有：

域文化由『東西之爭』到『南北之奪』的結構巨變〉，頁二一一—八九。

（一）透過這三主題的掌握與探討，自忖過程應該可以有效地呈現出大部分兩晉史家各自敘述的特色。況且，理論上足資探討處雖非常廣泛，實際而言還需要等待後人開拓。就目前積累，這三項主題最能有效率地將筆者察見可供開發處一一納入結構。（二）輯佚成果的問題：各本史籍散佚的史料倘若不能竭網而漁，探討過程難免較易出現瑕疵，是故限定了本書暫且先朝向有輯佚成果的著作鑽研。「三國正統觀」歷來探討甚為豐富[49]，東漢斷代史史家們之著作現今留存的散佚史料[50]、諸葛亮相關資料[51]，在前輩學者的努力收集、輯校下相形完整；這是何故先關心、或易於先關心這三項的緣故。

鑒於觸及史家、史著甚多、甚廣，還是將題目開頭設定成「兩晉史家」。唯獨兩晉時期主要涉及孫吳歷史的史籍，例如西晉張勃《吳錄》[52]、胡沖《吳歷》[53]、虞溥《江表傳》，還有東晉

49 詳見饒宗頤：《中國史學上之正統論》（上海：上海遠東出版社，一九九六年八月）。

50 詳見周天游輯注：《八家後漢書輯注》（上海：上海古籍出版社，一九八六年十二月）。

51 詳見王瑞功：《諸葛亮研究集成》（濟南：齊魯書社，一九九七年九月）；〔三國〕諸葛亮著；段熙仲，聞旭初編校：《諸葛亮集》（北京：中華書局，二〇一〇年五月（據清張澍（一七七六－一八四七）編輯《諸葛忠武侯文集》整理校點）），附錄，頁一〇五－二四四。

52 輯佚詳見〔日〕松本幸男：〈續張勃吳錄考〉，《學林》第一六期（一九九一年），頁五四－八六；〈張勃吳錄考〉，頁二七三－二九五。

53 輯佚詳見劉海靜、魯玉敏：〈晉胡沖《吳歷》輯佚〉，《吉林廣播電視大學學報》第五期（二〇〇七年），頁五〇－五三。

虞預《會稽典錄》[54]等等，考量到與本書三項焦點較無關聯性，論述時較難形成有機性結構[55]。過程雖或多或少會觸及，但暫且較為擱置一旁，這當然是不才的遺憾與不足處，有待未來努力。除第一章將焦點置諸「三國」釋義、魏晉間三國史相關著作概況，正文篇章概要如下：

第二章〈陳壽「不忘舊國」探析〉：

本章主要環繞著陳壽的著作《三國志》，與其對諸葛亮的尊崇態度為中心，進行一連串的探討。第一節略為交代陳壽《三國志》的權威性，以及魏晉時期史家著述的偏黨狀態，揭開正文序幕。第二節則探討《三國志》的「三國正統觀」以及〈諸葛亮傳〉。第三節接續探討陳壽在〈後主傳〉「評曰」論及諸葛亮的部份。第四節的前半部份則爬梳陳壽撰寫《三國志》前，北方史籍

54 輯佚詳見〔東晉〕虞預撰；周樹人輯佚；張壽鏞輯刊：《會稽典錄外七種》（臺北：新文豐出版公司，一九四〇年，四明叢書影印四明張氏約園開雕）。作者本身雖出身自孫吳舊地，但與孫吳政權未有君臣、君民關係，相較於保存地方原聲的《江表傳》，以及身屬孫吳舊臣的張勃、胡沖之著作相較而言，似乎這部著作在史觀上的差異更是明顯。尤其與《襄陽記》、《華陽國志》這些同屬於東晉地方志的著作相較下，其成果往往有興味盎然之感。這些就待未來進一步探究之。

55 「三國正統觀」的議題上雖然可以納入討論，唯獨考量到傳統言兩晉之正統論述係以蜀漢、曹魏為核心，往往省略孫吳。倘若將這些著作納入研究，固然可以引起相當的化學變化而得到一定的成果，但是也易於造成議題繁枝錯節，反而在論述時易於制肘筆者原本在前人研究上獲得進展的部份之論述。在評估不影響結論的情況下，暫且擱置一旁以待未來探究。

記載的諸葛亮，藉之與《三國志》進行比較；最後則略為交代，何故陳壽的諸葛亮書寫飽受後世抨擊。

第三章〈東漢斷代史史家的「前三國時期」書寫〉：

本章則是開始探討東漢斷代史的「前三國時期」書寫，然而研究過程基本上皆是將史料置諸於魏晉時期的史籍網絡中，還是會論及非東漢斷代史史家的著作，這也是三項主題之間重疊的緣故之一。第一、二節主要說明魏晉史家建構漢室「天命」、德運是否已絕的論述時，很可能有其各自的時代關懷。第三節則專門探討司馬彪《續漢書》的著述傾向。第四節則爬梳各位史家如何敘述孔融，從中研判各本史籍的意識型態是否親附曹魏。李純蛟曾經指出大部份東漢斷代史著作是否定曹魏政權擁有正統地位[56]，其說法往往僅舉列一兩條史料就直逕判斷，未免過於簡率。透

56 見氏：「習鑿齒的所言所為，無疑挑起了有史以來關於《三國志》的帝統予奪之爭。他雖未明言《三國志》是把正統給了曹魏，但是，從他所著《漢晉春秋》和臨終上《表》可見，其旨意還是明顯的，即進蜀而退魏。他的這些思想和主張，實事上在當時的朝野上下得到了承認。并且，一些學者通過撰著東漢史書的形式，進一步把這些思想和主張定型化。關於這一點，我可以從清朝汪文台所輯東晉人的幾部著作《七家後漢書》約略窺見。……所有這些史書的寫法，都是曹氏當作奸賊。自然，正統就不在曹魏了。」見氏：《三國志研究》（成都：巴蜀書社，二〇〇二年九月），頁一六六－一六七；文長不贅引，讀者可詳見該書第十一章〈一千七百年來《三國志》研究中的若干論爭（上）〉，第一節〈關於帝統歸屬之爭〉。又，李氏曾經列出一張歷來「三國正統觀」的清單，題名〈東晉以來史學界關於魏蜀正統予奪主張一覽〉。筆者認為大部分判定未免過於簡率，不一一辨析，讀者可參閱之，見氏：

過本章析論史料足資探討的司馬彪、張璠等西晉史家之著作，相信可以否定該類過度詮釋的說法，並與西晉史家的時代處境相互溝通[57]。

第四章〈袁宏《後漢紀》的人心猶思漢論證與扶漢表彰〉：

袁宏的部份由於《後漢紀》幾盡全書保存，本書再另立一章進行探討。第一節主要交代袁宏的名教觀與「帝蜀」貢獻何故較易被忽略。第二節則追索袁宏調整、擇用史料的緣由，順勢提起華嶠（？－二九三）、謝承兩位東漢斷代史史家著作的殊異性。配合第三、四節探討袁宏對諸葛亮與先祖袁渙的特筆書寫，從中觀察出《後漢紀》在「前三國時期」的獨特歷史建構，說明袁宏構思漢末史時實與全書主旨深刻地相互呼應。

第五章〈東晉史家的諸葛亮型塑〉：

本章與前一章論及袁宏筆下之諸葛亮，基本交代了東晉時期較為關注諸葛亮的史家們，各自

---

57 〈論蜀漢在三國文化中的主體地位的確立（一）——以史學為中心的考察〉，《西華師範大學學報（哲學社會科學版）》第五期（二〇一一年），頁五九－六〇。

繆越：「以魏為正統，乃是西晉封建史家所不得不如此做的。」見氏：〈陳壽與《三國志》〉，《讀史存稿》（香港：生活．讀書．新知三聯書店香港分店，一九七八年十二月），頁一五。

對這位歷史人物的態度究竟是趨於正面、抑或趨於負面。第一節先述論常璩《華陽國志》的「三國正統觀」與其對陳壽史著的態度，考察該書究竟收集了多少陳壽未及、或較簡略記載的史料。第二、三節則是探討孫盛筆下的諸葛亮人物形象，並一一釐清過去研究者誤讀的部份，確認孫盛之解讀態度與其北方立場基本相符。第四節則是從裴松之的自注延伸，思索同是相當喜愛諸葛亮的習鑿齒、王隱，何故於擇史時產生差異。

第六章〈「三國正統觀」的轉移動機研議〉：

本章透過第一節、第二節觀察習鑿齒、孫盛的「三國正統觀」，開始嘗試說明東晉「帝蜀」風潮實與當時南北地域分裂的現況關聯性較薄弱，而是與君弱臣強的內部危機較密切。雖然中國人的思維方式本就是「比式思維方式」[58]，但是東晉後的南朝每論及三國史，依然沒有因偏安而將自身政權擬附成蜀漢。甚至於東晉官方亦沒有接受習鑿齒的臨終上疏[59]，劉宋裴松之注三國史

58 黃俊傑：「所謂『比式思維方式』中的『比』，就是朱子解釋六義所說『比者，以彼物彼此物也』之意。比，即今語『比附』之意，切類以指事，這是古代中國人最常運用的一種思維方式。」見氏：〈中國古代儒家歷史思維的方法及其運用〉，收錄於楊儒賓、黃俊傑：《中國古代思維方式探索》（臺北：正中書局，一九九六年十一月），頁一一七。

59 東晉官方何故不嘗試轉移三國時期正統，文化優勢方面或許具有解釋的效力，龔詩堯：「南北朝時期，江左的文化在多數時間裏皆居於優勢。既然不必刻意突顯自己的地位，故反而能以俯視的角度輕易地評論『蠻族亦頗有文化』。」見氏：〈十六國重要政權與同期拓拔鮮卑之漢化概況比較——以官方文教政策為討論核心〉，《淡江中文

時較關注「大一統」[60]的議題而未視將曹魏帝王列諸本紀為忤。現今有些研究者往往將扭轉「三國正統觀」的契機與南北地域連結，甚至於有些詮釋過度的跡象[61]。這裡還涉及到東晉渡江後，南方觀看北方與北方觀看自己方式的差異，亦是末節著墨的重點。

學報》第二四期（二〇一一年六月），頁二三五。

60 王師文進：「（裴松之）注《三國志》，則顯然從『近代史』的立場，擺脫了陳壽於『當代史』中所需承受的政治壓力，故能較客觀公平地看待群雄爭霸，並在其注史過程中，強烈地灌注追求『統一』之目標，與關懷黎民塗炭於兵。」見氏：〈陳壽《三國志》中的「王霸觀」——兼論裴松之《三國志注》中的「統一觀」〉，收錄於國立成功大學中國文學系主編：《魏晉南北朝文學與思想學術研討會論文集．第六輯》（臺北：里仁書局，二〇一〇年七月），頁四九七。裴松之的「大一統」思想亦可詳見伍野春：《裴松之評傳》，頁二八九—二九二。

61 例如李純蛟：「宋、齊、梁、陳四朝，在他們之間，後者與前者均有政權的繼起性，或帝統上的繼承性，故整個南朝四國都紛紛帝蜀而偽魏，跟東晉並無二致。」見氏：《三國志研究》，頁一六八。又例如孫遜：「東晉時代，北中國先後被所謂『五胡』佔據着，東晉偏安江左，其地位正與三國時的劉蜀政權相類，因此習鑿齒便適應了時代的要求，率先對『晉承魏統』提出異議，用推崇蜀漢為正統的辦法，來間接推崇東晉的地位，以便在思想理論上壓倒北方的異族統治者。」見氏：〈淺談《三國演義》正統觀念的歷史進步性〉，收錄於河南省社會科學院文學研究所編選：《《三國演義》論文集》（河南：中州古籍出版社，一九八五年十一月），頁二三。

第一章 「三國」釋義與魏晉間三國史相關著作概況

第一節 「三國」釋義

選題的兩晉係指西晉、東晉王朝時期，史家即是指確切撰寫過史籍者，這兩點相信較無疑義。至於前文言及將東晉袁宏這位撰寫東漢斷代史著作的史家納入研究之中，就隱含著勢必要詳述三國時期上下限及其相關問題的必要。關於三國時期的上下限，若從王朝興衰或者正統觀的議題判定，通常是起於西元二二〇年曹丕（一八七－二二六）透過禪讓的形式宣稱取代東漢的正統王朝地位開始；中間包括著劉備在西元二二一年創建蜀漢政權、孫權（一八二－二五二）在西元二二九年稱帝江東、西元二六三年蜀漢滅國、西元二六五年司馬氏代魏，最終至西元二八〇年西晉滅吳為止。這一期間固然包含在研究範圍中，卻不完全是採納的斷限。

相較於「朝代三國」，後世對「三國」的上限認知，要提早到西元一八四年。《三國志・魏書・管寧傳》記載陶丘一等奏表：「中平之際，黃巾陸梁，華夏傾蕩，王綱弛頓。」[1]該年這場動搖漢朝國本的黃巾之亂爆發，許多後世認知的三國英雄都乘勢崛起。後來長時間的分裂政局正是從該年掀起簾幕，王永平：

> 東漢末年，王綱解紐，天下分裂，大體從一八四年算起，直到二八〇年西晉滅吳止，前後近百年，這是秦、漢建立大一統政治體制以來，中國歷史上第一次陷入長時間的大規模分裂狀態之中。[2]

三國時期其實就是大一統政治格局確認後的首次長期分裂，三國史的權威著作《三國志》，基本就是從西元一八四年開始記載，白壽彝：

> 陳壽的史才，表現在對三國歷史有一總攬全局的看法和處理。他在《三國志》記述了自一

1　〔晉〕陳壽撰；〔宋〕裴松之注：《三國志》（北京：中華書局，二〇〇七年五月），頁三五九。

2　見氏：〈孫吳時期僑寓士人之文化貢獻考略〉，《孫吳政治與文化史論》（上海：上海古籍出版社，二〇〇五年十二月），頁二九八。

八四年黃巾起義以後，至二八〇年晉滅吳，差不多一百年的歷史。[3]

崔曙庭論述得更形完整：

三國時期，如果從魏國建立算起，到吳國的滅亡，恰好整整六十年（二二〇－二八〇）。撰寫三國時期的歷史，要是嚴格按朝代起訖為準，那就只能寫這六十年的史事。然而陳壽在編撰《三國志》時，卻不是嚴格以王朝的興亡的年代為標準的。作者考慮到三國的形成，由來已久，實際上是從漢靈帝中平元年（一八四）黃巾大起義開始的。由於農民大起義的結果。從根本上瓦解了東漢王朝，使它分崩離析，名存實亡。大起義以後繼之而起的是軍閥割據，各自稱雄一方，戰亂頻仍。三國的創始人，如魏國的曹操父子、蜀國的劉備君臣、吳國的孫權兄弟等，都是從這個時後發展壯大起來的。[4]

3 見氏：〈陳壽和袁宏〉，《中國史學史論集》（北京：中華書局，二〇〇一年十月），頁一五八。又如伍野春：「（《三國志》）記載魏、蜀、吳三國歷史，自一八四年黃巾起義迄二八〇年西晉統一。」見氏：《裴松之評傳》（南京：南京大學出版社，二〇〇二年一月），頁二七六。

4 見氏：〈三國志評介〉，收錄於倉修良主編：《中國史學名著評介（第一卷）》（臺北：里仁書局，一九九四年四月），頁二三四。

從朝代的基準出發，黃巾之亂爆發至曹丕代漢為止，這段期間雖應稱之為「東漢末」，卻同時是陳壽筆下三國英雄人物逐鹿天下的動盪時代。除後來曹魏、蜀漢、孫吳政權的實際創業者，還有董卓（？－一九二）、袁紹（？－二〇二）等等列入「開國群雄傳」[5]的漢末群雄活躍著。西元一八四－二二〇年與二二〇－二八〇年兩時段，權且稱後者為「朝代三國」，前者則是「前三國」[6]，意指「朝代三國」之前（也就是「前（朝代）三國」），兩者皆屬廣義的「三國」範疇之內。筆者行文在指涉時期的概念時，也能因而更為精準。廣義的「三國」範疇既已明，則選題題目之「三國前期歷史建構」之「三國前期」，也就是指前半期，即西元一八四－二三二年之間；主要涉及之史料內容，雖難免有時因探討需要而踰越，唯獨大多於這四八年之間。

最後考量文學「三國學」系統對於後世理解「三國」時間範限的影響，檢視《三國志演義》顯係是必要的。得到的答案與前文論及史學系統的部份相輔相成。《三國志演義》首回載中平元年（一八四）張角領頭掀起黃巾之亂，揭開爭霸的歷程：

5 徐冲：「所謂『開國群雄傳』，乃是中國古代紀傳體王朝史中的列傳之一種。其書寫對象是與王朝『創業之主』之間不存在原初性君臣關係的前代王朝之末世群雄；其在紀傳體王朝史中的位置則通常被置于本紀之後、諸臣傳之前。」見氏：〈「開國群雄傳」小考〉，《中國中古史研究》編委會編：《中國中古史研究・第一卷：中國中古史青年學者聯誼會會刊》（北京：中華書局，二〇一一年二月），頁八〇。

6 「前三國」的概念，乃是啟發自于濤的著作，見氏：《三國前傳：漢末群雄天子夢》（北京：中華書局，二〇〇六年一月）。

中平元年正月內，疫氣流行，張角散施符水，為人治病，自稱「大賢良師」。角有徒弟五百餘人，雲遊四方，皆能書符念咒。次後徒眾日多，角乃立三十六方，大方萬餘人，小方六七千，各立渠帥，稱為將軍；訛言：「蒼天已死，黃天當立；歲在甲子，天下大吉。」……四方百姓，裹黃巾從張角反者四五十萬。賊勢浩大，官軍望風而靡。何進奏帝火速降詔，令各處備御，討賊立功；一面遣中郎將盧植、皇甫嵩、朱儁，各引精兵，分三路討之。[7]

歷來研究成果皆指明該書情感傾向是崇蜀漢、抑曹魏，兩集團之間的對抗係屬故事圍繞的主軸。小說家皆於首回就安排劉備、曹操這兩位雙方集團的創始英雄，崛起於該次動亂：

劉焉然其說，隨即出榜招募義兵。榜文行到涿縣，引出涿縣中一個英雄。那人不甚好讀書；性寬和，寡言語，喜怒不言於色；素有大志，專好結交天下豪傑；生得身長七尺五寸，兩耳垂肩，雙手過膝，目能自顧其耳，面如冠玉，唇如塗脂；中山靖王劉勝之後，漢景帝閣下玄孫：姓劉，名備，字玄德。[8]

---

7 〔明〕羅貫中原著；吳小林校注：《三國演義校注》（臺北：里仁書局，二〇〇六年三月），頁二—三。

8 同前註，頁三。

殺到天明，張梁、張寶引敗殘軍士，奪路而走。忽見一彪軍馬，盡打紅旗，當頭來到，截住去路。為首閃出一將：身長七尺，細眼長髯；官拜騎都尉；沛國譙郡人也，姓曹，名操，字孟德。曹父曹嵩，本姓夏侯氏；因為中常侍曹騰之養子，故冒姓曹。曹嵩生操，小字阿瞞，一名吉利。[9]

四、五十萬黃巾賊之聲勢浩大，迫使東漢朝廷派遣盧植、皇甫嵩等將帥進行討伐。劉焉亦因該次動亂出榜招募義兵，讓小說設定的明君劉備與讀者會面，之後就輪到曹操。借用小說家如何安排劉備、曹操登場的案例，當能明瞭文學系統「三國學」對「三國」時期上限的認定亦主要著眼於黃巾之亂。

尤其是從首回到第八十回「曹丕廢帝篡炎劉　漢王正位續大統」，約佔《三國志演義》全書共一百二十回中三分之二篇幅的部份；對應實際的歷史時間，都是屬於僅三六年的「前三國」範圍，反而長達六〇年的「朝代三國」則較受到冷落的待遇。（又，倘若將「三國」分成前後期，則前半期約占十分之八的篇幅）從比例畸輕畸重間，是否還說明著素材（史料）本身精采、豐

[9] 同前註，頁七。

富、吸引力的差距已經不言而喻了呢？無論從史學或文學系統檢視，「前三國」絕對屬於「三國」，恐怕還是最精彩的一部份。將「前三國」納入範限，同時期待著未來與文學系統碰撞出更精彩的火花。

第二節　魏晉間三國史相關著作概況

這裡先行交代《裴注》徵引的史籍統計數據，利於讀者迅速掌握魏晉間的史籍概況。林盈翔曾將裴松之徵引超過十條的史籍表列[10]：

朝代	作者	書目	次數	排名
漢魏之際	舊題王粲（一七七－二一七）	《英雄記》	四九	一〇
	未詳	《獻帝起居注》	一三	二八

10 圖表乃是參酌自林盈翔的統計成果，最後再增加一項排名（次數相同則較早者優先）。見氏：《裴松之與劉孝標史注學比較研究》（花蓮：國立東華大學中國語文學系碩士論文，王文進先生指導，二〇一〇年七月），頁一三五－一四二；亦可詳見余志挺：《裴松之《三國志注》研究》（臺北：花木蘭文化出版社，二〇〇八年三月，（原臺北：臺灣師範大學國文研究所碩士論文，林礽乾先生指導，二〇〇三年）），頁九三－一一九。本書僅使用林氏統計獨立引書的數據，至於裴松之案語（自注）之中涉及諸書的部份，考量影響較小的情況下暫且省略。關於諸位史家生卒年、史籍問世的時代，基本同意林氏的成果，僅於較有疑慮處附記「待考」。

三國	諸葛亮著／陳壽編	《諸葛亮集》	一一	三一
	不詳	《魏名臣奏》	一二	三〇
	謝承	《後漢書》	一四	二六
	王沈（？－二六六）11	《魏書》	一八三	一
	韋昭／曜（二〇四－二七三）	《吳書》	一一五	四
	袁暐	《獻帝春秋》	二九	一四
	吳人（吳地人）	《曹瞞傳》	一七	二二
魏晉之際	魚豢	《魏略》	一七〇	二
		《典略》12	四九	一一
	傅玄（二一七－二七八）	《傅子》	五六	八
	司馬彪	《續漢書》	二四	一六
		《九州春秋》	二六	一五
西晉	管辰	《輅別傳》	一八	二一
	張勃13	《吳錄》14	一〇九	五
	胡沖	《吳歷》15	三二	一三
	張璠	《漢紀》16	一六	二四
	虞溥	《江表傳》17	一二三	三
	張騭／隱（待考）18	《文士傳》	一四	二七
	郭頒	《（魏晉）世語》19	八四	六
兩晉之際	傅暢（？－三三〇）	《晉諸公贊》	三四	一二
東晉	干寶（二八三？－三五一？）20	《搜神記》	一三	二九
		《晉紀》	二一	一七
	虞預21	《會稽典錄》	二〇	一八
	王隱（二八四？－三五四？）22	《蜀記》	一七	二三
	常璩	《華陽國志》	一九	二〇
	孫盛（三〇七－三七八）23	《魏氏春秋》（《魏氏陽秋》21）	五五	九
		《晉陽秋》	二〇	一九
	習鑿齒	《漢晉春秋》	六七	七
		《襄陽記》	一五	二五
未詳年代	樂資（僅知為晉人）	《山陽公載記》	一一	三二

11 詳見魏明安、趙以武：《傅玄評傳》（南京：南京大學出版社，一九九六年三月），頁八八。

12 關於《魏略》、《典略》是否係同一書的爭議，羅秉英曾稍事梳理不同意見而傾向是同本著作；但即使是兩部史籍，同一史家著述時的意識型態信然基本相符，見氏：〈《魏略》、《典略》關係試探〉，《治史心裁：羅秉英文集》（昆明：雲南大學出版社，二〇〇五年九月），頁四一八。

13 《史記．伍子胥列傳》唐代司馬貞【索隱】：「按：張勃，晉人，吳鴻臚嚴之子也，作《吳錄》，裴氏注引之是也。」〔西漢〕司馬遷撰；〔劉宋〕裴駰集解；〔唐〕司馬貞索隱；〔唐〕張守節正義：《史記》（北京：中華書局，二〇〇七年六月），頁二一七三─二一七四。小司馬紀錄張勃係屬孫吳名臣張儼（？─二六六）之子，今人邱敏則懷疑之，見氏：《六朝史學》（南京：南京出版社，二〇〇三年十一月），頁六九。本書探討時較無需貞定《吳錄》一書的著述時間點，暫且不耗費篇幅考訂。目前可供參酌的研究，可詳見〔日〕松本幸男：〈張勃吳錄考〉，《學林》第一四&一五期（一九九〇年），頁二六〇─三〇二。

14 《吳錄》脫稿時間點應於《三國志》後，《三國志．吳書．妃嬪傳．孫亮全夫人傳》注引《吳錄》：「（孫）亮妻惠解有容色，居候官，吳平乃歸，永寧（三〇一─三〇二）中卒。」〔晉〕陳壽撰；〔宋〕裴松之注：《三國志》，頁一二〇〇。

15 《三國志．吳書．宗室傳．孫賁附孫鄰傳》注引《吳歷》：「（孫）鄰又有子曰述，為武昌督，平荊州事。震，無難督。諧，城門校尉。歆，樂鄉都。震後禦軍，與張悌俱死。賁曾孫惠，字德施。」張悌（二三六─二八〇）死於天紀四年（二八〇），說明了該書脫稿的最早可能時間點，但還無法判定《吳歷》、《三國志》孰先孰後。同前註，頁一二一一。

16 《三國志．魏書．三少帝紀．高貴鄉公髦本紀》注引裴松之：「張璠、虞溥、郭頒皆晉之令史，璠、頒出為官長，溥，鄱陽內史。」同前註，頁一三三。因裴松之將其與卒年在西晉的虞溥、西晉人郭頒並列，學界通常將張璠歸屬於西晉人。唯其卒年應於東晉，《經典釋文．注解傳述人．周易》：「張璠《集解》十二卷。安定人，東晉秘書郎參著作。」〔唐〕陸德明著；吳承仕疏證；秦青點校：《經典釋文序錄疏證》（北京：中華書局，一九八四年三月），頁四四。

17 《晉書．虞溥傳》：「（虞溥）卒於洛，時年六十二。子勃，過江上《江表傳》於元帝，詔藏于秘書。」《江表傳》應是東晉初上呈的西晉時期史籍。〔唐〕房玄齡等撰：《晉書》（北京：中華書局，二〇〇八年二月），頁二一四一。

18 《文士傳》應成於晉末宋初，詳見朱迎平：〈第一部文人傳記《文士傳》輯考〉，《古籍整理研究學刊》第六期（一九九四年），頁三六—三八。

19 魏世民考證該書約成於東晉初年（三一七）略後，是兩晉之際的作品，見氏：〈兩晉三部小說成書年代考〉，《昭通師範高等專科學校學報》第二四卷第四期（二〇〇二年八月），頁二九—三〇。《世說新語．方正》第六條注：「郭頒西晉人，時世相近，為《晉魏世語》，事多詳覈。」〔南朝宋〕劉義慶編；〔南朝梁〕劉孝標注；余嘉錫撰；周祖謨，余淑宜整理：《世說新語箋疏》（臺北：華正書局，二〇〇三年十一月），頁二八五。

20 干寶生卒年的認定，各家說法往往不一。近來王盡忠據干寶五世孫干朴〈靈泉鄉真如寺碑亭記〉、〈御制神道碑〉推測為西元二八三—三五一年，本書權用之，見氏：《干寶研究全書》（鄭州：中州古籍出版社，二〇〇九年七月），頁五—六。研究概述可詳見鄭妹珠：《干寶生平與學術研究》（台南：國立成功大學中國文學研究所碩士學位論文，江建俊先生指導，二〇〇九年七月），頁三二—三七。

21 虞預是江東會稽世族虞喜（二八一—三五六）之弟。

22 詳見曹書杰：〈王隱家世及其《晉書》〉，《史學史研究》第二期（一九九五年），頁二三—三〇。

23 詳見唐翼明：《魏晉清談》（臺北：東大圖書股份有限公司，二〇〇二年七月），頁二六九。

24 清代沈濤：「（孫）盛避晉鄭太后諱，改春秋為陽秋，則《魏氏春秋》亦當改為陽秋。《隋書．經籍志》亦作春秋，當是後人追改。」〔清〕沈濤撰：《銅熨斗齋隨筆》（臺北：藝文印書館，一九六八年，百部叢書集成影印式訓堂叢書），第二冊，卷五，葉七上。

這一清單某種程度說明該史籍補充《三國志》的價值，二來還說明該史籍自身的權威性，致使裴松之情願屢屢徵引之。單獨用學位論文，或者於學位論文耗費篇幅探討徵引數量前十名著作的成果，已經比比皆是。例如閆愛萍《王沈《魏書》研究》[25]、方圓《論習鑿齒之史學》[26]、嚴紅彥《《三國志》裴注中所見《魏晉世語》考述》[27]，還有唐燮軍《魏晉南北朝史學探微》[28]第一章〈韋曜《吳書》考辨——兼論《建康實錄》對《吳書》的徵引〉、吳心怡《魏晉太原孫氏的家學與家風》[29]第三章〈太原孫氏的史學觀點〉論及孫盛史著等等。袁宏《後漢紀》、常璩《華陽國志》的徵引情況較特別，前者是東漢斷代史著作的雙璧之一，後者是後世號稱的方志之祖、方志典範，足資說明兩本著作不可抹滅的價值。徵引數量較少的緣由，應是裴松之自己認定兩書較遵照著陳壽建構出來的三國史。陳壽乃是蜀地前賢，常璩遵奉之實屬情理之常。袁宏本人則相當推崇陳壽的史才，《晉書‧文苑傳‧袁宏傳》記載其撰寫的〈三國名臣頌〉：「余以暇日常覽

25 見氏：《王沈《魏書》研究》（山西大學中國古代史碩士學位論文，李書吉先生指導，二〇〇四年六月）。

26 見氏：《論習鑿齒之史學》（湖南師範大學歷史文獻學碩士學位論文，柳春新先生指導，二〇〇九年八月）。

27 見氏：《《三國志》裴注中所見《魏晉世語》考述》（蘭州大學中國古代文學所碩士學位論文，王勛成先生指導，二〇〇七年五月）。

28 見氏：《魏晉南北朝史學探微》（華東師範大學博士學位論文，王東先生指導，二〇〇八年五月）。

29 見氏：《魏晉太原孫氏的家學與家風》（臺南：國立成功大學中國文學研究所碩士論文，江建俊先生指導，二〇〇三年六月）。

《國志》，考其君臣，比其行事，雖道謝先代，亦異世一時也。」[30]時常覽閱《三國志》的舉動，已經透露出袁宏十分喜愛該書。

將史家們的生存與著述年代釐清，能避免探討時較顯得流於表面，並進一步擁有同情瞭解下的成果。舉例而言，唐代劉知幾（六六一－七二一）於《史通・內篇・曲筆》：

> 然則歷考前史，徵諸直詞，雖古人糟粕，真偽相亂，而披沙揀金，有時獲寶。案金行在曆，史氏尤多。當宣、景開基之始，曹、馬構紛之際，或列營渭曲，見屈武侯，或發仗雲臺，取傷成濟。陳壽、王隱咸杜口而無言，陸機、虞預各栖毫而靡述。至習鑿齒，乃申以死葛走達之說，〔干令升亦斥以〕抽戈犯蹕之言。歷代厚誣，一朝如雪。考斯人之書事，蓋近古之遺直歟？[31]

---

30 〔唐〕房玄齡等撰：《晉書》，頁二三九三。

31 〔唐〕劉知幾著；〔清〕浦起龍通釋；王煦華整理：《史通通釋》（上海：上海古籍出版社，二〇〇九年十二月），頁一八〇。「至習鑿齒，乃申以死葛走達之說」之下至「抽戈犯蹕之言」之間，王煦華：「疑脫『干令升亦斥以』六字。」清代浦起龍（一六七九－一七六二）：「此節實拈晉初事，人多曲諱，得習、干而一彰也。」明代（一三六八－一六四四）郭孔延：「『抽戈犯蹕』之言，出自干紀，不出習書，子玄乃謂干寶栖毫靡述，鑿齒近古遺直，何其厚誣干也。」〔明〕郭孔延撰：《史通評釋》（上海：上海古籍出版社，二〇〇六年四月，明萬曆三十二年郭孔陵刻本），頁九一。這裡於是直接補上文字。

僅就論及諸葛亮書寫的部份，劉知幾相當不滿陳壽、王隱、陸機（二六一—三〇三）、虞預等史家皆不載「死諸葛走生仲達」一事。該事出處見習鑿齒《漢晉春秋》：

> 楊儀等整軍而出，百姓奔告宣王，宣王追焉。姜維令儀反旗鳴鼓，若將向宣王者，宣王乃退，不敢偪。於是儀結陳而去，入谷然後發喪。宣王之退也，百姓為之諺曰：「死諸葛走生仲達。」或以告宣王，宣王曰：「吾能料生，不便料死也。」[32]

這條史料透露出司馬懿（一七九—二五一）疑懼諸葛亮的心理，應屬於晉王朝相當不樂見的內容。仕宦晉王朝卻依然載述該故事、諺語的習鑿齒，從而得到劉知幾的賞譽。

劉知幾這段推崇習鑿齒的論述其實問題重重[33]，僅就其對史家時代處境生疏的部份析論。東晉時期皇權下移，文網的控制是遠不及西晉時期嚴格的[34]。習鑿齒《漢晉春秋》這部在其任職衡

---

32 《三國志．蜀書．諸葛亮傳》注引。〔晉〕陳壽撰；〔宋〕裴松之注：《三國志》，頁九二七。

33 例如王隱在《蜀記》就記載了兩條不利於司馬懿的史料（詳見本書第五章第四節），倘若僅因一條史料沒有載錄而將其歸入批判對象，未免過於苛刻。應就整體觀看之為是。

34 胡寶國：「東晉皇權衰落，官修史書不景氣，因此私人撰史很少受到制約。如果有制約，那也不是來自於皇權，而是來自於大族。……這種來自於大族的制約雖然存在，但畢竟還不能與來自於強大皇權的制約相比，因為其時大族并非只有一家。任何一家大族都沒有類似於專制皇權那樣至高無上的權力。也正是因為此點，所以有的時候，史家甚至還能借修史以警告大族。」見氏：〈南北史學異同〉，《漢晉間史學的發展》（北京：商務印書館，二〇〇五

（滎）陽太守（三五六－三六一）時撰寫的著作[35]，既是在東晉著史氛圍下成形，承受的壓力自然遠比陳壽等西晉史家輕微。倘若要與習鑿齒進行比較，應當尋找同期史家為是。習鑿齒所以能接近，或者看似「近古之遺直」，有其較良好的客觀條件因素支持。倘若沒有進一步思索史家處境，就較難理解史籍著作何以形成如是面貌，史家何以如是、或者可以如是書寫歷史。何況習鑿齒選擇如是敘述襄陽寓賢諸葛亮的相關史料，記載下「死諸葛走生仲達」這句表現司馬懿疑懼心理的諺語，除了傳統指出該舉是直書的認定[36]，不正與其襄陽土著的身份對應之？不惜損害「尊

年十一月），頁二〇一－二〇二。

35 《漢晉春秋》係習鑿齒任衡（滎）陽太守時撰寫的，近來吳直雄則反對該傳統說法，見氏：〈習鑿齒及其相關問題再考辨〉，《南昌大學學報（人文社會科學版）》（二〇一一年三月），頁一五二－一六〇。但是回溯該文徵引的核心史料，發現其解讀往往有誤，例如該文徵引《水經注疏．河水四》引用的《漢晉春秋》史料，判斷該書乃是在東晉孝武帝太元八年（三八三）後才撰成，原文如下：「《漢晉春秋》曰：或言金狄泣，故留之。石虎取置鄴宮，苻堅又徙之長安，毀二為錢，其一未至而苻堅亂，百姓推置陝北河中，于是金狄滅。」〔北魏〕酈道元注；楊守敬，熊會貞疏；段熙仲點校；陳橋驛復校：《水經注疏》（南京：江蘇古籍出版社，一九八九年八月），頁三四八。該引文涉及苻堅（三三八－三八五）淝水之戰（三八三）後政權動盪之事，實際上是將作者的敘述誤解成習鑿齒原文。該段《漢晉春秋》的記載，《裴注》即未有苻堅事，《三國志．魏書．明帝紀》注引《漢晉春秋》：「（魏明）帝徙盤，盤折，聲聞數十里，金狄或泣，因留霸城。」〔晉〕陳壽撰；〔宋〕裴松之注：《三國志》，頁一一〇。

36 吳士鑑、劉承幹：「習鑿齒以晉人撰《漢晉春秋》，不為（司馬）懿回護，誠所謂公道在人者，其說當可信。」吳士鑑、劉承幹撰：《晉書斠注》（北京：中華書局，二〇〇八年九月，續修四庫全書影印上海辭書出版社圖書館藏民國十七年劉氏嘉業堂刻本），冊上，頁二七。

晉」的晉臣要務背後，有可能是顥違反實錄的曲阿鄉黨之心。只有有效地把握史家的相關背景，方能更深刻理解史家隱微的著述心曲，同時在在說明「知人論世」的重要性。

第二章　陳壽「不忘舊國」探析

第一節　魏晉史籍概況與陳壽的「文質辨洽」

一、陳壽《三國志》的權威地位

仕宦西晉（二六五－三一六）王朝的蜀漢（二二一－二六三）舊臣陳壽（二三三－二九七），其著作《三國志》甫一問世（約二八五－二八九）就得到人們的讚揚。唐初史臣於《晉書．陳壽傳》即記載兩位史家的行與言，呈現出當代相當崇高的評價：

（陳壽）撰魏吳蜀《三國志》，凡六十五篇。時人稱其善敘事，有良史之才。夏侯湛時著《魏書》，見壽所作，便壞己書而罷。張華深善之，謂壽曰：「當以《晉書》相付耳。」

其為時所重如此。[1]

又有《晉諸公別傳》：「（陳壽）除中書箸作佐郎，撰《三國志》，當時夏侯湛等多欲作《魏書》，見壽作即壞己書。」[2]唐初史臣記載得較完整：首先是交代「時人」對陳壽「善敘事」與具有「良史之才」之肯定；其次則交代北人夏侯湛（二四三—二九一）非常欽佩《三國志》一書的成就，甚至不惜因而毀壞己作《魏書》，表示無法再超越該書，《晉諸公別傳》更言及當時不僅夏侯湛一人如此；最後再安排進當代「博物洽聞，世無與比」[3]的晉史重鎮張華（二三二—三○○）願意託付《晉書》一事[4]，道出陳壽的卓越史才。時人既然已經如此重視之，也難怪西晉王朝在陳壽死後還派人登門抄錄其史籍了[5]。

1 （唐）房玄齡等撰：《晉書》（北京：中華書局，二○○八年二月），頁二一三七。

2 （清）湯球輯；楊家駱主編：《新校本晉書並附編六種：九家舊晉書輯本及晉諸公別傳輯本四十三卷》（臺北：鼎文書局，一九九五年），頁四九八。

3 （唐）房玄齡等撰：《晉書》，頁一○七四。

4 《晉書·張華傳》：「名重一世，眾所推服，晉史及禮儀憲章並屬於（張）華，多所損益，當時詔誥所草定，聲譽益盛，有台輔之望焉。」同前註，頁一○七○。

5 《晉書·陳壽傳》：「元康七年，（陳壽）病卒，時年六十五。梁州大中正、尚書郎范頵等上表曰：『昔漢武帝詔曰：「司馬相如病甚，可遣悉取其書。」使者得其遺書，言封禪事，天子異焉。臣等案：故治書侍御史陳壽作《三國志》，辭多勸誡，明乎得失，有益風化，雖文豔不若相如，而質直過之，願垂採錄。』於是詔下河南尹、洛陽令，就家寫其書。」同前註，頁二一三八。

往後東晉時期還有許多研究《三國志》的著作陸續出爐，例如徐眾《三國志評》[6]、王濤《三國志序評》[7]、何琦《三國評論》[8]等，《三國志》的傳播顯係相當廣佈。當時從北方南渡的史家孫盛（三〇七－三七八）[9]，曾嘗試考核《三國志》的記載，還指出陳壽《三志》敘述的相互矛盾之處，《異同評》：「按《吳志》，劉備先破公軍，然後（孫）權攻合肥，而此記云權

6 《隋書．經籍志二》：「《三國志評》三卷徐眾撰。」〔唐〕魏徵等撰：《隋書》（北京：中華書局，二〇一〇年二月），頁九五五。嚴可均：「（徐）眾，咸康（三三五－三四二）中為黃門郎，建元（三四三－三四四）初進侍中。」〔清〕嚴可均編纂：《全上古三代秦漢三國六朝文》（河北：河北教育出版社，一九九七年十月），第五冊，頁一三五二。另，徐眾《三國志評》裴松之注引作《三國評》，見《三國志．魏書．臧洪傳》裴松之注引，盧弼對該書書名、作者亦有詳辨。見〔晉〕陳壽撰；〔南朝宋〕裴松之注；盧弼集解；錢劍夫整理：《三國志集解》（上海：上海古籍出版社，二〇〇九年六月），頁八一二。

7 《隋書．經籍志二》：「梁有《三國志序評》三卷，晉著作郎王濤撰，亡。」〔唐〕魏徵等撰：《隋書》，頁九五五。《晉書．王鑒傳》：「王鑒字茂高，堂邑人也。父濬，御史中丞。……鑒弟濤及弟子戢，並有才筆。濤字茂略，歷著作郎、無錫令。」〔唐〕房玄齡等撰：《晉書》，頁一八八九－一八九一。

8 《晉書．孝友傳．何琦傳》：「簡文帝時為撫軍，欽其（何琦）名行，召為參軍，固辭以疾。……恆以述作為事，著《三國評論》，凡所撰錄百許篇，皆行于世。」〔唐〕房玄齡等撰：《晉書》，頁二二九三。

9 《晉書．孫盛傳》：「孫盛字安國，太原中都人。祖楚，馮翊太守。父恂，潁川太守。恂在郡遇賊，被害。盛年十歲，避難渡江。」同前註，頁二一四七。孫盛為西晉名臣孫楚（？－二九三）之孫，且為曹魏要臣孫資（？－二五一）後代，可詳見《三國志．魏書．劉放傳》：「（孫資）子宏。」該傳裴松之：「案《孫氏譜》：（孫）宏為南陽太守。宏子楚，字子荊。」又注引《晉陽秋》：「（孫）楚子洵，潁川太守。洵子盛，字安國，給事中，祕書監。盛從父弟綽，字興公，廷尉正。」詳見〔晉〕陳壽撰；〔宋〕裴松之注：《三國志》（北京：中華書局，二〇〇七年五月），頁四六〇、四六二、四六二。

先攻合肥，後有赤壁之事。二者不同，《吳志》為是。」[10]虞喜（二八一－三五六）《志林》有「陳壽為〈破虜傳〉亦除此說」[11]一言。王隱（二八四？－三五四？）《晉書》亦有〈陳壽傳〉，理應閱讀過《三國志》。至於依據《三國志》撰寫過〈三國名臣頌〉的袁宏（三二八－三七六），自然更不在話下了。

南齊（四七九－五〇二）、蕭梁（五〇二－五五七）之際的劉勰，在琳瑯滿目的三國史著作中，亦是最最青睞《三國志》，給予該書睥睨其他史籍的崇高地位，《文心雕龍．史傳篇》：

> 魏代三雄，記傳互出。《陽秋》《魏略》之屬，《江表》《吳錄》之類，或激抗難徵，或疎闊寡要。唯陳壽《三志》，文質辨洽，荀張比之於遷固，非妄譽也。[12]

《陽秋》係指視曹魏（二二〇－二二五）為正統的孫盛《魏氏陽秋》（《魏氏春秋》），其餘即是在前一章第一節已經略為提及的魚豢《魏略》，張勃撰寫有偏祖孫吳（二二九－二八〇）傾向

---

10 《三國志．魏書．武帝紀》注引。〔晉〕陳壽撰；〔宋〕裴松之注：《三國志》，頁三一。

11 《三國志．吳書．孫破虜傳》注引。同前註，頁一一〇〇。

12 〔梁〕劉勰撰；詹鍈義證：《文心雕龍義證》（上海：上海古籍出版社，二〇〇八年三月），頁五九四。

的《吳錄》[13]，以及反映三國統一後江東民情的虞溥《江表傳》[14]。從書名已不難判斷四本著作聚焦的內容。剛好前面兩本著作係從曹魏政權的立場書寫三國史，後者係偏向從孫吳政權的立場解讀三國史。至於「之屬」、「之類」等字眼，誠如汪榮祖研判：「（劉）彥和舉此四者，以概其餘。」[15]劉勰指稱的「激抗難徵」、「疎闊寡要」者，很可能就是指《三國志》以外的大部份三國歷史著作。

二、魏晉時人的偏黨意識

從後世視陳壽《三國志》為四史之一，將之與司馬遷《史記》、班固（三二－九二）《漢書》、范曄（三九八－四四五）《後漢書》等頂尖史家、史籍相提並論，劉勰十分推崇《三國志》一書絕非過譽之辭。尤其是魏晉時期，史家在有意無意間過份從自我立場敘述歷史的情況非常普遍，陳壽能盡量避免身陷這一潮流風氣，甚至取得「文質辨洽」的美譽實屬不易。

13 例如稱謚號、記載宣揚政權合理性的帝王誕生歷史記憶，《吳錄》：「長沙桓王名（孫）策。武烈長子，母吳氏有身，夢月入懷。」《昭明文選》卷十三謝希逸〈月賦〉注引。〔梁〕蕭統主編；〔唐〕李善注：《文選（附考異）》（臺北：五南圖書，二〇〇九年四月），頁三三一。

14 王師文進：「雖由晉吏虞溥所編，藉以蒐集當地民情，故表面上看似由北方立場來定位南方江表偏夷之視野，實際上其內容卻保存著江東地區人士話語之原貌。」見氏：〈論「赤壁意象」的形成與流轉——「國事」、「史事」、「心事」、「故事」的四重奏〉，《成大中文學報》第二八期（二〇一〇年四月），頁九七。

15 〔美〕汪榮祖：《史傳通說：中西史學之比較》（北京：中華書局，二〇〇三年十二月），頁一一三。

從史家平日的生活實況，不難發現各地人物在交流時往往有敵意存焉。例如江東世族陸機（二六一－三〇三）在北上後，就遭到北人於大庭廣眾中無禮詢問的待遇，《晉書．陸機傳》：

范陽盧志於眾中問（陸）機曰：「陸遜、陸抗於君近遠？」機曰：「如君於盧毓、盧珽。」志默然。既起，（陸）雲謂機曰：「殊邦遐遠，容不相悉，何至於此！」機曰：「我父祖名播四海，寧不知邪！」議者以此定二陸之優劣。[16]

這故事可視作當時南北人士互相敵視的案例，與說明「亡國之餘」入北後於殊邦異域的艱困處境[17]。即使地域範圍是在「郡」的層級，也是常常見到不同地域的士人間有相互較勁的意識。例如襄陽士豪習鑿齒[18]（？－三八四？）與他人的言語交鋒，《世說新語．排調》第四一條：「習

16 〔唐〕房玄齡等撰：《晉書》，頁一四七三。《世說新語．方正》第一八條亦載，內容較精采但文意基本相同。〔南朝宋〕劉義慶編；〔南朝梁〕劉孝標注；余嘉錫撰；周祖謨，余淑宜整理：《世說新語箋疏》（臺北：華正書局，二〇〇三年十一月），頁二九九－三〇〇。

17 蜀漢、孫吳舊地人物遭受歧視的情況，詳見王永平：《中古士人遷移與文化交流》（北京：社會科學文獻出版社，二〇〇五年六月），第六章〈入晉之蜀漢人士命運的浮沉〉、第七章〈陸機陸雲兄弟之死與南北地域衝突〉，頁一四〇－一五五、一五六－一七五。

18 《晉書．習鑿齒傳》：「習鑿齒字威彥，襄陽人也。宗族富盛，世為鄉豪。」〔唐〕房玄齡等撰：《晉書》，頁二一五二。

鑿齒、孫興公未相識，同在桓公坐。桓語孫『可與習參軍共語。』孫云：『「蠢爾蠻荊」，敢與大邦為讎？』習云：『「薄伐獫狁」，至于太原。』」[19]劉孝標（四六二－五二一）注：「習鑿齒，襄陽人。孫興公，太原人。」[20]這次相互調侃的對話，反映出當時確實有從地域本位進行爭論的風氣。該行為於魏晉時期頗為普遍，《世說新語．言語篇》第七二條：「王中郎令伏玄度、習鑿齒論青楚人物。臨成，以示韓康伯。康伯都無言。王曰：『何故不言？』韓曰：『無可無不可。』」[21]結局究竟是誰勝誰負、誰真誰偽，甚至於讓人有「無可無不可」之感。

人們難免從各自的地域本位（sectionalism）出發以詮釋各種信息，進而對自己地域較熟悉的一切保有情感，對於殊邦異域則較抱持著疏離、甚至懷有敵意的偏見。任軍峰：

> 無論是就理性還是情感而言，人們總是對自己所生存的地域空間產生某種歸屬感，對該地域內社群的生活方式、制度型態、價值觀念形成直接的生存體驗以及心理上的親近感和舒適感，而對「遙遠的他鄉」則懷有某種本能的疏離感甚至潛意識中的敵意。[22]

19 〔南朝宋〕劉義慶編；〔南朝梁〕劉孝標注；余嘉錫撰；周祖謨，余淑宜整理：《世說新語箋疏》，頁八〇九。
20 同前註。
21 同前註，頁一三三。
22 見氏：《地域本位與國族認同：美國政治發展中的區域結構分析》（天津：天津人民出版社，二〇〇四年一月），頁一。

史家往往在有意識或無意識間，於史籍著作表露出自己的地域本位，亦即「地域意識」[23]造成了史籍的偏黨現象[24]。習鑿齒推崇襄陽的心態，其實亦反映在其編年體通史《漢晉春秋》[25]，陸機於史論〈辨亡論〉一文也是「黨吳」情況非常明顯[26]。除了「地域意識」，還需要注意的就是時

23 任軍峰解釋「地方主義」（local patriotism）：「正是人們對各種次國家級（地區、城市、社區等等）共同體理性上和情感上的認同，它是特定地域內人們生存狀態投射于心靈世界的結果。……事實上，不同地域人們的頻繁互動在特定的時空背景下可能強化他們的地域意識。」「地方主義」與「地域意識」概念基本相同，採用後者的名稱，主要是強調史家基於地域本位揚己抑彼，有時是有意識為之，有時則是類似於一種不經思索產生的偏見，接近於隱微的意識發用。同前註，頁二。

24 關於漢晉間「地域意識」與地方性質史著興盛的概況，可詳見〔日〕永田拓治：〈「先賢伝」「耆旧伝」の歴史的性格——漢晋時期の人物と地域の叙述と社会〉，《中国：社会と文化》第二一期（二〇〇六年六月），頁七〇—九二。

25 古代學者其實已經隱約發現，例如清代（一六四四—一九一二）杭世駿（一六九五—一七七二）：「蓋習（鑿齒）是襄陽人，其以正統予蜀，猶有不忘故主之意。黃權親事先主，熒惑守心，乃云：『魏文帝殂而吳蜀無他。』比於習氏有慚色矣。」杭氏的言論，隱約查覺到蜀漢政權對襄陽地區士人的特殊意義，蓋劉備（一六一—二二三）在荊襄地區寓居期間頗多「楚才」願意投效其陣營。〔清〕杭世駿撰：《諸史然疑（清刻知不足齋叢書本）》，〔清〕杭世駿、牛運震等撰：《二十二史考論（歷代正史研究文獻叢刊）》（北京：北京圖書館出版社，二〇〇五年三月），第一冊，頁一六。現今的研究成果，可詳見林盈翔：〈習鑿齒《襄陽記》與臥龍、鳳雛並稱的源起——兼論《三國志演義》中龐統角色的成敗〉，《雲漢學刊》第一八期（二〇〇九年六月），第貳章〈地方意識對習鑿齒《襄陽記》的影響〉，頁二八—三六。

26 雷家驥：《中古史學觀念史》（臺北：臺灣學生書局，一九九〇年十月），頁三一二。

常與「地域意識」重疊的政治意識型態[27]，以及家族等等因素，信然皆左右著史家筆下的史籍面貌。

陳壽最能平心靜氣地敘述歷史，撰寫出《三國志》這部鴻著；然而史家畢竟是有限的個體，難免還是有留下「故國之思」的痕跡。最顯著的案例[28]，例如陳壽對劉備的帝王異相、出生本末即保留之，《三國志．蜀書．先主傳》：

先主姓劉，諱備，字玄德，涿郡涿縣人，漢景帝子中山靖王勝之後也。勝子貞，元狩六年封涿縣陸城亭侯。坐酎金失侯，因家焉。先主祖雄，父弘，世仕州郡。雄舉孝廉，官至東郡范令。先主少孤，與母販履織席為業。**舍東南角籬上有桑樹生高五丈餘，遙望見童童如小車蓋，往來者皆怪此樹非凡，或謂當出貴人**。先主少時，與宗中諸小兒於樹下戲，言：「**吾必當乘此羽葆蓋車**。」叔父子敬謂曰：「汝勿妄語，滅吾門也！」年十五，母使行學，與同宗劉德然、遼西公孫瓚俱事故九江太守同郡盧植。德然父元起常資給先主，與德

27 華爾澤（Herbert Waltzer）定義「政治意識型態」：「一個信仰的體系，它為既存的或構想中的社會，解釋與辯護為人所喜好的政治秩序，並且為其之實現提供策略（過程、制度、計畫）。」恩格爾（Alan Engel etx）等著；張明貴譯：《意識型態與現代政治》（臺北：桂冠圖書公司，一九九〇年三月），頁六－七。

28 該案例，王師文進有專文闡述更詳，見氏：〈論王沈《魏書》對三國史的詮釋立場〉，宣讀於淡江大學中國文學學系主辦：「第十四屆社會與文化國際學術研討會」（二〇一二年五月五日）。

然等。元起妻曰：「各自一家，何能常爾邪！」起曰：「吾宗中有此兒，**非常人也**。」而瓚深與先主相友。瓚年長，先主以兄事之。先主不甚樂讀書，喜狗馬、音樂、美衣服。**身長七尺五寸，垂手下膝，顧自見其耳**。少語言，善下人，喜怒不形於色。好交結豪俠，年少爭附之。中山大商張世平、蘇雙等貲累千金，販馬周旋於涿郡，見而異之，乃多與之金財。先主由是得用合徒眾。[29]

但是對於曹魏、孫吳官方史籍《魏書》、《吳書》記載之帝王的異相與出生本末，可謂大幅刪除。例如《三國志．魏書．武帝紀》注引曹魏官方之《魏書》，詳載曹魏帝王家族之「出生本末」：

（曹操）其先出於黃帝。當高陽世，陸終之子曰安，是為曹姓。周武王克殷，存先世之後，封曹俠於邾。春秋之世，與於盟會，逮至戰國，為楚所滅。子孫分流，或家於沛。漢高祖之起，曹參以功封平陽侯，世襲爵土，絕而復紹，至今適嗣國於容城。[30]

---

29 〔晉〕陳壽撰；〔宋〕裴松之注：《三國志》，頁八七一—八七二。
30 同前註，頁一。

《三國志・魏書・文帝紀》注引王沈《魏書》，敘述魏文帝曹丕（一八七－二二六，二二〇－二二六在位）之「至貴」、「非人臣」其實是天意：

> **（魏文）帝生時，有雲氣青色而圜如車蓋當其上，終日，望氣者以為至貴之證，非人臣之氣**。年八歲，能屬文。有逸才，遂博貫古今經傳諸子百家之書。善騎射，好擊劍。舉茂才，不行。[31]

陳壽則將兩條史料幾乎盡皆刪除，僅留下：

> 太祖武皇帝，沛國譙人也，姓曹，諱操，字孟德，漢相國參之後。桓帝世，曹騰為中常侍大長秋，封費亭侯。養子嵩嗣，官至太尉，**莫能審其生出本末**。[32]

> 文皇帝諱丕，字子桓，武帝太子也。中平四年冬，生于譙。[33]

31 同前註，頁五七。
32 同前註，頁一。
33 同前註，頁五七。

再例如孫吳官方之《吳書》載孫堅（一五五－一九一）出生本末，敘述頗為詳細生動：

> （孫）堅世仕吳，家於富春，葬於城東。上數有光怪，雲氣五色，上屬于天，曼延數里。眾皆往觀視。父老相謂曰：「是非凡氣，孫氏其興矣！」及母懷姙堅，夢腸出繞吳昌門，寤而懼之，以告鄰母。鄰母曰：「安知非吉徵也。」堅生，容貌不凡，性闊達，好奇節。[34]

陳壽也僅言：「孫堅字文臺，吳郡富春人，蓋孫武之後也。」[35]這些案例與〈先主傳〉詳載劉備的異相與出生本末相比，差別十分顯著。尤其是陳壽將「此樹非凡」一事納入傳中，應是認為劉備之崛起早就有預示了；未免予人附會之感，而違反了理性思考的原則。史家予奪之間、取與不取之間，應有其隱微之用心。此案例不可小覷，其涉及到政權合法性的敏感問題，一來一往之間，顯然陳壽隱約還是有替蜀漢發聲。

人性問題實在是無可避免，誠如唐代（六一八－九〇七）劉知幾（六六一－七二一）《史通・外篇・雜說》：

---

34 同前註，頁一〇九三。

35 同前註。

> 夫書名竹帛，物情所競，雖聖人無私，而君子亦黨。蓋《易》之作也，本非記事之流，而孔子《繫辭》，輒盛述顏子，稱其「殆庶」。雖言則無愧，事非虛美，亦由視予猶父，門人日親，**故非所要言，而曲垂編錄者矣**。既而揚雄寂寞，師心典誥，至於童烏稚子，蜀漢諸賢，《太玄》、《法言》，**恣加褒賞，雖內舉不避，而情有所偏者焉**。夫以宣尼叡哲，子雲參聖，在於著述，不能忘私，則自中庸以降，抑可知矣。[36]

縱使意欲心如平鏡，史家著述時難免還是有偏黨的意識發用。或者非關要言卻依然保存於史籍，或者特別重視較親密的人、事、物，實乃人之常情、無可避免。只是說，相信優秀的史家還是能使其著述盡量客觀，降低私心的干擾或影響。

而且史家有時還受到政治處境左右，使其著作或多或少需與現實妥協。西晉、曹魏乃是「和平地」禪讓，諸多西晉大臣之父祖，連同晉武帝司馬炎（二三六－二九〇，二六六－二九〇在位），奠定基業的司馬懿（一七九－二五一）、司馬師（二〇八－二五五）、司馬昭（二一一－二六五）父子都曾經是魏臣。誠如清代（一六四四－一九一一）錢大昕（一七四四－一八一三）

---

36 〔唐〕劉知幾著；〔清〕浦起龍通釋；王煦華整理：《史通通釋》（上海：上海古籍出版社，二〇〇九年十二月），頁四九二。

所云：「魏氏據中原日久，而晉承其禪，當時中原人士，知有魏不知有蜀久矣。」[37]陳壽採取三書並行的方式，較平等地書寫曹魏、孫吳、蜀漢政權歷史，當時而言已屬相當難得的創舉；但還是需要考量自身政治處境，而將曹魏帝王列諸本紀，也難免在敘述三國歷史圖像時又有偏向曹魏的情況。司馬氏授意撰寫的王沈《魏書》，更是在敘述曹魏帝王的出生時進行造神運動，前引的曹丕有「非人臣之氣」正是顯例。該段記載的用意，誠如張榮明：「歷代帝王誕生的相關歷史記憶，與其說反映了歷史真實，毋寧說反映了傳統政治文化中尋求政治合理性的真實。」[38]從司馬氏替曹魏政權尋求政治正當性、合理性的舉動，代表著西晉北人對於三國正統之歸屬根深蒂固的認定。陳壽還是需要將本紀的位置保留給曹魏政權，方能避免與西晉王朝的史觀產生莫大衝突。

37 〔清〕錢大昕撰〈《三國志辨疑》序〉，〔清〕錢大昭撰：《三國志辨疑（道光二十四年錢氏得自齋刻本）》，〔清〕趙一清等撰：《三國志注補：外四種》（上海：上海古籍出版社，二〇〇七年五月），頁三九五。

38 見氏：〈歷史真實與歷史記憶〉，收錄於瞿林東，葛志毅主編；羅炳良，郝振楠副主編：《史學批評與史學文化研究》（哈爾濱：黑龍江人民出版社，二〇〇九年三月），頁三六〇。

第二節　《三國志》的正統歸屬與〈諸葛亮傳〉

一、「帝魏」與「帝蜀」

後世文學系統的「三國學」往往聚焦在曹、劉之爭，史學系統爭議陳壽的「三國正統觀」之處，不外乎亦糾結在「帝魏」、「帝蜀」的問題。劉知幾在《史通．內篇．探賾》駁斥隋朝（五八一－六一九）李德林（五三一－五九一）指出《三國志》「帝蜀」的說法：

> 隋內史李德林著論，稱陳壽蜀人，其撰《國志》，黨蜀而抑魏。刊之國史，以為格言。……（陳壽）以魏為正朔之國，典午攸承；蜀乃僭偽之君，中朝所嫉。故曲稱曹美，而虛說劉非，安有背曹而向劉，疏魏而親蜀也？[39]

「虛說劉非」雖未必，但劉知幾指出陳壽係將正統歸予曹魏政權，反對李德林如下持論：「漢獻

39 〔唐〕劉知幾著；〔清〕浦起龍通釋；王煦華整理：《史通通釋》，頁一九七。

帝死，劉備自尊崇。陳壽，蜀人，以魏為漢賊。寧肯蜀主未立，已云魏武受命乎？」[40]兩邊論據的差異在於，劉知幾係根據陳壽撰史時是仕宦晉朝的身份出發，李德林則是根據陳壽是蜀人的身份著手進行推論。

傳統除「帝魏」之說外，確實有派《三國志》「帝蜀」之說，例如清代劉體仁：「陳壽作《三國志》本帝蜀而僭魏、吳，不善讀者僅睹其貌而未究其原。」[41]清代尚鎔：「名尊魏而實帝蜀。」[42]同樣一本歷史著作竟然產生如是天南地北的兩派解讀，恐怕有一派較憑臆測、甚至落入「坐使直白之史書變為詩賦」[43]的詮釋危機。究其實，陳壽撰寫《三國志》的構思是一面與西晉王朝的「三國正統觀」妥協，一面嘗試開創紀傳體前所未有之例[44]；讓其他兩國保有一定的歷史

40 《隋書．李德林傳》。〔唐〕魏徵等撰：《隋書》，頁一一九六。

41 〔清〕劉體仁撰：《十七史說（民國間石印本）》，〔清〕杭世駿、牛運震等撰：《二十二史考論（歷代正史研究文獻叢刊）》，第三冊，頁一六三三。

42 〔清〕尚鎔著：《三國志辨微》，（北京：北京出版社，二〇〇〇年一月，四庫未收書輯刊影印清嘉慶刻本），第六輯，第五冊，頁三〇九。

43 劉咸炘語。見劉咸炘著；黃曙輝編校：〈《三國志》知意〉，《劉咸炘學術論集（史學編）》（桂林：廣西師範大學出版社，二〇〇七年七月），冊下，頁三〇五。

44 劉咸炘：「然紀必取一時之主。三方鼎峙，莫適為主，而書又不可無紀，則奈何乎。承祚則仍守舊法，以一方為紀，而餘二方為傳；然二方主傳，又為彼二方之綱，故不得不仍用紀體，此寔向來未有之例，固不可以為有心貶吳蜀。」同前註，冊下，頁三〇七。甚至連曹馬易代之際，陳壽皆盡其所能的避免「成王敗寇」而獲得「實錄」美名，臧榮緒（四一五—四八八）《晉書》：「王沉為祕書監。正元中遷散騎常侍。侍中典著作。撰《魏書》。多為

地位，避免歷史詮釋過度偏袒曹魏。三國爭霸史畢竟是「衝突性的社會事件」，誠如張榮明：

> 衝突性的社會事件中，僅僅保存著當權的勝利者一方的歷史記憶，而不見被害者一方的歷史記憶，這樣的歷史記憶值得懷疑，應該審慎對待。衝突性歷史事件的親歷者或涉案人銷毀真實的歷史記憶與偽造歷史記憶往往互為表裡。如果歷史學家把正史中有關苻堅殺苻生、李世民殺李建成的背景資料當成了確鑿的證據，很可能會落入苻堅、李世民等人的「歷史記憶陷阱」，被「勝者王侯敗者賊」這一歷史現象綁架。[45]

倘若最終晉室認可的史籍皆源於有意偏黨曹魏的北人之手，難免過度崇揚曹魏而貶抑蜀漢、孫吳，從而影響到後人對該段歷史的認識。陳壽苦心造詣的結果，最終成功讓官方採納、接受其著作，後人也賴該書較易避免陷入勝利者的「歷史記憶陷阱」。

劉知幾的判斷是正確的，誠如劉咸炘：「（陳）壽自有不忘舊國之心，而非有魏邪（蜀）漢

時諱。未若陳壽之實錄也。」〔清〕湯球輯；楊家駱主編：《新校本晉書並附編六種：九家舊晉書輯本及晉諸公別傳輯本四十三卷》（臺北：鼎文書局，一九九五年），第五冊，頁五五。

45 見氏：〈歷史真實與歷史記憶〉，頁三六〇。其實只要偏信一家之說，理解歷史時就易於受到該史家的史觀左右，較難以客觀的認識歷史真相。

正之見，雖小例不以蜀儕吳，而大體帝魏，自不可掩。」[46]《三國志》「帝魏」是沒有問題的，然而「帝蜀」派的意見亦有值得參考之處。畢竟鄉親土親，陳壽撰史時難免寄寓故國之思，敘述蜀漢政權時或多或少有較提升的情況。這點或可從陸機兄弟在閱讀過《三國志》後，依然孜孜念念於撰寫《吳書》一例稍事說明，陸雲（二六二－三〇三）〈與兄平原書〉第二十五：

（陸）雲再拜：誨欲定《吳書》，雲昔嘗已商之兄，此真不朽事。恐不與十分好書。同是出千載事，兄作必自與昔人相去。〈辯亡〉則已是〈過秦〉對事，求當可得耳。陳壽《吳書》有〈魏賜九錫文〉及〈分天下文〉，《吳書》不載。又有嚴、陸諸君傳，今當寫送。兄體中佳者，可並思諸應作傳。及作彼見人讚敘者，當與令伯論吳百官次第、公卿名伯，略盡識，少交當具。頃作頌，及吳事，有愴然。且公傳未成，諸人所作，多不盡理。兄作之，公私並敘，且又非常業。[47]

信心地指出陸機《吳書》「自與昔人相去」（自然包括陳壽），沒有如同夏侯湛等閱讀完《三國

46 劉咸炘著；黃曙輝編校：〈三國志知意〉，頁三〇五。
47 〔晉〕陸雲著；劉運好校注整理：《陸士龍文集校注》（南京：鳳凰出版社，二〇一〇年十二月），冊下，頁一一一七－一一一八。

志》後屢屢肯定之，甚至不惜輟筆。其中一項因素，很可能是肇因於陸機兄弟懷思故國的情緒。或者是，陳壽敘述孫吳政權歷史時抱持的態度不及其書寫曹魏、蜀漢的部份，從而較難說服江東史家[48]。

唯獨若要確切的指出陳壽故國之思具體落實於何處，信然需要更細緻處理，畢竟這部著作在三國史中最享美譽。而且傳統學者於詮釋時容易出現過於主觀、片面詮釋的缺失，劉咸炘於其名著〈三國志知意〉的「總論」部份，已經一一辨析清代學者的曲鑿情況[49]。筆者認同劉咸炘該派學者，強調陳壽雖「帝魏」而猶有「不忘舊國之心」，勢必要爬梳、攔截指責陳壽評價蜀漢象徵人物諸葛亮不公的「仇蜀說」[50]。該議題雖然談論者頗多，但是研究視野既已有別於他人、收集資料亦頗耗費心力，過程相信可以有所新意，並且有助於探討後文四章的部份內容。

二、陳壽筆下的〈諸葛亮傳〉

陳壽建構《三國志・蜀書》時，深受早年編輯《諸葛氏集》時考核資料，以及收集諸葛亮文

48 佐藤利行已概論陸機撰寫《吳書》一事本末，但是尚未發掘箇中可能隱含著蜀漢舊臣、孫吳舊臣史家之間著述意識的衝突。〔日〕佐藤利行著；周延良譯：《西晉文學研究》（北京：中國社會科學出版社，二〇〇四年六月），頁二三三－二四〇。

49 劉咸炘著；黃曙輝編校：〈三國志知意〉，頁三〇五－三二五。

50 這是暫擬之辭，係指傳統認定陳壽係肇因於個人恩怨因素，而貶抑蜀漢政權與之英雄人物的說法。

章作品過程形成的前理解影響[51]；若論陳壽有「不忘舊國之心」，其筆下型塑的蜀漢政權象徵人物諸葛亮[52]，無疑是最適宜觀察的對象。《三國志．蜀書．霍王向張楊費》「評曰」言及費詩吐直言而不遇時，已經不難察見陳壽十分肯定諸葛亮的執政才能：「費詩率意而言，皆有可紀焉。以先主之廣濟，諸葛之準繩，詩吐直言，猶用陵遲，況庸后乎哉！」[53]這段感嘆顯係是將劉備、諸葛亮視作廣納直諫、持心平正的明君賢相代表，才能證成的論述[54]。而陳壽評價諸葛亮最完整的言論，則是見《三國志．蜀書．諸葛亮傳》「評曰」，依然是稱賞其優異的治國才能，並且闡

51 清代劉體仁（一六二四－一六八四）：「《蜀志》自二牧、二主、妃子外，寥寥無幾人每託於諸葛以傳其人之臧否高下。既多取其言以為斷，而平生識趣功用與夫言論書教，本傳不及載者則雜載之諸傳。諸傳闕不具矣，以諸葛事經緯其中，隨所指稱輙能得其大者，合觀之為諸葛一傳可也。」〔清〕劉體仁撰：《十七史說（民國間石印本）》，〔清〕杭世駿、牛運震等撰：《二十二史考論（歷代正史研究文獻叢刊）》，第三冊，頁一六〇七。

52 蜀漢、孫吳政權最具代表性的英雄人物，正是諸葛亮與吳大帝孫權（一八二－二五二，二二九－二五二在位）。東晉干寶（二八三？－三五一？）〈晉紀總論〉：「彼劉淵者，離石之將兵都尉；王彌者，青州之散吏也。蓋皆弓馬之士，驅走之人，凡庸之才，非有吳先主（孫權）、諸葛孔明之能也。新起之寇，烏合之眾，非吳蜀之敵也；脫耒為兵，裂裳為旗，非戰國之器也。自下逆上，非鄰國之勢也。」〔梁〕蕭統主編；〔唐〕李善注：《文選（附考異）》，一二二七－一二二八。

53 〔晉〕陳壽撰；〔宋〕裴松之注：《三國志》，頁一〇一七。

54 相當趣味的是，類似的評論句魚豢也曾經使用過，如是敘述很可能反映著各國史家對於家邦英雄人物的崇仰之情，《三國志．魏書．明帝紀》注引魚豢：「為上者不虛授，處下者不虛受，然後外無伐檀之歎，內無尸素之刺，雍熙之美著，太平之律顯矣。而佞倖之徒，但姑息人主，至乃無德而榮，無功而祿，如是焉得不使中正日朘，傾邪滋多乎！以武皇帝之慎賞，明皇帝之持法，而猶有若此等人，而況下斯者乎？」同前註，頁一〇一。

釋得更詳細：

諸葛亮之為相國也，撫百姓，示儀軌，約官職，從權制，開誠心，布公道；盡忠益時者雖讎必賞，犯法怠慢者雖親必罰，服罪輸情者雖重必釋，游辭巧飾者雖輕必戮；善無微而不賞，惡無纖而不貶；庶事精練，物理其本，循名責實，虛偽不齒；終於邦域之內，咸畏而愛之，刑政雖峻而無怨者，以其用心平而勸戒明也。可謂識治之良才，管、蕭之亞匹矣。然連年動眾，未能成功，蓋應變將略，非其所長歟！[55]

「邦域之內，咸畏而愛之」、「刑政雖峻而無怨者」云云，無疑是非常崇高的讚揚。然而如是精彩的人物何故沒有完成北伐事業，可預見是人們將屢屢提起的疑問；陳壽則是回應諸葛亮較不擅於「應變將略」，軍事方面不是其較專長的領域。

陳壽評價諸葛亮「奇謀」、「將略」的比較組，是對象自身卓越的「治戎」能力、「理民之幹」。說明史家指稱諸葛亮才能不足處時是「有條件」的指出、是「相對」的判定，而不是「絕對」的短缺。關於諸葛亮北伐失敗一事的解釋，陳壽於〈諸葛亮傳〉載錄早年撰寫的〈上《諸葛

55 同前註，頁九三四。

氏集》表〉，有段較詳盡的言論：

當此之時，（諸葛）亮之素志，進欲龍驤虎視，苞括四海，退欲跨陵邊疆，震蕩宇內。又自以為無身之日，則未有能蹈涉中原、抗衡上國者，是以用兵不戢，屢耀其武。然亮才，於治戎為長，奇謀為短，理民之幹，優於將略。而所與對敵，或值人傑，加眾寡不侔，攻守異體，故雖連年動眾，未能有克。昔蕭何薦韓信，管仲舉王子城父，皆忖己之長，未能兼有故也。亮之器能政理，抑亦管、蕭之亞匹也，而時之名將無城父、韓信，故使功業陵遲，大義不及邪？蓋天命有歸，不可以智力爭也。[56]

交代客觀條件相當不利於諸葛亮的北伐事業，例如「或值人傑」、「眾寡不侔」、「攻守異體」、「時無名將」、「天命有歸」等等[57]，並在傳文補充：「及軍退，宣王案行其營壘處所，曰：『天下奇才也！』」[58]交代諸葛亮北伐失敗非一己之罪的同時，還有減輕該事對之軍事才能

56 同前註，頁九三〇—九三一。

57 盧弼注引或曰：「可雪不戢之謗，抑中仍褒。」〔晉〕陳壽撰；〔南朝宋〕裴松之注；盧弼集解；錢劍夫整理：《三國志集解》，頁二四八九。

58 〔晉〕陳壽撰；〔宋〕裴松之注：《三國志》，頁九二五。

造成的負面印象。顯見，陳壽書寫、評價諸葛亮時，心態非常謹慎。

與陳壽同期而略早，向來「著文立論，甚重諸葛之為人」[59]的袁渙之子袁準[60]，曾經回答別人詢問諸葛亮何故較少戰場勝績的問題：

> 曰：子之論諸葛亮則有證也，以亮之才而少其功，何也？袁子曰：亮，持本者也，其於應變，則非所長也，故不敢用其短。曰：然則吾子美之，何也？袁子曰：此固賢者之遠矣，安可以備體責也。夫能知所短而不用，此賢者之大也；知所短則知所長矣。[61]

較無政治包袱、甚是重視諸葛亮的袁準，亦有「其於應變，則非所長也」的說法，則陳壽指出諸葛亮還有不足處顯然並非有意詆毀之言[62]。即使考量到要替司馬懿「迴護」的問題，但誠如劉咸

59 同前註，頁九一六。

60 據《三國志．魏書．袁渙傳》言「（袁渙）居官數年卒，太祖為之流涕」，袁渙亡故時曹操（一五五－二二〇）尚存。袁準主要應活動於漢末、曹魏時期並邁入西晉為是。仕宦過西晉的證據，見《三國志．魏書．袁渙傳》注引裴松之：「荀綽《九州記》稱（袁）準有儁才，（西晉）泰始中為給事中。袁氏子孫世有名位，貴達至今。」同前註，頁三三五、三三六。

61 同前註，頁九三五。

62 清代王鳴盛（一七二二－一七九七）：「街亭之敗，（陳）壽直書馬謖違（諸葛）亮節度，為張郃所破，初未嘗以私隙咎亮。至謂亮『將略非長』，則張儼、袁準之論皆然，非壽一人之私言也。朱、杭所論最為平允。壽入晉後，

炘：「夫為（司馬）懿回護，不書懿短可矣，何必貶亮乎？」[63]敘述司馬懿的醜事敗績時避重就輕即可，沒有必要因而貶抑諸葛亮之「應變將略」，兩者沒有必然關係。倘若在意朝廷的觀感，或者意欲「尊晉」，依然可以於肯定諸葛亮的情況下，正襯最終還是勝利者的司馬懿。向來「知人待士，蓋有高祖之風，英雄之器」[64]的劉備，奪取益州時優先任命龐統（一七九－二一四）隨行、諸葛亮留守後方。爭搶漢中時，則是聽從「有奇畫策算，然不以德素稱也」[65]的法正（一七六－二二〇）之謀略[66]；諸葛亮本人亦「每奇（法）正智術」[67]，說明劉備的選擇經得起考驗。諸葛亮最適宜治理內政、留守後方，攻城掠地則需要仰賴龐統、法正這兩位謀士。那麼諸葛亮的擅長之處何在，已經不言可喻。

撰次亮集，表上之，推許甚至。本傳特附其目錄，并上書表，創史家未有之例，尊亮極矣。評中反覆盛稱其刑賞之當，則必不以父坐罪為嫌。廖立、李平為亮廢竄，尚能感泣無怨；明達如壽，顧立、平之不若邪？亮六出歧山，終無一勝，則可見為節制之師，于進取梢鈍，自是實錄。」〔清〕王鳴盛撰；陳文和等校點：《十七史商榷》（南京：鳳凰出版社，二〇〇八年一月），頁二一四。

63 劉咸炘著；黃曙輝編校：〈三國志知意〉，頁三四九。

64 《三國志．蜀書．先主傳》陳壽「評曰」。〔晉〕陳壽撰；〔宋〕裴松之注：《三國志》，頁八九二。

65 《三國志．蜀書．龐統法正傳》陳壽「評曰」。同前註，頁九六二。

66 《三國志．蜀書．法正傳》：「（建安）二十四年，先主自陽平南渡沔水，緣山稍前，於定軍、興勢作營。（夏侯）淵將兵來爭其地。（法）正曰：『可擊矣。』先主命黃忠乘高鼓譟攻之，大破淵軍，淵等授首。曹公西征，聞正之策，曰：『吾故知玄德不辦有此，必為人所教也。』」同前註，頁九六一。

67 《三國志．蜀書．法正傳》。同前註。

檢視〈諸葛亮傳〉，有一點很明顯是史家特別關愛諸葛亮的安排，即是於諸葛喬等附傳之前，夾入〈《諸葛氏集》表〉（類似做法又見〈吳書．陸凱傳〉「備異」虛實難明的陸凱（一九八－二六九）諫孫吳亡國之君孫皓（二四二－二八四，二六四－二八〇在位）二十事，或許與陳壽頗厭惡孫皓相關）與《諸葛氏集》目錄[68]。表文尚且直接敘述、討論傳主的一生，從中一窺傳主的生平事蹟、精神樣貌。但是詳錄《諸葛氏集》目錄的安排則顯得較無意義，誠如沈家本：「傳中詳錄其書之篇名，古未有此式，足見陳壽之重諸葛氏也。」[69]該舉置諸於史籍著述傳統中顯得突兀又破格，表現出史家刻意、過度保存事蹟的心態。陳壽撰史時往往著眼於「崇實黜華，以為勸戒」[70]，諸葛亮的文章信然也符合該標準；然而僅需記載自己曾經編纂過《諸葛氏集》即可，沒有必要前所未聞地特開此例，尺度拿捏上應有失準處。

68 李景星：「其尤用意處，則于後幅備列《諸葛氏集》目錄及其表上之言。蓋（諸葛）亮之本能，全集盡矣；全集不能悉著，則于目錄著之；全集之意不能悉見，則于寫上全集之表見之。因其推崇之至，故為此破格之文，所謂不可無一，不能有二也。」李景星著；韓兆琦、俞樟華校點：《四史評議》（湖南：岳麓書社，一九八六年十一月），頁四二〇。

69 〔晉〕陳壽撰；〔南朝宋〕裴松之注；盧弼集解；錢劍夫整理：《三國志集解》，頁二三八六。

70 清代尚鎔對於陳壽在《三國志．吳書．陸凱傳》傳末，抄列虛實難明的陸凱諫孫皓二十事：「虛實難明，故不著於篇。然其指摘（孫）皓事足為後戒，故鈔列於（陸）凱傳左。蓋（陳）壽之作《三國志》欲崇實黜華，以為勸戒。凡有世教之言，必悉力搜輯，故《蜀志》載〈諸葛氏集目錄〉，亦取其聲教遺言，經事綜物有補當世。」〔清〕尚鎔著：《三國志辨微續》（北京：北京出版社，二〇〇〇年一月，四庫未收書輯刊影印清嘉慶刻本），第六輯，第五冊，頁三三七。

而且從〈上《諸葛氏集》表〉的遣詞用字，亦不難察見陳壽本來就是位相當關注於維護故國與諸葛亮的史家。陳壽於泰始十年（二七四）呈奏朝廷的這篇文章，即用「毗佐危國」一語取代「毗佐偽國」：

> 臣（陳）壽等言：臣前在著作郎，侍中領中書監濟北侯臣荀勖、中書令關內侯臣和嶠奏，使臣定故蜀丞相諸葛亮故事。亮毗佐危國，負阻不賓，然猶存錄其言，恥善有遺，誠是大晉光明至德，澤被無疆，自古以來，未之有倫也。輒刪除複重，隨類相從，凡為二十四篇，篇名如右。[71]

對照同為蜀漢舊臣、亦是相當尊敬諸葛亮的李密[72]，於呈奏朝廷的〈陳情表〉一文尚且稱故國為「偽朝」[73]。陳壽則改用一個「危」字代替「偽」字[74]。私撰的《三國志》不稱「偽」固然是陳

71 《三國志．蜀書．諸葛亮傳》。〔晉〕陳壽撰；〔宋〕裴松之注：《三國志》，頁九二九—九三〇。

72 《晉書．孝友傳．李密傳》：「（張華）次問：『孔明言教何碎？』（李）密曰：『昔舜、禹、皋陶相與語，故得簡雅；大誥與凡人言，宜碎。孔明與言者無己敵，言教是以碎耳。』華善之。」〔唐〕房玄齡等撰：《晉書》，頁二二七五—二二七六。

73 《晉書．孝友傳．李密傳》記載李密〈陳情表〉：「且臣少仕偽朝，歷職郎署，本圖宦達，不矜名節。今臣亡國賤俘，至微至陋，猥蒙拔擢，寵命殊私，豈敢盤桓有所希冀！」〔唐〕房玄齡等撰：《晉書》，頁二二七四。

74 清代黃恩彤（一八〇一—一八八三）論陳壽該篇表文：「此陳氏奉晉武帝命編定《諸葛文集》，迨因表上之也。

壽合理的巧思，然而於官方文章依然避開使用「偽」字，從中可以發現陳壽確實是一位猶有故國之思的史家。

第三節　〈後主傳〉「評曰」研議

一、「國不置史」、「赦不妄下」探析

諸葛亮未必是三國歷史中最重要的歷史人物，「挾天子以令諸侯」約二十餘年、征服一級戰區中原的曹操，還有領導孫吳陣營長達五十餘年的孫權等等應皆不亞之。但是陳壽於〈諸葛亮傳〉「評曰」言及諸葛亮，係屬《三國志》各卷「評曰」評價傳主字數最長的一次，總計一百五十一字。除了「應變將略，非其所長」云云十九字非讚美之辭，其餘一百三十二字皆使用最推崇的語氣讚美諸葛亮「識治」。在在說明陳壽還是「不能忘私」，書寫這位象徵故國的英雄人物時難免「情有所偏」。

在作《三國志》以前。附書於傳後者，其論諸葛與傳足相發也。曰故蜀曰『危國』不曰『偽』也。」〔清〕黃恩彤撰：《三國書法》（北京：北京出版社，二〇〇〇年，四庫未收書輯刊影印清光緒三十一年家塾刻本），第二輯，第三〇冊，頁三五〇。

緊接著陳壽於〈諸葛亮傳〉「評曰」論及傳主的字數，第二名則是《三國志・吳書・三嗣主傳》「評曰」論及孫吳亡國之君孫皓（二四二—二八四，二六四—二八〇在位）：

> （孫）皓之淫刑所濫，隕斃流黜者，蓋不可勝數。是以群下人人惴恐，皆日日以冀，朝不謀夕。其熒惑、巫祝，交致祥瑞，以為至急。昔舜、禹躬稼，至聖之德，猶或矢誓眾臣，予違女弼，或拜昌言，常若不及。況皓凶頑，肆行殘暴，忠諫者誅，讒諛者進，虐用其民，窮淫極侈，宜腰首分離，以謝百姓。既蒙不死之詔，復加歸命之寵，豈非曠蕩之恩，過厚之澤也哉！[75]

雖然史家同樣淋漓盡致地發表對個別歷史人物的評價，但是評孫皓的內容顯示大相逕庭，可謂批判備至。接下來字數較高的前五名如下，《三國志・蜀書・先主傳》評劉備九十二字、《三國志・蜀書・劉二牧傳》評劉焉（？—一九四）九十一字、《三國志・魏書・武帝紀》評曹操八十九字、《三國志・吳書・吳主傳》評孫權八十六字、《三國志・吳書・陸遜傳》評陸遜（一八三—二四五）六十四字，皆未破百且大幅落後首位。〈諸葛亮傳〉（不含附子喬、瞻與董厥傳）

75 〔晉〕陳壽撰；〔宋〕裴松之注：《三國志》，頁一一七八。

扣除「評曰」後約四千三百零三字，〈陸遜傳〉（不含附子抗傳）亦有約四千三百一十七字。兩傳字數基本相同，「評曰」論及傳主卻相差一倍有餘，顯然不是因為傳文較長的緣故才致使「評曰」也較長[76]，而應與陳壽於三國歷史人物中最最注目諸葛亮息息相關。

關於探討陳壽書寫諸葛亮時抱持的態度，歷來較聚焦於史家在〈諸葛亮傳〉，尤其在該傳言及「應變將略」的部份[77]，然而《三國志》的「評曰」中，有種狀況較特殊，即是原本應該是主角的傳主退居配角、其他人物躍居主角。《三國志．蜀書．後主傳》傳主是後主劉禪（二〇七－二七一，二二三－二六三在位），但是「評曰」共一百三十二字中實質評論諸葛亮的部份共有九十九字[78]。過往研究較少完整的探討〈後主傳〉「評曰」，但是該次評論明確的指出「識治良

76 兩者間似乎沒有密切關聯，另外〈武帝紀〉約一〇九一二字、〈先主傳〉約六〇五八、〈吳主傳〉約八三〇一字、〈孫晧傳〉約二九一九字、〈劉焉傳〉約七〇九字。

77 例如李景星：「（陳壽）其為後人所集矢處，不過『應變將略，非其所長』二語。」《三國志評議．諸葛亮傳第五》，李景星著；韓兆琦、俞樟華校點：《四史評議》，頁四二〇。清代周士儀則結合魚豢「子午谷」一事：「陳承祚誠有嗛于諸葛？及其定諸葛故事、上晉武疏稱其政理擬為管蕭，論其文詞丁寧周至埒之周誥，語其遺愛比之召公、子產，何常（筆者案：疑為嘗）不心服而稱之？有別喙也，獨治戎為長、奇謀為短數語，似為少貶。然何足以損武侯，壽之意不過以祈山之役，武侯格魏延請從褒中之策不行，未能用奇尅敵為致惜耳。……」〔清〕周士儀撰：《史貫》（北京：北京出版社，二〇〇〇年，四庫禁毀書叢刊影印清康熙十七年自刻本），頁六五〇。

78 又見《三國志．魏書．三少帝紀》傳主是齊王芳（二三二－二七四，二三九－二五四在位）、高貴鄉公髦（二四一－二六〇，二五四－二六〇在位）、陳留王曹奐（二四六－三〇二，二六〇－二六五在位），然而「評曰」共一百四十五字中有八十字涉及魏明帝曹叡（二〇五－二三九，二二六－二三九在位）；以及《三國志．吳書．妃嬪傳》

才」諸葛亮之治國瑕疵處，迫使這裡需要一一梳理相關問題。《三國志．蜀書．後主傳》「評曰」：

> 後主任賢相則為循理之君，惑閹豎則為昏闇之后，傳曰「素絲無常，唯所染之」，信矣哉！禮，國君繼體，踰年改元，而章武之三年，則革稱建興，考之古義，體理為違。又國不置史，注記無官，是以行事多遺，災異靡書。諸葛亮雖達於為政，凡此之類，猶有未周焉。然經載十二而年名不易，軍旅屢興而赦不妄下，不亦卓乎！自亮沒後，茲制漸虧，優劣著矣。[79]

開頭言傳主劉禪信任賢相則成「循理之君」，寵惑閹豎則成「昏闇之后」等等。緊接的內容，轉向交代諸葛亮執政時的瑕疵處與高明處，劉禪即隱身於後、退居配角。瑕疵處係指出「踰年改元」有違古義、「國不置史」致使蜀漢相關史料較缺乏；高明處係指出「年名不易」、「赦不妄下」兩點。

---

[79] 〔晉〕陳壽撰；〔宋〕裴松之注：《三國志》，頁九〇二－九〇三。共有八十五字涉及孫權。

陳壽之言是否合理，暫且從較無疑慮的「國不置史」與「赦不妄下」論起。關於前者，歷來駁斥陳壽意見者甚多，代表性論述詳見劉知幾《史通・外篇・史官建置》：

> 案《蜀志》稱王崇補東觀，許孟掌禮儀，又郤正為秘書郎，廣求益部書籍。斯則典校無闕，屬辭有所矣。而陳壽評云「蜀不置史官」者，得非厚誣諸葛乎？[80]

《史通・內篇・曲筆》：

> 陳氏《國志・劉後主傳》云：「蜀無史職，故災祥靡聞。」案黃氣見於秭歸，群鳥墮於江水，成都言有景星出，益州言無宰相氣，若史官不置，此事從何而書？蓋由父辱受髡，故加茲謗議者也。[81]

劉知幾的責難其實未必可以成立，劉咸炘攔截該類說法：

80 〔唐〕劉知幾著；〔清〕浦起龍通釋；王煦華整理：《史通通釋》，頁二八九。

81 同前註，頁一八三—一八四。近來馬鐵浩曾整理《史通》一書的引書概況，檢索劉知幾對於個別史家、史籍的徵引與評論甚是便利，見氏：《《史通》引書考》（北京：學苑出版社，二〇一一年十一月）。

陳氏所言無官者，乃記注之史。黃氣、群鳥，不必史官所言，蓋蜀本多術數之學，至奏景星見者，乃占天之史官，許慈、王崇、郤正則掌書之官，非記注之史。知幾所謂「典校無闕」乃掌書之謂，而「屬辭有所」則肊度之詞。東觀乃真記注之職，然沿舊制而有此官，未必有其地、行其職，不然，則承祚躬為秘書郎，豈善忘至此，即誣諸葛，有何如是之拙乎？[82]

盧弼持與劉咸炘相同的意見：「〈季漢輔臣贊〉所頌述，皆當時可傳之人，承祚自注，多云失其行事，故不為傳。評語所謂注記無官，行事多遺者此也。劉說為允。」[83]蜀漢政權始終沒有像北方有官修《魏書》、江東有官修《吳書》等計畫[84]，確實說明該政權較漢視歷史著作與史官建

---

82 劉咸炘著；黃曙輝編校：〈三國志知意〉，頁三四七—三四八。

83 〔晉〕陳壽撰；〔南朝宋〕裴松之注；盧弼集解；錢劍夫整理：《三國志集解》，頁二四二七。

84 《史通．外篇．古今正史》：「魏史，黃初、太和中始命尚書衛覬、繆襲草創紀傳，累載不成。又命侍中韋誕、應璩，秘書監王沈，大將軍從事中郎阮籍，司徒右長史孫該，司隸校尉傅玄等撰定。其後王沈獨就其業，勒成《魏書》四十四卷。其書多為時諱，殊非實錄。」又言：「吳大帝之季年，始命太史令丁孚、郎中項峻撰《吳書》。孚、峻俱非史才，其文不足紀錄。至少帝時，更敕韋曜、周昭、薛瑩、梁廣、華覈訪求往事，相與記述。並作之中，曜、瑩為首。當歸命侯時，昭、廣先亡，曜、瑩徙黜，史官久闕，書遂無聞。覈表請召曜、瑩續成前史，其後曜獨終其書，定為五十五卷。」曹魏從建國初期就著手草創官方史籍，孫吳則於吳大帝孫權晚年開始便有計劃，獨獨蜀漢無聞。〔唐〕劉知幾著；〔清〕浦起龍通釋；王煦華整理：《史通通釋》，頁三二一、三二二。王沈《魏書》、韋昭《吳書》史籍的研究成果，可詳見〔日〕滿田剛：〈韋昭「吳書」について〉，《創価大学人文論集》

置，迫使得陳壽還需要別出心裁地透過收錄〈季漢輔臣贊〉並自注的方式來保存史料。仕宦蜀漢又躬職秘書郎的陳壽，斷定「國不置史」的紀錄畢竟是具有權威性的[85]。

「赦不妄下」這一稱美語，乃是言「諸葛亮為相時耳」[86]。諸葛亮接受託孤後執政的十二年間，僅於劉禪即帝位時按慣例大赦[87]。但是諸葛亮死後至蜀漢亡國的三十年間，按照〈後主傳〉的記載統計共達十二次，「建興」有一次（十二年）、「延熙」有八次（元年、六年、九年、十二年、十四年、十七年、十九年、二十年）、「景耀」有三次（元年、四年、六年），平均兩年半就一次大赦。《三國志．蜀書．孟光傳》就有記載蜀漢孟光指責費禕（？—二五三）頻赦之不妥：

第一六集（二〇〇四年），頁二三五—二八五；〈王沈『魏書』研究〉，《創価大学大学院紀要》第二〇集（一九九九年），頁二六三—二七八。

85 繆越：「蜀漢時雖有東觀郎、秘書郎等官，可能只是典校書籍，而并未修史，所以陳壽說：『注記無官，行事多遺。』蜀漢有沒有史官修書，這是一件重要的事情，當時許多人都是知道的，陳壽不至於為此事說假話以『厚誣諸葛』。……王崇所著《蜀書》，亦是蜀漢亡後的私家撰述，其撰作大概與陳壽同時，并不是他為蜀漢東觀郎時所撰。」見氏：〈陳壽與《三國志》〉，《讀史存稿》（香港：生活．讀書．新知三聯書店香港分店，一九七八年十二月），頁一一一—一一二。

86 清代錢大昭語。〔清〕錢大昭撰：《三國志辨疑（道光二十四年錢氏得自齋刻本）》，〔清〕趙一清等撰：《三國志注補：外四種》，頁四一五。

87 《三國志．蜀書．後主傳》：「（章武三年）五月，後主襲位於成都，時年十七。尊皇后曰皇太后。大赦，改元。是歲魏黃初四年也。」〔晉〕陳壽撰；〔宋〕裴松之注：《三國志》，頁八九三。

延熙九年秋，大赦，（孟）光於眾中責大將軍費禕曰：「夫赦者，偏枯之物，非明世所宜有也。衰弊窮極，必不得已，然後乃可權而行之耳。今主上仁賢，百僚稱職，有何旦夕之危，倒懸之急，而數施非常之恩，以惠奸宄之惡乎？……」禕但顧謝踧踖而已。[88]

孟光之語義正辭嚴，向來「辭順義篤，據理以答」[89]的費禕，也僅能啞口顧謝了；「不妄赦」於當代已經被視作正確的執政準則，非是後人一昧讚揚而已。然而「踰年改元」、「年名不易」部份，就較需要細部探討了。

二、「踰年改元」、「年名不易」探析

蜀漢未遵守「踰年改元」之古義一事，後世學者有不同的想法。清代李清植（一六九〇－一七四五）強調這是「權變」考量的意見最具代表性：

88 同前註，頁一〇二三－一〇二四。

89 《三國志．蜀書．費禕傳》：「（諸葛恪）等才博果辯，論難鋒至，（費）禕辭順義篤，據理以答，終不能屈。（孫）權甚器之，謂禕曰：『君天下淑德，必當股肱蜀朝，恐不能數來也。』還，遷為侍中。」同前註，頁一〇六〇－一〇六一。

> 是時皇綱解紐，先主遽喪，民志必生惶惑。未踰年而改元，雖違古義，實尊舊籍。藉此新視野而悚遠邇，奠民心以濟大業。應權通變，計宜出此。史家以是譏諸葛公，毋乃失之拘乎？[90]

陳壽沒有選擇同情諸葛亮的「應權通變」，原因是否係對諸葛亮持有偏見？還需要仔細探析。典章制度最完善的曹魏政權[91]，其君王即位、改元的概況相信足資參照。曹魏政權正式創建後的第二位帝王魏明帝曹叡[92]、第三位帝王齊王芳[93]，即帝位時皆僅僅大赦而已；檢視兩次「父死子繼」的正常繼位概況，顯然禮制上確實存在這條規範[94]。

---

90 〔清〕梁章鉅撰：《三國志旁證（清道光三十年刻本影印）》，〔清〕趙一清等撰：《三國志注補：外四種》，頁六八八。

91 孫吳政權立國後多有違禮之事，對於儒學、禮制不很重視，詳見王永平：〈論孫權父子之「輕脫」〉，《孫吳政治與文化史論》（上海：上海古籍出版社，二〇〇五年十二月），第三章〈孫氏不重儒學與禮制〉，頁七一—一三。

92 《三國志．魏書．明帝紀》：「（黃初）七年夏五月，（魏文）帝病篤，乃立為皇太子。丁巳，即皇帝位，大赦。尊皇太后曰太皇太后，皇后曰皇太后。」〔晉〕陳壽撰；〔宋〕裴松之注：《三國志》，頁九一。

93 《三國志．魏書．三少帝紀．齊王芳本紀》：「景初三年正月丁亥朔，（魏明）帝病甚，乃立為皇太子。是日，即皇帝位，大赦。尊皇后曰皇太后。大將軍曹爽、太尉司馬宣王輔政。」同前註，頁一一七。

94 宋代唐庚（一〇七〇—一一二〇）有一套自己的見解，認為沒有「踰年改元」「似不為過」：「人君繼體，逾年改元。而章武三年五月改為建興，此陳壽所以短孔明也。以吾觀之，似不為過。古者人君雖立，尚未即位也。明年正月，行即位之禮，然後書即位而稱元年。後世承襲之。初固已即位矣，稱元不亦可乎！故曰不為過也。古者人君襲

曹魏政權若於帝王即位之初就改元，通常是在前一位帝王遭到廢黜的特別情況下，因而高貴鄉公[95]、陳留王曹奐[96]登基時才同時大赦兼改元。後世認為開始著手扭轉「三國正統觀」的習鑿齒，即責難蜀漢政權沒有依照「踰年改元」的禮制，詳見沈約（四四一－五一三）《宋書·五行志二》：

> 劉備卒，劉禪即位，未葬，亦未踰月，而改元為建興。此言之不從也。習鑿齒曰：「禮，國君即位踰年而後改元者，緣臣子之心，不忍一年而有二君也。今可謂亟而不知禮矣。君

位，未逾年不稱君，故子猛不書王，子般、子赤不書公，後世承襲之。初固已稱君矣，稱元不亦可乎！故曰不為過也。春秋之時，未有一年而二名者，如隱公之末年，既名之為十一年矣，不可復名為桓公元。自紀元以來，有一歲而再易者矣，有一歲而三四易者也，豈復以二名為嫌而曰不可乎哉？故曰不為過也。非特此也，今之所謂元年與古異矣。古之所謂元年者，某君之一年也，故必逾年而後稱之，如前所云。後世所謂元年者，某號之一年耳，嗣位而稱之可也，逾年而後稱之亦可也。」〔宋〕唐庚撰：《三國雜事》（臺北：藝文印書館，一九六六年，百部叢書集成據清曹溶輯陶越增訂六安晁氏排印本影印），葉六。唐庚之言未必貼切魏晉人的想法，曹魏於正常皇位交接情況下，依然延續「踰年改元」的傳統；相當青睞蜀漢政權的習鑿齒亦是抨擊該事，後文徵引之。

95 《三國志·魏書·三少帝紀·高貴鄉公髦本紀》：「（正始）十月己丑，（高貴鄉）公至于玄武館，羣臣奏請舍前殿，公以先帝舊處，避止西廂；羣臣又請以法駕迎，公不聽。庚寅，公入于洛陽……其日即皇帝位於太極前殿，百僚陪位者欣欣焉。詔曰：……大赦，改元。」〔晉〕陳壽撰；〔宋〕裴松之注：《三國志》，頁一三一－一三二。

96 《三國志·魏書·三少帝紀·陳留王奐》：「（甘露三年）六月甲寅，入于洛陽，見皇太后，是日即皇帝位于太極前殿，大赦，改年，賜民爵及穀帛各有差。」同前註，頁一四七。

子是以知蜀之不能東遷也。」後又降晉。吳孫亮、晉惠帝、宋元凶亦然。亮不終其位，惠帝號令非己，元凶尋誅。言不從也。[97]

後來南宋（一一二七－一二七九）洪邁（一一二三－一二〇二）探討國君繼位「踰年改元」的禮制時，也是批判劉禪等君王「不足責」也[98]。相較於習鑿齒的疾言厲色，斥為「亟而不知禮」，甚至推導成不能復興漢室（「蜀之不能東遷」）的徵兆。陳壽僅用「猶有未周焉」五個字，指出還有未完善的地方便草草了事；至多算是指出瑕疵處，還不能算得上批判。

如果說未能遵守「踰年改元」一事還有「權變」的考量，是否歸屬瑕疵還保有商榷的空間。

---

97 〔梁〕沈約撰：《宋書》（北京：中華書局，二〇〇八年十二月），頁八九九－九〇〇。

98 《容齋續筆》卷第十「踰年改元」：「自漢武帝建元紀年之後，嗣君紹統，必踰年乃改元。雖安帝繼殤帝，亦終延平而為永初。桓帝繼質帝，亦終本初而為建和。唐宣宗以叔繼姪，亦終會昌六年而改大中。獨本朝太祖以開寶九年十月二十日上仙，太宗嗣位，是年十二月二十二日改為太平興國元年，去新歲纔八日耳。意當時星辰曆象考卜兆祥，必有其說，而國史傳記皆失傳。竊計嶺、蜀之遠，制書到時，已是二年之春。是時，宰相薛居正、沈倫、盧多遜失於不考引故實，致行之弗審，使人君即位而無元年，尤為不可也。若唐順宗以貞元二十一年正月嗣位，至八月辛丑，改元永貞。蓋已稱太上皇，嫌於獨無紀年，故亟更之耳。劉禪、孫亮、石宏、符生、李璟未踰年而改，此不足責。晉惠帝改武帝太熙為永熙，而以為欲長奉先皇之制，亦非也。唐中宗仍武后神龍，梁末帝追承太祖乾化，孟昶仍父知祥明德，漢劉知遠追用晉天福，隱帝仍父乾祐，周世宗仍太祖顯德，皆非禮之正，無足議者。唐哀帝仍昭宗天祐，蓋畏朱溫而不敢云。」〔宋〕洪邁撰；孔凡禮點校：《容齋隨筆》（北京：中華書局，二〇〇六年十月），頁三四五－三四六。

僅能確定陳壽語氣之委婉，應非有意詆毀者。然而前文論及「國不置史」一事，則無疑是執政者的重大缺失，史家卻未能深究之！箇中端倪可從東漢末年王允（一三七－一九二）欲殺最有能力完成東漢史的蔡邕（一三三－一九二）一事切入，《後漢書．蔡邕傳》：

> （王）允曰：「昔武帝不殺司馬遷，使作謗書，流於後世。方今國祚中衰，神器不固，不可令佞臣執筆在幼主左右。既無益聖德，復使吾黨蒙其訕議。」（馬）日磾退而告人曰：「王公其不長世乎？善人，國之紀也；制作，國之典也。滅紀廢典，其能久乎！」（蔡）邕遂死獄中。允悔，欲止而不及。時年六十一。搢紳諸儒莫不流涕。北海鄭玄聞而歎曰：「漢世之事，誰與正之！」[99]

漢晉間「國可亡，史不可亡」的概念已經深植人心[100]，是故當代名臣馬日磾（？－一九四）方才強烈反彈，碩儒鄭玄聽聞後也不禁發出嘆息。曹魏、孫吳皆有修史計畫，王沈《魏書》、韋昭《吳書》就是兩國的成品。統計《三國志》、《裴注》的字數，《魏志》與之《裴注》部份佔總

99 〔南朝宋〕范曄撰；〔唐〕李賢等注：《後漢書》（北京：中華書局，二〇〇六年三月），頁二〇〇六。

100 關於漢晉間「史不可亡」意識的探討，詳見雷家驥：《中古史學觀念史》，第七章〈正史及其形成理念（上）〉，第二節〈史不可亡意識及完美主義的落實表現〉，頁四五〇－四六七。

體比例約百分之五十六、百分之六十七，《吳志》與之《裴注》部份約百分之二十八、百分之二十，《蜀志》與之《裴注》部份約百分之十六、百分之十三[101]。陳壽修撰曹魏、孫吳史時可以參鑒兩國原始資料豐富的國史，不僅正文數量遠超過陳壽原創性較高的《蜀志》。即使是《裴注》補充陳壽剔除不用或者簡略化的史料，王沈《魏書》、韋昭《吳書》依然徵引一八三、一一五條，高居裴松之徵引史籍的第一位與第四位。官方爭奪歷史詮釋權的競逐賽中，獨獨蜀漢政權缺席，致使相關事蹟保存不易；若非陳壽苦心收集，蜀漢英雄人物之風采恐陷入湮滅無聞的危機。然而，陳壽雖說還能指出這是諸葛亮執政實績的不足處，評論時卻又未免有些輕輕放下之感，僅言尚有未完善處即停筆。

101 三家統計字數接近，暫且採用崔曙庭的成果：

	魏書		蜀書		吳書	
	本文	裴注	本文	裴注	本文	裴注
王庭洽	二〇五五二九	二二五二一四	五八一六四	四〇五〇二	一〇二九六四	六五〇八三
崔曙庭	二〇五二五九	二二四九七八	五八四五二	四〇四七三	一〇三六一六	六五三五四
黃大受	二〇四九〇一	二二五九九五	五六七六五	四一八四四	八九一六七	六四八〇九

余志挺：《裴松之《三國志注》研究》（臺北：花木蘭文化出版社，二〇〇八年三月，（原臺北：臺灣師範大學國文研究所碩士論文，林礽乾先生指導，二〇〇三年）），頁二九。

陳壽在指出「達於為政」的諸葛亮，於執政時期有「踰年改元」、「國不置史」兩項瑕疵後，緊接著就補充兩項後人無法企及的優點：「然經載十二而年名不易，軍旅屢興而赦不妄下，不亦卓乎！」並言「自亮沒後，茲制漸虧，優劣著矣」，強調諸葛亮過世後，蜀漢政權就未能延續其善政，頗有說明諸葛亮之難得的意味。裴松之敏銳地察覺到陳壽在該處有溢美之嫌：

臣松之以為「赦不妄下」，誠為可稱，至於「年名不易」，猶所未達。案建武、建安之號，皆久而不改，未聞前史以為美談。「經載十二」，蓋何足云？豈別有他意，求之未至乎！（諸葛）亮歿後，延熙之號，數盈二十，「茲制漸虧」，事又不然也。[102]

諸葛亮執政十二年期間沒有更改年號，但是東漢「建武」（二五－五六）年號共歷三十二年、漢獻帝劉協（一八一－二三四，一八九－二二〇在位）「建安」（一九六－二二〇）年號共歷二十五年，都是久而未改，從來沒有聽聞前賢將此視作美談。

後主第二個年號「延熙」（二三八－二五七）共歷二十年，期間蔣琬（？－二四六）、費禕等接班人共計八次大赦。但是「延熙」歷年二十年，「年名不易」方面又豈能稱之「茲制漸

102 〔晉〕陳壽撰；〔宋〕裴松之注：《三國志》，頁九〇三。

虧」？其次，統計諸葛亮過世後蜀漢年號的更替狀況，扣除「延熙」後還有「景耀」（二五八－二六三）、「炎興」（二六三）。平均十年更動一次年號，距離諸葛亮執政十二年沒有顯著差距。況且還需要考量到最後一次是被迫替換的，《三國志・蜀書・後主傳》：

> （景耀）六年夏，魏大興徒眾，命征西將軍鄧艾、鎮西將軍鍾會、雍州刺史諸葛緒數道並攻。於是遣左右車騎將軍張翼、廖化、輔國大將軍董厥等拒之。**大赦。改元為炎興**。冬，鄧艾破衛將軍諸葛瞻於綿竹。用光祿大夫譙周策，降於艾……[103]

「炎興」的「炎」字意指蜀漢自稱延續漢室的「火德」，「興」字則是期許國家渡過曹魏大軍壓境的危機。若非如此，「景耀」這一年號很可能如同「建興」、「延熙」漫長。蜀漢政權即使於諸葛亮死後，依然相當謹慎地使用年號，還不到「茲制漸虧」的情況。

《裴注》的指責是成立的，但是清代學者錢大昕：

> 昭烈之歿，政由葛氏，禮樂征伐自下出者十餘年，以曹、馬之輩當此，其改元自立必矣。

103 同前註，頁九〇〇。

> 自古大臣握重權者，身死之後，嗣君親政，亦必改元，更革其舊。後主信任武侯，不以存歿有間；張遡上書詆亮，下獄誅死，其任賢勿疑，有足稱者。孔明卒于建興十二年，前此不改元，孔明事君之忠也；繼此不改元，後主知人之哲也；君明臣忠，此承祚所謂「卓」也。不然，建興之號終于十五，何不云「十五」，而云「十二」乎？裴氏所譏，殊未達其旨趣。[104]

錢氏看似自有一套見解，但是最後「不然，建興之號終于十五，何不云『十五』，而云『十二』乎」這一質疑，反映出錢大昕論說時很可能抱持著刻意強辯的心態。「建興」雖然共十五年，但是陳壽言之「經載十二」是指諸葛亮執政期間，這才是只云「十二」的緣故。暫用括號補充陳壽原文：「諸葛亮雖達於為政，凡此之類，猶有未周焉。然（諸葛亮）經載十二而年名不易，軍旅屢興而赦不妄下，不亦卓乎！自（諸葛）亮沒後，茲制漸虧，優劣著矣。」整段重點皆在評價諸葛亮的執政概況，中間一個「然」字即是「但是」、「不過」的意思，承續前一句指稱的人物；末句「茲制漸虧」云云，則是透過後人襯托諸葛亮之難得。真正評價後主者僅有開頭「素絲無常，唯所染之」云云。又，同一句的下半部份「赦不妄下」必定是指諸葛亮之執政實績，沒什麼

104 〔清〕錢大昕撰；陳文和，張連生，曹明升校點：《廿二史考異》（南京：鳳凰出版社，二〇〇八年一月），頁二三〇。

理由同一句的上半部份「年名不易」就另指他者。錢氏言「繼此不改元，後主知人之哲也」的解釋要成立，則整段指稱的人物應當從諸葛亮改成劉禪才稍有可能，唯獨這樣解讀方式顯然不妥。

又，錢氏所謂「禮樂征伐自下出者十餘年，以曹、馬之輩當此，其改元自立必矣」之言，強調懷抱不軌之心的權臣往往改元自立新年號（抑或樹威之舉），從而彰顯「孔明卒于建興十二年，前此不改元，孔明事君之忠也」，強調權臣「不改元」是值得稱「卓」的「事君之忠」證明。然而「建安」這一年號在曹操掌權期間從來沒有被替換[105]，錢氏言「曹、馬之輩」皆「改元自立必矣」的說法，也較難成立。錢氏的解釋，明顯問題重重。縱然信服之，往後費禕於蔣琬死後掌政七年左右，直到被降人郭循刺殺為止，也沒有試圖更改「延熙」年號的舉措，依然沒有出現「茲制漸虧」的情況。現今翻譯《三國志》的著作往往採信《裴注》，僅徵引「三國學」學者方北辰的翻譯：

> 諸葛亮雖然擅長于行政，但是像這一類問題的存在，說明在政治上仍然有不完備的地方。不過在諸葛亮執政期間，經歷了十二年而不改變年號，軍隊多次出動而不亂頒布大赦令，

105 《三國志．魏書．武帝紀》：「是歲，長安亂，天子東遷，敗于曹陽，渡河幸安邑。建安元年春正月，太祖軍臨武平，袁術所置陳相袁嗣降。太祖將迎天子，諸將或疑，荀彧、程昱勸之」。〔晉〕陳壽撰；〔宋〕裴松之注：《三國志》，頁一三。

不也很高明麼！自從他死之後，在年號和大赦方面的制度就逐漸不行了，而政治上的優劣也就從這裡清楚地顯現出來。[106]

錢大昕的著作《廿二史考異》係屬名著，凡研究「三國學」必讀的盧弼《三國志集解》在〈後主傳〉「評曰」處亦徵引其說法[107]。翻譯者應當參讀過，只是最終還是選擇接受《裴注》的判斷。

總結〈後主傳〉「評曰」關於諸葛亮的評論，雖然在「踰年改元」一事上陳壽沒有認同蜀漢政權「失禮」的「權變」，但是也沒有如同習鑿齒般嚴正抨擊，僅僅使用「猶有未周」一語輕描淡寫；「國不置史」這項明顯的重大缺失，依然是點到為止。指出兩項瑕疵後，史家緊接著稱揚兩項諸葛亮施政的優點，稱之曰「卓」。隱約有用兩項具體優點彌補施政之不足處的用意，與帶有避免讀者解讀諸葛亮執政概況時產生過多負面印象的效果。讚賞之餘，還有過度推崇諸葛亮的嫌疑。將「年名不易」這點視作美談，致使裴松之發出「未聞前史以為美談」的質疑；甚至忽略了該項優點後來蜀漢政權還是繼續維持著，不應視作後人不及之處[108]。從〈諸葛亮傳〉、〈後主

106 方北辰：《三國志注譯》（西安：陝西人民出版社，一九九五年五月），頁一六四〇—一六四一。

107 〔晉〕陳壽撰；〔南朝宋〕裴松之注；盧弼集解；錢劍夫整理：《三國志集解》，頁二四二七—二四二八。

108 還有一種解釋較不易見，清代洪亮吉（一七四六—一八〇九）：「承祚此評蓋因魏明及三少主、吳孫亮等皆數歲一改元。孫皓嗣位十六年，改元至七，故承祚有取于此耳。評意不過以（劉）禪例魏、吳嗣統之君，故謂之卓。松之乃遠取建武興王之號以相例，失之遠矣。」〔清〕洪亮吉撰：《四史發伏》（北京：北京出版社，二〇〇〇年，四

傳〉「評曰」的探討、辨析，相信陳壽絕對是抱持著好感敘述諸葛亮，不太可能有意貶抑之，反而屢屢讓人感受到史家隱約有故國之思寄寓其中。尤其是將《三國志》與該書問世前的北方史籍並置，更易於察見陳壽的型塑已經是相當趨於正面了。

第四節　解讀《三國志》諸葛亮書寫的位移

一、對北方負面型塑史料的廓清

檢視陳壽《三國志》問世前的北人如何觀看諸葛亮，能發現在子部著作方面，實不乏認同諸葛亮之言。例如袁準《袁子》一書十分重視諸葛亮，甚至替其析疑辨誣。著作時間早於《三國志》的《傅子》一書，作者傅玄（二一七—二七八）同樣十分肯定諸葛亮為人，《傅子》記載其

庫未收書輯刊影印清光緒八年小石山房刻本），第二輯，第二〇冊，頁一三二。除末句有理（但還是不能解釋「建安」這一年號），除此之外部份的解釋已經脫離文本。陳壽之語沒有要與曹魏、孫吳比較的意味。又，陳壽「評曰」的重點顯係皆置諸一種前後兩階段差異的評比上，無論是言劉禪處，抑或是言諸葛亮處，都侷限在蜀漢政權內部。

父親傅幹：「劉備寬仁有度，能得人死力。諸葛亮達治知變，正而有謀，而為之相；張飛、關羽勇而有義，皆萬人之敵，而為之將。」[109]而且作者自身還言：

> 諸葛亮，誠一時之異人也。治國有分，御軍有法，積功興業，事得其機，入無遺力，出有餘糧，知蜀本弱而危，故持重以鎮之。若姜維欲速立其功，勇而無決也。[110]

稱美諸葛亮治國、御軍有法有度，率軍出征往往持重鎮之、避免動搖國本。還有一些單篇的史論，例如西晉張輔（？—三〇五）的〈樂葛優劣論〉稱美諸葛亮「殆將與伊、呂爭儔，豈徒樂毅為伍！」[111]連同孫吳地區一併算入，張儼〈述佐篇〉在評比諸葛亮、司馬懿優劣後，亦指出「（諸葛亮）方之司馬（懿），不亦優乎！」[112]可惜都僅是子部著作、抑或是單篇史論而已[113]，而且較缺乏具體歷史事件的敘述。

109 〔晉〕陳壽撰；〔宋〕裴松之注：《三國志》，頁八八三。
110 〔晉〕傅玄撰；劉治立評注：《《傅子》評注》（天津：天津古籍出版社，二〇一〇年三月），頁二二三。
111 〔西晉〕張輔著：〈名士優劣論〉，〔唐〕歐陽詢編，汪紹楹校：《藝文類聚》（上海：上海古籍出版社，二〇一〇年六月），頁四〇九。
112 〔晉〕陳壽撰；〔宋〕裴松之注：《三國志》，頁九三五。
113 專門探討西晉政論家如何評論諸葛亮的研究，可詳見魏明安、任菊君：〈三世紀的諸葛亮熱——陳壽《三國志》成書前幾位政論家對諸葛亮的評論〉，《蘭州大學學報（社會科學版）》第三三卷第六期（二〇〇五年十一月），頁

諸葛亮這位歷史人物本身的精采處，部份敵方的有識之士已經給予正面的肯定，但是單本史籍著作的內容則與欣賞的一脈截然不同。北方史籍的諸葛亮相關歷史敘述，內容往往是負面型塑之。[114]最用心於收集或虛構的史家應是魚豢，在其著作《魏略》有詆毀「三顧茅廬」君臣佳話的記載；又敘述魏延（？—二三四）「子午谷奇謀」一事，影響後人解讀諸葛亮用兵作戰能力甚鉅，[115]前章第一節已經徵引。還有記載「郝昭突圍」故事：

二七—三四。該文另有提及郭沖「諸葛亮五事」，然而「五事」內容頗為虛謬，還無法視作真有其事。陳翔華認為這些史料可能是王隱假託郭沖之言虛構出來的成果：「東晉王隱出身于下層士族，目擊國事日非，又遭受朝廷權貴的排擠和打擊。他本來對『（魏和西晉）西都舊事，多所諳究』（《晉書》本傳），于是以『隱沒不聞于世』為假托掩飾之詞，采舊事而編造為諸葛亮故事，以附時人崇尚。」見氏：《諸葛亮形象史研究》（浙江：浙江古籍出版社，一九九〇年十二月），頁五七。

114 相關研究可詳見陳翔華：《諸葛亮形象史研究》，第二章〈魏晉南北朝時期的野史傳說〉，第一節〈諸葛亮故事傳說的產生〉，頁四三—五二；王師文進：〈論魚豢《魏略》的三國史圖像〉，《中國學術年刊》第三三期（秋季號）（二〇一一年九月），頁一—三四。接受前人成果的同時，亦順勢補充司馬彪的三國史殊異解讀。這部份除了對本章接續探討的內容相當重要，也能讓讀者概略理解北方史家的著述意識，亦能與第三章第三節專論司馬彪處相互參照。

115 再徵引明代于慎行（一五四五—一六〇七）：「關中卒聞（諸葛）亮出，人心皇皇，使（魏）延從褒中，以一旅走夏侯楙，如驅丸耳。不用何也？正使延不可仗者，諸將之中，更無可使者邪。坐失良圖，以正取勝，數出無功，繼之以死。陳壽之短其用兵，言不漫矣。」〔明〕于慎行著；〔清〕黃恩彤參訂：《讀史漫錄》（濟南：齊魯書社，一九九六年八月），頁一四七。

先是，使將軍郝昭築陳倉城；會（諸葛）亮至，圍昭，不能拔。昭字伯道，太原人，為人雄壯，少入軍為部曲督，數有戰功，為雜號將軍，遂鎮守河西十餘年，民夷畏服。亮圍陳倉，使昭鄉人靳詳於城外遙說之，昭於樓上應詳曰：「魏家科法，卿所練也；我之為人，卿所知也。我受國恩多而門戶重，卿無可言者，但有必死耳。卿還謝諸葛，便可攻也。」詳以昭語告亮，亮又使詳重說昭，言人兵不敵，無為空自破滅。昭謂詳曰：「前言已定矣。我識卿耳，箭不識也。」詳乃去。亮自以有眾數萬，而昭兵纔千餘人，又度東救未能便到，乃進兵攻昭，起雲梯衝車以臨城。昭於是以火箭逆射其雲梯，梯然，梯上人皆燒死。昭又以繩連石磨壓其衝車，衝車折。亮乃更為井闌百尺以射城中，以土丸填塹，欲直攀城，昭又於內築重牆。亮又為地突，欲踊出於城裏，昭又於城內穿地橫截之。晝夜相攻拒二十餘日，亮無計，救至，引退。[116]

彰顯曹魏將士之堅毅勇敢的同時，敘述著諸葛亮戰術之驚腳無效又自以為是的心理，最終計窮勢盡、成為郝昭的手下敗將。這條史料縱然真有其事，其敘述也很可能參雜了魚豢的誇飾之筆。酈道元（？－五二七）《水經注》[117]、司馬光（一〇一九－一〇八六）《資治通鑑》皆未辨而取

116 《三國志．魏書．明帝紀》注引。同前註，頁九五。

117 《水經注．渭水上》。〔北魏〕酈道元注；楊守敬，熊會貞疏；段熙仲點校；陳橋驛復校：《水經注疏》（南京：

之[118]，說明該條史料看似相當可信。但是陳壽則簡略記載該事，《三國志·魏書·諸夏侯曹傳·曹真傳》：「（曹）真以（諸葛）亮懲於祁山，後出必從陳倉，乃使將軍郝昭、王生守陳倉，治其城。明年春，亮果圍陳倉，已有備而不能克。」[119]在〈諸葛亮傳〉中或基於替傳主隱諱的原則，更僅言：「冬，（諸葛）亮復出散關，圍陳倉，曹真拒之，亮糧盡而還。」[120]至於《魏略》揚郝昭、抑諸葛的長篇敘述，陳壽盡皆不取。

言及諸葛亮拙劣於領軍作戰，又可見王沈《魏書》敘述諸葛亮、司馬懿對峙的結局：「（諸葛）亮糧盡勢窮，憂恚嘔血，一夕燒營遁走，入谷，道發病卒。」[121]裴松之駁斥：

> （諸葛）亮在渭濱，魏人躡跡，勝負之形，未可測量，而云嘔血，蓋因亮自亡而自誇大也。夫以孔明之略，豈為仲達歐血乎？及至劉琨喪師，與晉元帝箋亦云「亮軍敗歐血」，

江蘇古籍出版社，一九八九年八月），頁一五〇九－一五一〇。陳橋驛曾整理與探討過《水經注》徵引諸葛亮與司馬懿（含郝昭）抗衡的史料，見氏：《酈學札記》（上海：上海書店出版社，二〇〇〇年九月），頁二〇六－二〇八。

118 〔宋〕司馬光編著；〔元〕胡三省音注：《資治通鑑》，頁二二四九－二二五〇。

119 〔晉〕陳壽撰；〔宋〕裴松之注：《三國志》，頁二八一。

120 同前註，頁九二四。

121 《三國志·蜀書·諸葛亮傳》注引。同前註，頁九二六。

此則引虛記以為言也。[122]

趁著諸葛亮正好過世的契機，北人就「因亮自亡而自誇大也」，貶抑敵國將帥。官方類似敘述又見《晉書．樂志下》，敘述晉室官方〈鼓吹曲〉之一的〈宣受命〉主旨[123]：「改〈思悲翁〉為〈宣受命〉，言宣帝禦諸葛亮，養威重，運神兵，亮震怖而死也。」[124]劉琨（二七〇－三一七）予晉元帝司馬睿（二七六－三二三，三一八－三二三在位）的書箋言及「亮軍敗歐血」一事，即是基本承續著王沈一脈的「虛記」。又王沈在《魏書》：

是時朝臣未知計所出，（魏明）帝曰：『（諸葛）亮阻山為固，今者自來，既合兵書致人之術；且亮貪三郡，知進而不知退，今因此時，破亮必也。』乃部勒兵馬步騎五萬拒亮。[125]

122 《三國志．蜀書．諸葛亮傳》注引。同前註，頁九二六－九二七。

123 魏晉時期〈鼓吹曲〉宣揚王朝正統、揚己抑彼特性的概述，詳見〔日〕滿田剛：《三国志：正史と小説の狭間》（東京都：白帝社，二〇〇六年二月），頁四〇－四二。

124 〔唐〕房玄齡等撰：《晉書》，頁七〇二。

125 《三國志．魏書．明帝紀》注引。〔晉〕陳壽撰；〔宋〕裴松之注：《三國志》，頁九四。

記載魏明帝指出諸葛亮作戰有「知進而不知退」的缺點，信心地認定必然將擊破蜀軍，這些敘述相信能與魚豢筆下諸葛亮拙於戰事的人物形象相互溝通。

魚豢除了負面敘述諸葛亮的戰場相關事蹟，還有涉及人格方面的記載。例如型塑諸葛亮待價而沽的心態，以及怯於在「饒士大夫」的「中國」（北方）與諸賢競爭，《魏略》：

（諸葛）亮在荊州，以建安初與潁川石廣元、徐元直、汝南孟公威等俱游學，三人務於精熟，而亮獨觀其大略。每晨夜從容，常抱膝長嘯，而謂三人曰：「卿三人仕進可至刺史郡守也。」三人問其所至，亮但笑而不言。後公威思鄉里，欲北歸，亮謂之曰：「中國饒士大夫，遨遊何必故鄉邪！」[126]

魚豢敘述諸葛亮有權衡仕宦生涯出路的心理，多少有些暗指其乃是孜孜念念於名位者的用意。而「中國饒士大夫」一語，更有說明北方實乃人才濟濟之地的意味。

其實，諸葛亮一生鞠躬盡瘁的目標，未必僅著眼於個人的政治舞臺。不欲仕宦曹魏政權的抉擇，背後有其道義方面的考量。裴松之：

126 《三國志・蜀書・諸葛亮傳》注引。同前註，頁九一一—九一二。

> 苟不患功業不就，道之不行，雖志恢宇宙而終不北向者，蓋以權御已移，漢祚將傾，方將翊贊宗傑，以興微繼絕克復為己任故也。豈其區區利在邊鄙而已乎！此相如所謂「鵾鵬已翔於遼廓，而羅者猶視於藪澤」者矣。[127]

諸葛亮終不北上求仕，乃是試圖扶持劉氏宗傑以復興漢室（「以興微繼絕克復為己任」）。一生職志即是〈隆中對〉所言「霸業可成，漢室可興」[128]、〈出師表〉所言「興復漢室，還于舊都」[129]。如此的道義堅持，相信不是一般待價而沽者可以比擬[130]。又，魚豢敘述諸葛亮不願於多士的北方仕宦，即是暗指諸葛亮未能稱得上一流人才，而有中原乃是英才薈萃地區之意。裴松之相當不滿的表示：「若使（諸葛亮）游步中華，騁其龍光，豈夫多士所能沈翳哉！委質魏氏，展

127 《三國志．蜀書．諸葛亮傳》注引。同前註，頁九一二。

128 《三國志．蜀書．諸葛亮傳》。同前註，頁九一三。

129 《三國志．蜀書．諸葛亮傳》。同前註，頁九二〇。

130 清代沈豫：「當其力耕隴畝、〈梁父〉悲吟取就之義，決然天人之理畢諳。故先主三顧就見，略陳經緯，即曰：『霸業可成』、『漢室可興』，又曰：『劉豫州王室之冑。』及軍駐漢中，上疏曰：『則漢室之隆可計日而待也。』孔明之出為先主而出之，即為漢室而出之。如以密邇牢籠，此可以待尺短寸長之士，豈孔明之所能羈縻也哉！」〔清〕沈豫撰：《讀史雜記（清道光十八年（一八三八）刻蛾術堂集本）》，〔清〕杭世駿、牛運震等撰：《二十二史考論（歷代正史研究文獻叢刊）》，第三冊，頁一三〇七。

其器能，誠非陳長文、司馬仲達所能頡頏，而況於餘哉！」[131]魚豢隱約的暗指，亦與陳壽推崇諸葛亮足夠媲美管、蕭，絕對是頂尖人才的說法大相逕庭[132]。

司馬彪除繼承魚豢《魏略》詆毀「三顧茅廬」虛說的說法，現今留存《戰略》一書佚文中[133]，還收錄一條詆毀諸葛亮人格的史料。《戰略》：

孟達將蜀兵數百降魏。魏文帝以達為新城太守。太和元年，諸葛亮從成都到漢中，達又欲應亮。遺亮玉玦、織成、障汁、蘇合香。亮使郭摸詐降過魏興。太守申儀與達有隙，摸語

131 《三國志．蜀書．諸葛亮傳》注引。〔晉〕陳壽撰；〔宋〕裴松之注：《三國志》，頁九一二。

132 魚豢還有一條暗指諸葛亮不明宰相與參佐之職份、未盡治國之理的史料，唯獨這條史料來源較有疑慮，王師文進專論亦未徵引之，僅此附記。《太平御覽》卷八四七《魏志》：「諸葛亮出斜谷，與司馬宣王對壘。宣王見亮使，惟問其寢食，及其事之繁簡戎事。使對曰：『諸葛公夙興夜寐，二十罰已上，皆親覽焉。所啖食不至數升。』宣王曰：『亮體斃矣，其能久乎！』」這裡雖標明源自《魏志》，但是《三國志．魏志》並無該文，又該條前後引用舉凡扈累、沐并之事皆見裴松之注引《魏略》，詳見〔晉〕陳壽撰；〔宋〕裴松之注：《三國志》，頁三六五、六六一。這條史料很有可能是出自《魏略》，張鵬一輯佚即收錄該條，詳見〔魏〕魚豢撰；張鵬一輯佚：《魏略輯本》（名古屋：采華書林，一九七二年五月），頁三六二。該條史料，後來同樣標榜曹魏正統的孫盛亦採信之，可詳見第五章第三節之分析。

133 輯佚本可詳見〔西晉〕司馬彪撰；嚴一萍輯選：《戰略》（臺北：藝文印書館，一九七二年，叢書集成三編影印黃氏逸書考）；《九州春秋》則可詳見〔西晉〕司馬彪撰；嚴一萍輯選：《九州春秋》（臺北：藝文印書館，一九七二年，叢書集成三編影印黃氏逸書考）。

儀亮言：玉玦者，已決；織成者，言謀已成；蘇合香者，言事已合。[134]

這條史料頗多不合情理之處，依據《三國志．蜀書．費詩傳》：

（費）詩進曰：「孟達小子，昔事振威不忠，後又背叛先主，反覆之人，何足與書邪！」亮默然不答。亮欲誘達為外援，竟與達書曰：……達得亮書，數相交通，辭欲叛魏。魏遣司馬宣王征之，即斬滅達。[135]

蜀漢北伐時企圖引誘孟達（？—二二八）為外援，因而縱使費詩直諫孟達乃是不能信任的反覆之人時，諸葛亮依然撰寫書信策反，最終才得到孟達表示願意叛魏的成果。諸葛亮顯然寄予厚望，沒有需要洩漏軍機給曹魏政權，削除我方可用之師、平白放棄開闢戰線的機會。從這條史料已經不難察見史家的意識型態，誠如陳翔華：

134 《太平御覽》卷三五九。〔宋〕李昉編纂；夏劍欽校點：《太平御覽》（石家莊：河北教育出版社，二〇〇〇年三月），第三冊，頁一一七五—一一七六。

135 〔晉〕陳壽撰；〔宋〕裴松之注：《三國志》，頁一〇一六。

司馬彪寫孟達「又欲應亮」，態度倒也堅決，可是諸葛亮反而故意派人把進行秘密聯絡的情況泄漏給敵方，顯然完全違背此時此事的情理。玉玦、蘇合香等本是民間故事中常用之物，而孟達對決定舉兵叛魏這樣攸關生命的大事卻視同兒戲，竟然以傳遞啞謎式的物品來進行聯絡，簡直是十分荒唐可笑的。司馬彪之所以編寫這則傳說，無非是宣揚背叛者既不受人信任，也不會有好下場，以警誡後來效法者。而這則傳說中的諸葛亮，既缺乏應有的判斷能力，不能明察孟達的真心歸降，又慣于施用陰謀詭計，反假手于敵以除附己者，便成了一個好玩權術而弄巧成拙的奸詐之輩。[136]

孟達曾與諸葛亮書信：「今送綸帽、玉玦各一，以徵意焉。」[137]提及玉玦（也只有這項物品重疊）表明雙方往來確實熱絡，但依然無法證明諸葛亮確實有過如同《戰略》敘述般那樣違情背理的舉動。況且「達得亮書，數相交通」[138]，雙方應有使者口傳或書信文字往來，沒有必要使用啞

136 陳翔華：《諸葛亮形象史研究》，頁五〇—五一。

137 《太平御覽》卷六九二。〔宋〕李昉編纂；夏劍欽校點：《太平御覽》，第六冊，頁四二九。

138 同樣記載《三國志．魏書．明帝紀》注引《魏略》：「（孟）達既為（魏）文帝所寵，又與桓階、夏侯尚親善，及文帝崩，時桓、尚皆卒，達自以羈旅久在疆埸，心不自安。諸葛亮聞之，陰欲誘達，數書招之，達與相報答。魏興太守申儀與達有隙，密表達與蜀潛通，帝未之信也。司馬宣王遣參軍梁幾察之，又勸其入朝。達驚懼，遂反。」〔晉〕陳壽撰；〔宋〕裴松之注：《三國志》，頁九三。

謎式的物品作為溝通之用，這條史料相當可疑。

司馬彪在《九州春秋》詆毀「三顧茅廬」，《戰略》又型塑諸葛亮成好為權術之人。在《九州春秋》一書中，還有負面敘述孔融（見本書第三章第四節）與詆毀孫吳君臣關係兩點，都反映其解讀三國史的立場。後者可見陳壽、司馬彪敘述孫權、魯肅（一七二－二一七）面對曹操南征壓迫一事時的君臣互動實況差異，《三國志．吳書．魯肅傳》：

> 會（孫）權得曹公欲東之問，與諸將議，皆勸權迎之，而（魯）肅獨不言。權起更衣，肅追於宇下，權知其意，執肅手曰：「卿欲何言？」肅對曰：「向察眾人之議，專欲誤將軍，不足與圖大事。今肅可迎操耳，如將軍，不可也。何以言之？今肅迎操，操當以肅還付鄉黨，品其名位，猶不失下曹從事，乘犢車，從吏卒，交游士林，累官故不失州郡也。將軍迎操，欲安所歸？願早定大計，莫用眾人之議也。」權歎息曰：「此諸人持議，甚失孤望；今卿廓開大計，正與孤同，此天以卿賜我也。」[139]

面對主降的聲浪，不欲降的孫權心理難免有些鬱悶。然而後來意欲更衣時，看見魯肅追隨其後就

139 〔晉〕陳壽撰；〔宋〕裴松之注：《三國志》，頁一二六九－一二七〇。

已經「知其意」，說明君臣兩人對於該戰、該降已經默契於方寸之地。唯獨該條下裴松之注引《魏書》、《九州春秋》：

曹公征荊州，孫權大懼，魯肅實欲勸權拒曹公，乃激說權曰：「彼曹公者，實嚴敵也，新并袁紹，兵馬甚精，乘戰勝之威，伐喪亂之國，克可必也。不如遣兵助之，且送將軍家詣鄴；不然，將危。」權大怒，欲斬肅，肅因曰：「今事已急，即有他圖，何不遣兵助劉備，而欲斬我乎？」權然之，乃遣周瑜助備。[140]

陳壽筆下相知深惜的君臣關係，在王沈、司馬彪筆下似乎蕩然無存；魯肅竟然還需要用激怒君主的方式諫言，孫權甚至因此大怒而意欲斬之。這條史料之虛妄，裴松之續徵引孫盛：

《吳書》及《江表傳》，魯肅一見孫權便說拒曹公而論帝王之略，劉表之死也，又請使觀變，無緣方復激說勸迎曹公也。又是時勸迎者眾，而云獨欲斬肅，非其論也。[141]

140 同前註，頁一二七〇。
141 同前註。

司馬彪解讀諸葛亮相關事蹟的案例不是孤立現象，確實說明其往往立足於曹魏政權立場建構三國史。這條史料源自曹魏官方史籍王沈《魏書》，背後可能蘊含的意識型態與用意，相信不難揣測。

二、後世解讀諸葛亮書寫的位移與「陳壽仇蜀說」略論

將魚豢《魏略》等北方史籍與陳壽《三國志》併觀，陳壽之型塑無疑趨於正面，甚至讓人不禁懷疑這位史家在敘述歷史時有「黨蜀」、偏愛諸葛亮的嫌疑[142]。雖然如此，後世卻往往批判陳壽曾經貶抑蜀漢人物、尤其是諸葛亮。例如南宋蕭常撰寫視蜀漢作三國正統王朝的《續後漢書》時：「先公言：（陳）壽之父以罪違諸葛亮所髡，而壽之身復為亮之子所笞，又仕漢久不得志，庸是貶其好而詆訕其君臣，且以尊魏也。」[143]以及周必大（一一二六－一二〇四）替該書作序：

---

142 目前雖然未見有古人明確標舉將王沈、魚豢等史著與陳壽並觀，然後再指出《三國志》偏袒蜀漢、諸葛亮的案例。但是有一次事件的主角很可能是如此思考，即《魏書．毛脩之傳》記載北魏（三八六－五三四）崔浩（？－四五〇）、毛脩之（三七五－四四六）討論陳壽書寫諸葛亮態度的論學過程，詳見〔北齊〕魏收撰：《魏書》（北京：中華書局，二〇〇六年十二月），頁九六〇－九六一。關於崔浩與曹魏史家的意識型態與論述相近的情況，筆者亦有專文探討，詳見拙著：〈崔浩評價諸葛亮一事探賾〉，收錄於國立臺灣師範大學國文學系主編：《思辨集．第十五集》（臺北：國立臺灣師範大學國文學系，二〇一二年三月），頁二二三－二四二。

143 〔南宋〕蕭常撰；嚴一萍輯選：《續後漢書》（臺北：藝文印書館，一九六七年，百部叢書集成據清道光郁松年校刊宜稼堂叢書影印），第五冊，卷四二，葉一六上。

陳壽身為蜀人，徒以仕屢見黜，又為諸葛所髡，於劉氏君臣，不能無憾。著《三國志》，以魏為帝，而指漢為蜀，與孫氏俱謂之主。……其死未幾，習鑿齒作《漢晉春秋》。起光武，終愍帝，以蜀為正，魏為篡。謂漢亡僅一二年，則已為晉，炎興之名，天實命之，是蓋公論也。[144]

基本認定陳壽是因為與諸葛亮父子有私仇、仕宦蜀漢不如意，因而在撰寫三國史時往往貶抑、詆毀、訕罵蜀漢君臣，並且將正統地位歸諸曹魏政權。

又，元代（一二七一－一三六八）黃溍（一二七七－一三五七）替編纂過《續後漢書》的史家張樞，撰寫墓表時言：

（陳）壽父獲罪諸葛武侯，而壽又為武侯子瞻所薄，故於武侯之駿功偉烈，多略弗著。而武侯再挫司馬懿，亦沒而不及。內以報私撼，外以為時諱也。[145]

144（南宋）周必大撰：〈續後漢書序〉，《文忠集》（臺北：臺灣商務，一九七〇年，四庫全書珍本二集），第六冊，卷五三，葉一一。

145（元）黃溍撰；嚴一萍輯選：《金華黃先生文集》（臺北：藝文印書館，一九七二年，叢書集成三編影印續金華叢書），第一〇冊，卷三〇，葉一七上。

今人李則芬亦持「武侯之駿功偉烈，多略弗著」云云的論調：

> 我們讀諸葛亮傳，就可看出陳壽真是用心良苦，自始至終，把所有諸葛亮的奇謀功績，抹煞得一乾二淨——惟一的例外是斬王雙、張郃。那是無法抹煞的事實，非記錄不可的。[146]

黃滔的說法跟蕭氏父子大同小異，只是沒有言及陳壽「仕屢見黜」一事。但是指出陳壽之所以不載錄諸多諸葛亮的正面史料，原因除忌諱當朝，即是私撼存焉的緣故。然而如是思考最大的癥結點在於，諸葛亮的「駿功偉烈」與扭轉「三國正統觀」的契機，是否皆於陳壽亡故後方才問世？

周必大、蕭氏父子說法的影響力不容小覷，因為蕭氏《續後漢書》對後代重修以蜀漢為正統的三國史甚具啟發[147]。然而陳壽挾怨報復諸葛亮父子的說法實屬謬說[148]。又，「仕屢見黜」、

146 李則芬：〈千古完人諸葛亮〉，《三國歷史論文集》（臺北：黎明文化事業股份有限公司，一九八二年十月），頁一三一。

147 王德毅：「因為朱熹的《通鑑綱目》最有名，所以由宋季至明清的史學家，論述三國時代的歷史，或用紀傳體，或用編年體，都一致的尊蜀漢而貶曹魏，皆言遵《綱目》書法。實則蕭常之《續後漢書》與《綱目》同時修成，亦有開創之功。……（明儒丘濬）所論與蕭常、黃震相同，於是改蜀為漢，以存實錄。至清朝初年，趙作羹又撰《季漢紀》二十卷，其卷首有長序，亦提到蕭、郝諸家之書。可見蕭常之《續後漢書》影響後世史家重修三國史所主之正統觀，甚為久遠。」見氏：〈蕭常《續後漢書》及其影響〉，《東吳歷史學報》第一七期（二〇〇七年六月），頁二〇。

148 今人成果可詳見陶懋炳：〈陳壽曲筆說辨誣〉，收錄於張越主編：《《後漢書》、《三國志》研究》（北京：中國

「仕漢久不得志」這點，本來是陳壽不願與宦官黃皓同流合汙的必然結果[149]；從其反抗宦豎這點檢視，陳壽當是對蜀漢忠心耿耿，否則又何必為國為民致使仕途顛簸。往後元代蘇天爵：「陳壽以其父獲罪于蜀，故史以魏為正。」[150]元代趙居信：「後為晉之史臣私挾宿憾，不以逆順為心而以強弱論事，進曹魏為正統，抑昭烈為僭國，視之與孫權同科，蓋亦未之思也。」[151]明代赫瀛：「志三國者，徒以仇憾竄刺典實，鹵摭事故，至帝魏寇蜀，貶侯太甚。」[152]基本持類似於蕭、周等人的論調，看來該說頗有積非成是的情況[153]。

大百科全書出版社，二〇〇九年一月），二二〇－二二七；李小樹：〈陳壽「謗議」諸葛亮質疑〉，《中州學刊》第一期（一九九七年），頁一一四－一一八；劉京華、惠英：〈陳壽評價諸葛亮曲筆辨〉，收錄於成都市諸葛亮研究會編：《諸葛亮研究》（四川：巴蜀書社，一九八五年十月），頁一九二－二〇一。

149 《晉書．陳壽傳》：「宦人黃皓專弄威權，大臣皆曲意附之，（陳）壽獨不為之屈，由是屢被譴黜。」〔唐〕房玄齡等撰：《晉書》，頁二一三七。

150 〔元〕蘇天爵著；陳高華，孟繁清點校：〈題孫季昭上周益公請改修三國志書稿〉，《滋溪文稿》（北京：中華書局，二〇〇七年十一月），頁四八八。

151 〔元〕趙居信撰：〈《蜀漢本末》總論〉，轉引自王瑞功：《諸葛亮研究集成》（濟南：齊魯書社，一九九七年九月），冊上，頁四九一－四九二。

152 〔明〕赫瀛撰：〈俞文龍議武侯論〉，轉引自同前註，冊上，頁五四一。

153 李純蛟：「貶責陳壽的『雜說』和『流俗妄言』，之所以被人堅信不疑，以致廣為流傳……不能不說是崇信諸葛亮、神話諸葛亮所造成的。」見氏：《三國志研究》（成都：巴蜀書社，二〇〇二年九月），頁二〇三－二〇四；亦可詳見王瑞功：〈關於陳壽《諸葛亮傳》評價問題的回顧與思考〉，收錄於甘永福主編：《羲皇故里論孔明：全國第九次諸葛亮學術研討會論文集》（甘肅：甘肅文化出版社，一九九七年九月），頁三六三－三七二。甚至連關

蕭、周等所言其來有自，主要來源應是唐初史臣《晉書》用「或云」[154]的方式「備異」：「（陳）壽父為馬謖參軍，謖為諸葛亮所誅，壽父亦坐被髡，諸葛瞻又輕壽。壽為亮立傳謂亮將略非長，無應敵之才，言瞻惟工書，名過其實。」[155]後來學者清代朱彝尊（一六二九－一七〇九）就言：「陳壽良史也。世誤信《晉書》之文。」[156]王鳴盛亦言：「《晉書》好引雜說，故多蕪穢，此亦其一也。」[157]蕭、周等持論的其中兩項理由雖來自前人謬說，然而相信在魏晉間的史籍中，還是可以找到一些足資論證陳壽採取負面態度書寫蜀漢、諸葛亮的依據，否則後世應當不至於如此言之鑿鑿。

羽記載的部份也同樣受到批評，清代乾隆皇帝（一七一一－一七九九，一七三五－一七九六在位）：「關帝在當時力扶炎漢，志節懍然。乃史書所論，並非嘉名。陳壽于蜀漢有嫌，所撰《三國志》多存私見。遂不為之論定，豈得謂公從前。」〔清〕梁章鉅撰：《三國志旁證（清道光三十年刻本影印）》，〔清〕趙一清等撰：《三國志注補：外四種》，頁七一一。

154 明代郭孔延：「『或云』二字，或之者，疑之也，亦未可盡信。」〔明〕郭孔延撰：《史通評釋》（上海：上海古籍出版社，二〇〇六年四月，明萬曆三十二年郭孔陵刻本），頁九三。

155 〔唐〕房玄齡等撰：《晉書》，頁二一三七－二一三八。

156 〔清〕朱彝尊著：《曝書亭集》（臺北：世界書局，一九八九年四月），冊下，頁六九六。

157 〔清〕王鳴盛撰；陳文和等校點：《十七史商榷》，頁二一三。《晉書》另外尚有「備異」陳壽「求米」之譏，北魏柳虯（五〇一－五五四）已察覺該事不實：「且著述之人，密書其事，縱然直筆，人莫之知。何止物生橫議，亦自異端互起。故班固致受金之名，陳壽有求米之論。」《周書．柳虯傳》。〔唐〕令狐德棻等撰：《周書》（北京：中華書局，二〇〇九年三月），頁六八一。

回顧三國史著作興盛的魏晉時期，要等到東晉時期後方有扭轉「帝魏」論述的契機。面對君權下移的情況，東晉臣民們已經意識到貶抑權臣的迫切性，有意於透過批判歷史，掀起反對權臣（意圖篡位者）可以取得政權合法性、正當性的輿論氛圍。除習鑿齒、袁宏兩個顯例（見本書第六章第一節、第四章第一節），又例如袁宏的族弟袁山松（？－四〇一）《後漢書》：

> （漢）獻帝崎嶇危亂之間，飄薄萬里之衢，萍流蓬轉，險阻備經，自古帝王未之有也。觀其天性慈愛，弱而神惠，若輔之以德，真守文令主也。曹氏始於勤王，終至陷天，遂力制群雄，負鼎而趨，然因其利器，假而不反，迴山倒海，遂移天日。昔田常假湯、武而殺君，操因堯、舜而竊國，所乘不同，濟其盜賊之身一也。善乎！莊生之言：竊鈎者誅，竊國者為諸侯，〔諸侯〕之門仁義在焉。信矣！[158]

雖然從現存袁山松《後漢書》的佚文檢視，該書沒有像袁宏似乎有意將正統歸予蜀漢的指涉。但是這一段明顯有批判篡位權臣之意的言論（言之「竊國」、「盜賊」），隱約亦有省思東晉政局與試圖動搖曹魏政權正統地位的意味。

158 《太平御覽》卷九十二引。〔宋〕李昉編纂；夏劍欽校點：《太平御覽》，第一冊，頁八一〇。

再例如反對桓溫（三一二—三七三）北伐的孫綽[159]，評論蜀漢譙周（二〇一—二七〇）勸降劉禪一事：

> 譙周說後主降魏，可乎？曰：自為天子而乞降請命，何恥之深乎！夫為社稷死則死之，為社稷亡則亡之。先君正魏之篡，不與同天矣。推過於其父，俛首而事讎，可謂苟存，豈大居正之道哉！[160]

雖然沒有言明蜀漢政權具資格取代曹魏政權原本的位置，但是明指曹魏政權乃是篡奪得國的意思非常明確。只是這一轉折契機，通通是在陳壽亡故之後。從東晉的「三國正統觀」檢視陳壽《三國志》或許嫌其「落後」，但是從曹魏、西晉的「三國正統觀」發展歷程觀看《三國志》，卻又能感受到其「先進」。倘若過度批判陳壽，未免有些嚴苛[161]，他在整個發展歷程上，是屬於中間的轉折地位，也已經盡其所能地平等對待三方了。

---

159 《晉書．孫綽傳》：「時大司馬桓溫欲經緯中國，以河南粗平，將移都洛陽。朝廷畏溫，不敢為異，而北土蕭條，人情疑懼，雖並知不可，莫敢先諫。（孫）綽乃上疏……桓溫見綽表，不悅，曰：『致意興公，何不尋君〈遂初賦〉，知人家國事邪！』尋轉廷尉卿，領著作。」〔唐〕房玄齡等撰：《晉書》，頁一五四五—一五四七。

160 〔晉〕陳壽撰；〔宋〕裴松之注：《三國志》，頁一〇三一。

161 清代朱彝尊（一六二九—一七〇九）細數出「尊曹」的史家與史著：「于時作者，王沈則有《魏書》，魚豢則有

關於前引蕭、周等提出的「陳壽仇蜀說」，其中陳壽與諸葛亮父子有過節的兩項，最早即是東晉史家提出。王隱於其咸康六年（三四〇）基本底定的著作《晉書》：「（陳）壽父為馬謖參軍，諸葛亮誅謖，髡其父頭。亮子瞻又輕壽。故壽撰《蜀志》，以愛憎為評。」[162]唐初史臣撰寫〈陳壽傳〉基本承襲王隱該書[163]。王隱選擇收錄「陳壽仇蜀說」，應是基於自身對諸葛亮的好感，從而認定陳壽言諸葛亮的「應變將略」瑕疵係屬有失公正的評論。目前留存較早的兩篇晉人祭奠諸葛亮之文章，李興〈祭諸葛丞相文〉[164]、安虙〈使蜀弔孔明〉[165]，即見於王隱《蜀記》、

《魏略》，孔衍則有《魏尚書》，孫盛則有《魏春秋》，郭頒則有《魏晉世語》，之數子者，第知有魏而已。……其在當時，蜀入于魏，魏禪于晉。（陳）壽既仕晉，安能顯尊蜀以干大戮乎？」〔清〕朱彝尊著：《曝書亭集》，冊下，頁六九六。

162 見《世說新語·排調篇》第四四條劉孝標注引。〔南朝宋〕劉義慶編；〔南朝梁〕劉孝標注；余嘉錫撰；周祖謨，余淑宜整理：《世說新語箋疏》，頁八一一。

163 曹書杰：「唐《晉書·陳壽傳》與王隱《晉書》的承襲關係十分顯見，特別是華澹、張陳之名的保存，對陳壽的研究，極有價值。」見氏：〈王隱家世及其《晉書》〉，《史學史研究》第二期，頁三〇。

164 《三國志·蜀書·諸葛亮傳》注引《蜀記》。〔晉〕陳壽撰；〔宋〕裴松之注：《三國志》，頁九三六—九三七。李興該文的研究詳見朱紹侯：〈李興與〈諸葛亮故宅銘〉〉，收錄於高士楚等編：《諸葛亮躬耕地望論文集》（北京：東方出版社，一九九一年一月），頁六八—七九；黃惠賢：〈重讀李興《諸葛丞相故宅碣表》書後——兼証諸葛亮躬耕地在襄陽隆中〉，《魏晉南北朝隋唐史研究與資料》（武漢：湖北人民出版社，二〇一〇年一月），頁一二一—一一八。

165 《北堂書鈔·藝文部八》引王隱《晉書》：「安虙，字仲元。使蜀弔孔明曰：『適子之墓，冥漠無聲。廟堂猶在，松柏冬青。遐哉邈矣，長遊幽冥。』」〔唐〕虞世南撰；〔清〕孔廣陶校註：《北堂書鈔》（臺北：藝文印書館，

《晉書》。從王隱的案例觀看，東晉史家的著作應當影響後人理解陳壽《三國志》的諸葛亮歷史圖像究竟是趨於正面、還是趨於負面甚鉅。

筆者曾在舊作中提及「陳壽仇蜀說」，同時交代裴松之於〈諸葛亮傳〉屢屢徵引王隱、習鑿齒記載諸葛亮「駿功偉烈」的史料，信然是造成陳壽被誤解的根據史料[166]。但是清代康發祥的一席話，提醒還要於舊作基礎上再行補充：「陳壽志三國詳於志魏而略於蜀漢，《裴注》補之亦未周備。常璩蜀產也，著《華陽國志》多有證據。」[167]「《裴注》補之亦未周備」一語，說明康氏認定裴松之徵引蜀漢政權的史料尚未齊全。《華陽國志》如是，其他著作很可能情況類似。後文於是擴展成東晉史家、或者「後陳壽時期」的諸葛亮書寫（分別於第四章第三節探討袁宏，第五章第一、二、三節探討常璩（二九一？—三六一？）與孫盛；除究盡舊作尚未周悉的部份，同時完整勾勒出東晉時期的諸葛亮歷史圖像概況。

一九七八年，南海孔氏三十有三萬卷堂校注重刊孫忠愍侯祠堂舊校影宋原本），第五冊，卷一〇二，葉一一上。

166 詳見拙著：〈東晉王隱的諸葛亮歷史圖像〉，《有鳳初鳴年刊》第八期（二〇一二年七月），頁四一八—四二七。

167 〔清〕康發祥著：《三國志補義（咸豐十一年泰州康氏家刻本）》，徐蜀編：《魏晉南北朝正史訂補文獻彙編》（北京：北京圖書館出版社，二〇〇四年四月），第一冊，頁七六七。

第三章　東漢斷代史史家的「前三國時期」書寫

第一節　魏晉時期的「漢德」、「天命」論述

一、異姓／同姓政權面對漢室「火德」、「天命」的態度

對劉備（一六一－二二三）創建的蜀漢（二二一－二六三）政權而言，由於君王標榜以宗室血緣「紹漢」。雖然會透過種種方式宣告「天命」在己，但是該類宣言之內涵某種程度係屬延續著原本上天賦予漢室的「天命」；即承續著東漢（二五－二二〇）「火德」，不再標榜新的德運：「土德」。范家偉曾指出蜀漢政權解讀符瑞「黃龍見」，與曹魏（二二〇－二六五）、孫吳（二二九－二八〇）政權的差異：

> 蜀國出現黃龍的資料，只見於《三國志・蜀書・先主傳》群臣上言勸進時，之後再沒有出

現（或即沒有再偽做），原因是蜀國以漢氏苗裔自居，遠紹漢室，故不能受禪，劉備稱帝只是「中興漢室」。「黃龍見」正顯示從火德轉至土德的重要符命，如果以「黃龍見」為應，表示漢統已絕，劉備為漢室之後最重要的理據都會喪失。因此，蜀國稱「黃龍見」只稱龍代表「君之象」，劉備應龍升登帝而已，而不是用來證明從火德轉至土德之應。[1]

蜀漢政權自然要否定漢室的「天命」已絕，以及否定德運已從「火德」轉移至「土德」，否則將陷入常璩（二九一？－三六一？）於《華陽國志．劉後主志》「譔曰」指稱的「假已廢之命」[2]的困境。

三方政權都曾基於自身利益，在漢室「天命」與德運是延續、還是斷絕的議題上各自表述[3]。覬覦神鼎的「異姓政權」，勢必要宣稱漢室「天命」、德運已經告終，方能合理地交代已

1 見氏：〈三國正統論與陳壽對天文星占材料的處理——兼論壽書無〈志〉〉，收錄於黃清連編：《結網編》（臺北：東大圖書，一九九八年八月），頁一五六。關於漢魏時期易代的「天命」與德運等概念及其相關問題研究，除了范家偉該文，亦可詳見錢國盈的成果，見氏：〈三國時期的天命思想〉，《嘉南學報》第二七期（二〇〇一年十一月），頁二八一－二九八。

2 〔晉〕常璩著；任乃強校注：《華陽國志補圖注》（上海：上海古籍出版社，二〇〇九年七月），頁四二九。

3 相關研究詳見楊權：《新五德理論與兩漢政治：「堯後火德」說考論》（北京：中華書局，二〇〇六年四月），第七章〈「土火相乘」政治活劇的重演〉，頁三〇一－三四一。

方陣營係屬全新「奉天」、「承運」[4]的正統王朝。暫且不論曹魏、孫吳政權，其餘漢末異姓群雄，同樣如是建構易代論述，袁宏（三二八－三七六）《後漢紀》卷二十八：「袁術自依據江、淮，帶甲百萬，加累世公侯，天下豪傑無非故吏，以為袁氏出陳，舜之後，以黃承赤，得運之次。」[5]「以『黃』承『赤』」，袁術標榜自身具有「土德」的德運，將取代漢室的「火德」成為天意眷顧的帝王。

曹魏政權建構漢室「天命」與德運已經告終、轉移等較具代表性的宣言，應是魏文帝曹丕（一八七－二二六，二二〇－二二六在位）意欲代漢前的群臣勸表、個人表示謙遜的讓辭，與漢獻帝劉協（一八一－二三四，一八九－二二〇在位）依曹丕之意宣告退位的詔書等等。裴松之（三七〇－四四九）在《三國志．魏書．文帝紀》注引《獻帝傳》約替後世保留二十餘條史料，篇幅皆相當冗長，讀者可逐一參閱[6]。僅徵引一次曹魏標榜「天命」已改，曹氏君王具資格承受

4 張雅惠：「考中國古代皇權理論的基礎，『奉天承運』一語得以盡之！『奉天』在於彰顯『天命』基礎；『承運』則顯係受陰陽五行說影響，證明政權符合五行運勢流轉。惟無論是『奉天』或者『承運』，均屬於抽象概念，所謂『天何言之』是也！」見氏：《權力的謊言？——三至九世紀讖緯系統初探》（臺中：中興大學歷史學系所碩士學位論文，宋德熹先生指導，二〇〇八年八月），頁一一一。王健文專書探討古代中國的「國家」概念及其正當性基礎，就用「奉天承運」為主標題，見氏：《奉天承運：古代中國的「國家」概念及其正當性基礎》（臺北：東大圖書，一九九五年六月）。

5 〔晉〕袁宏撰；周天遊校注：《後漢紀校注》（天津：天津古籍出版社，一九八七年十二月），頁七九六。

6 〔晉〕陳壽撰；〔宋〕裴松之注：《三國志》（北京：中華書局，二〇〇七年五月），頁六二－七五。

「天命」、標舉新德運的歷史事件。即曹丕登壇受禪的典禮概況：

> 辛未，魏王登壇受禪，公卿、列侯、諸將、匈奴單于、四夷朝者數萬人陪位，燎祭天地、五嶽、四瀆，曰：「皇帝臣（曹）丕敢用玄牡昭告于皇皇后帝：漢歷世二十有四，踐年四百二十有六，四海困窮，三綱不立，五緯錯行，靈祥並見，推術數者，慮之古道，咸以為天之曆數，**運終茲世**，凡諸嘉祥民神之意，**比昭有漢數終之極**，**魏家受命之符**。漢主以神器宜授於臣，憲章有虞，致位于丕。丕震畏天命，雖休勿休。群公庶尹六事之人，外及將士，洎于蠻夷君長，僉曰：『天命不可以辭拒，神器不可以久曠，群臣不可以無主，萬幾不可以無統。』丕祗承皇象，敢不欽承。卜之守龜，兆有大橫，筮之三易，兆有革兆，謹擇元日，與群寮登壇受帝璽綬，告類于爾大神；唯爾有神，尚饗永吉，兆民之望，祚于有魏世享。」遂制詔三公：「上古之始有君也，必崇恩化以美風俗，然百姓順教而刑辟厝焉。今朕承帝王之緒，其以**延康元年為黃初元年**，議改正朔，易服色，殊徽號，同律度量，**承土行**，大赦天下；自殊死以下，諸不當得赦，皆赦除之。[7]

[7] 同前註，頁七五。

宣告漢朝「運終茲世」，上天「受命」予「承土行」的曹魏政權，改元「黃初」則是與德運對應[8]。漢室已經失去上天的庇佑，神器早該轉移至異姓曹氏之手。

曹魏官方宣揚自己接受漢室的禪讓，往後西晉（二六五－三一六）官方則是依樣畫葫蘆為之。倘若曹魏政權無法在三國之中脫穎而出，那麼接受禪讓建國的西晉王朝統治天下萬民之正當性、合法性難免有所虧損。尤其是比較漢魏、魏晉的易代歷程，曹魏代漢還較晉武帝司馬炎（二三六－二九〇，二六五－二九〇在位）代魏顯得「光明正大」、或者「理直氣壯」。清代（一六四四－一九一一）趙翼（一七二七－一八一四）：

> （曹）操起兵於漢祚垂絕之後，力征經營，延漢祚者二十餘年，然後代之。司馬氏當魏室未衰，乘機竊權，廢一帝，弒一帝，而奪其位，比之於操，其功罪不可同日語矣。[9]

如果連延續漢祚二十餘年的曹操（一五五－二二〇）之子孫都未具資格，遑論「承機竊權」的司

8 唐長孺：「太平道崇信的『中黃太一』，頭上繫的『黃巾』，宣稱『黃天當立』，和曹丕的『黃初』年號等，僅管在階級本質上相互對立，但不能不說其理論根據都是五德終始論，都是表明漢朝要滅亡，祇是農民羣眾利用它號召起義，野心家利用它來改朝換代。」見氏著；朱雷，唐剛卯選編：〈太平道與天師道〉，《唐長孺文存》（上海：上海古籍出版社，二〇〇六年十二月），頁七三七－七三八。

9 〔清〕趙翼著；王樹民校證：《廿二史劄記校證（訂補本）》（北京：中華書局，二〇〇七年九月），頁一四八。

馬氏了。後來習鑿齒（？－三八四？）在宣揚其獨特的「三國正統觀」見解時，需要於〈晉承漢統論〉中反駁一項傳統定見：「或問：『魏武帝功蓋中夏，文帝受禪於漢，而吾子謂（東）漢終有晉，豈實理乎？且魏之見廢，晉道亦病，晉之臣子寧可以同此言哉！』」[10]四庫提要：「（陳）壽則身為晉武之臣，而晉武承魏之統，偽魏是偽晉矣。其能行於當代哉？」[11]否定曹魏政權的正統定位，亦將同時撼動了標榜「和平地」易代的西晉王朝之立國理論基礎。因而一般情況下，晉臣沒有否定曹魏代漢資格的需要。

直到東晉（三一七－四二〇）時期終朝君弱臣強、荊揚對立[12]，王敦（二六六－三二四）、桓溫（三一二－三七三）、桓玄（三六九－四〇四）等權臣接續幾乎篡奪神鼎，情況才有所不同。然而曹魏、西晉取得政權的方式皆是「明禪暗篡」，又該如何掀起貶抑權臣覬覦之心的輿論氛圍？基本做法是將矛頭指向漢魏易代，聚焦在痛斥曹魏、甚至同情蜀漢的部份；但是更積極的做法，應是如習鑿齒還分殊出（或者是「曲解」）漢魏易代、漢晉易代是兩次性質不同的歷史事

10 《晉書．習鑿齒傳》。〔唐〕房玄齡等撰：《晉書》（北京：中華書局，二〇〇八年二月），頁二一五四。引文之「漢」實為東漢或兩漢而非蜀漢，可詳見本書第六章第一節。

11 〔清〕紀昀等纂：《欽定四庫全書總目》（臺北：藝文印書館，一九八九年），第二冊，頁九七二。

12 傅樂成：「自元帝以迄桓玄之亂之百年中，東晉外重之局，始終未革。王敦亂後，中央執政，既無革新能力，復與荊州疆吏，多不相能。中央地方間之意見既深，遂使荊州處於半獨立狀態，予中央以莫大威脅。」見氏：〈荊州與六朝政局〉，《漢唐史論集》（臺北：聯經出版社，二〇〇二年八月），頁一〇三。

件。劉靜夫論習鑿齒〈晉承漢統論〉的內容：

曹氏父子「志在傾主」，「自君之道不正」。則對他們「賊殺母后，幽逼主上」，迫漢獻帝讓位等，自可放手寫去。他既然說司馬懿父子「臣魏之義未盡」，對魏並無「純臣之節」，則對他們殺主逼位的篡漢史也就勿庸諱言。……為了「尊晉」，他說司馬懿因為祖先仕漢而「思報亦深」，仕魏是「逼于性命」；司馬氏無「純臣之節」是由於「魏自君之道不正」，仕魏而又篡魏，是「假途以運高略」，以便完成「濟世之功」。所有這些，都是對歷史的曲解和毫無根據的美化。[13]

習鑿齒非常用心於區隔兩次易代[14]，曲解歷史以美化司馬懿（一七九－二五一）等篡魏是因先祖

13 見氏：〈習鑿齒評傳〉，收錄於中國魏晉南北朝史學會編：《魏晉南北朝史論文集》（濟南：齊魯書社，一九九一年五月），頁三三四。

14 葉植：「習鑿齒的長疏上講了三件事。第一，陳述上疏的原因和心情，要朝廷高瞻遠矚，轉變思路。第二，論述晉王朝不應以篡逆的曹魏偽政權的偽禪讓為建國理論，反覆論證曹魏篡漢的反動性，宣揚晉朝幾位先皇消滅曹魏割據偽政權的正義性，強調晉是漢政權的直接繼承者，具有合法性，晉應以消滅曹魏偽政權的建國理論取代所謂的禪讓理論。第三，曹魏篡逆割據勢力的後裔沒有享受『三恪』政治待遇的資格，應予取消。」見氏：〈論題係沙上建塔，鐵證乃謬誤堆成——答吳直雄先生並與其《習鑿齒及其相關問題再考辨》一文商榷〉，《襄樊學院學報》第三二卷第一二期（二〇一一年十二月），頁一七。

「仕漢」而「思報亦深」等等。如是費盡心思，同時說明了妥善處理「三國正統觀」對晉室王朝的嚴肅性。

二、私撰史籍的政權合法性宣揚

魏晉人們的歷史觀念依然延續著東漢時期，較少受到玄學思潮的影響[15]。異姓政權官方史籍之內容即反映著該現象，宣揚魏代漢德、吳代漢德概念的案例不乏之，誠如牛潤珍：

> 史官制度與著作制度還為維護各國帝王正統發揮了作用。王沈《魏書》、韋曜《吳書》各立本主為帝紀。從《三國志》裴注所引《魏書》看，王沈多言帝、后祥瑞、天命曆運。孫吳所修《吳書》，目的在於紀錄「大吳受命」，孫權之「元功」和「當世之盛美」。[16]

15 胡寶國：「在史學領域，天人感應、五德終始之說在魏晉以後仍然盛行。……他們的歷史觀念與漢人實在沒有什麼區別，其中看不到玄學的影響。」見氏：〈史論〉，《漢晉間史學的發展》（北京：商務印書館，二〇〇五年十一月），頁一二六－一二七。

16 見氏：《漢至唐初史官制度的演變》（石家莊：河北教育出版社，一九九九年一月），頁八一。

即使在私人修撰的史籍著作中，依然可以見及史家宣揚政權合法性的實例，例如魚豢《魏略》特別收錄陳群（？－二三七）等稱說曹魏「天命」的記載：

孫權上書稱臣，稱說天命。王以權書示外曰：「是兒欲踞吾著爐火上邪！」侍中陳群、尚書桓階奏曰：「漢自安帝已來，政去公室，國統數絕，至於今者，唯有名號，尺土一民，皆非漢有，期運久已盡，曆數久已終，非適今日也。是以桓、靈之間，諸明圖緯者，皆言『漢行氣盡，黃家當興』。殿下應期，十分天下而有其九，以服事漢，群生注望，遐邇怨歎，是故孫權在遠稱臣，此天人之應，異氣齊聲。臣愚以為虞、夏不以謙辭，殷、周不吝誅放，畏天知命，無所與讓也。」[17]

時間延及東晉時期，史家孫盛（三〇七－三七八）還是特別敘述了一些認定「天命」歸屬予曹魏的對話，例如《魏氏春秋》記載夏侯惇（？－二二〇）希望曹操可以「應天順民」，接受天意、民意的抉擇：

17 《三國志．魏書．武帝紀》注引。〔晉〕陳壽撰；〔宋〕裴松之注：《三國志》，頁五二－五三。

夏侯惇謂王曰：「天下咸知漢祚已盡，異代方起。自古已來，能除民害為百姓所歸者，即民主也。今殿下即戎三十餘年，功德著於黎庶，為天下所依歸，應天順民，復何疑哉！」王曰：「『施于有政，是亦為政』。若天命在吾，吾為周文王矣。」[18]

劉知幾（六六一—七二一）在《史通．內篇．書事》有段涉及王沈、孫盛史著政治意識型態的評論，能夠協助後人判定孫盛的著述立場與敘述該條史料可能蘊藏的用意：「若王沈、孫盛之伍，伯起、德棻之流，論王業則黨悖逆而誣忠義，敘國家則抑正順而褒篡奪，述風俗則矜夷狄而陋華夏。」[19]劉知幾強調曹逆、劉順的意見，係承續習鑿齒等史家的觀點，亦對南宋以後改寫三國史

18 《三國志．魏書．武帝紀》注引。同前註，頁五三。《魏略輯本》有觸及部份之記載：「陳羣、桓階、夏侯惇等勸進，（曹）操曰：『「施于有政，是亦為政」。若天命在吾，吾為周文矣。』」〔魏〕魚豢撰；張鵬一輯佚：《魏略輯本》（名古屋：采華書林，一九七二年五月），頁三三。

19 〔唐〕劉知幾著；〔清〕浦起龍通釋；王煦華整理：《史通通釋》（上海：上海古籍出版社，二〇〇九年十二月），頁二一三。清代杭世駿（一六九五—一七七二）論本紀時，列舉四本持曹魏正統的三國史名著：「魏武之稱本紀，始於陳（壽）而孫盛且有專書。《唐書．藝文志》有孫盛《魏武本紀》四卷。王沈、魚豢諸人可知也。」〔清〕杭世駿撰：《諸史然疑（清刻知不足齋叢書本）》，〔清〕杭世駿、牛運震等撰：《二十二史考論（歷代正史研究文獻叢刊）》（北京：北京圖書館出版社，二〇〇五年三月），第一冊，頁一五—一六。

成「季漢史」的風潮具推波助瀾之效[20]。言王沈、孫盛「抑正順而褒篡奪」，正是指稱其著作有偏黨曹魏政權的傾向。

視曹魏係屬三國時期的正統王朝者，更容易於史籍中屢屢採信或杜撰該類稱說「天命」的史料，身跨兩晉的史家張璠於《漢紀》：

初，天子敗於曹陽，欲浮河東下。侍中太史令王立曰：「自去春太白犯鎮星於牛斗，過天津，熒惑又逆行守北河，不可犯也。」由是天子遂不北渡河，將自軹關東出。立又謂宗正劉艾曰：「前太白守天關，與熒惑會；金火交會，革命之象也。漢祚終矣，晉、魏必有興者。」立後數言于帝曰：「天命有去就，五行不常盛，代火者土也，承漢者魏也，能安天下者，曹姓也，唯委任曹氏而已。」公聞之，使人語立曰：「知公忠于朝廷，然天道深遠，幸勿多言。」[21]

20 明代郭孔延：「（劉知幾）獨論王道曹逆劉順，此二語遂為《綱目》帝蜀之根嗣，是而蕭常之《後漢書》、謝陛之《季漢書》相繼而作，則子玄發之矣。」〔明〕郭孔延撰：《史通評釋》，頁五三。

21 《三國志．魏書．武帝紀》。〔晉〕陳壽撰；〔宋〕裴松之注：《三國志》，頁一三。

魚豢、孫盛、張璠收錄的史料，陳壽、范曄（三九八－四四五）皆不採用，或許是這些敘述係屬「帝魏」心理下虛構的事蹟，又或者偏黨情況過於顯著。張璠該段記載，簡直將曹操型塑成上天眷顧的新君；還言及曹操聽聞王立該言後，希望王立不要到處聲張的舉動，型塑出曹操忠於漢室的人物形象。

曹魏政權強調魏代漢德，另一異姓政權孫吳則當然僅能接受吳代漢德[22]，詳見張勃《吳錄》：

（孫）權告天文曰：「皇帝臣權敢用玄牡昭告于皇皇后帝：漢享國二十有四世，歷年四百三十有四，行氣數終，祿祚運盡，普天弛絕，率土分崩。孽臣曹丕遂奪神器，丕子叡繼世作慝，淫名亂制。權生於東南，遭值期運，承乾秉戎，志在平世，奉辭行罰，舉足為民。群臣將相，州郡百城，執事之人，咸以為天意已去於漢，漢氏已絕祀於天，皇帝位虛，郊祀無主。休徵嘉瑞，前後雜還，歷數在躬，不得不受。權畏天命，不敢不從，謹擇元日，登壇燎祭，即皇帝位。惟爾有神饗之，左右有吳，永終天祿。」[23]

22 孫吳政權如何論證自己的正統性，可詳見魏斌：〈孫吳年號與符瑞問題〉，《漢學研究》第二七卷第一期（二〇〇九年三月），頁三一－五五。

23 《三國志．吳書．吳主傳》注引。〔晉〕陳壽撰；〔宋〕裴松之注：《三國志》，頁一一三五－一一三六。

宣告天意不再青睞漢室，漢室已經「數終」、「運盡」。號稱接受禪讓得位的魏文帝曹丕實是篡奪，繼位的魏明帝曹叡（二〇四－二三九，二二六－二三九在位）更是位無道作惡之君；可謂缺乏天意支持，也沒有民意基礎。在「皇帝位虛」、天下無主的情況下，上天透過總總祥瑞、徵兆表示「志在平世」、「奉辭行罰」的吳大帝孫權（一八二－二五二，二二九－二五二在位）才是真命天子。曹魏、孫吳兩方異姓政權皆言明漢室「絕祀於天」，明顯表現出各自的時代關懷。

這種情況下，袁宏《後漢紀》對「天命」是否「已去於漢」的見解，即明顯迴異於該派從漢末開始建構、宣稱的論述。反而強調著漢室不應亡、權臣按理不應當篡位，否認「漢祚已盡，異代方起」云云，迥異於王沈、魚豢、張璠、孫盛等等史家。袁宏在《後漢紀》卷三十：

> 漢自桓、靈，君失其柄，陵遲不振，亂殄海內，以弱致弊，虐不及民，劉氏之澤未盡，天下之望未改，故征伐者奉漢，拜爵賞者稱帝，名器之重，未嘗一日非漢。[24]

「順天應民」、民意即是天意，從「虐不及民」、「劉氏之澤未盡」、「天下之望未改」等強調人心猶思漢的字眼，已經不難察見這段敘述的主旨就是強調漢不應亡（「漢德未衰」）。袁宏該書另一條史論將該項概念疏解得更闡透，次節將徵引之繼續進行探討。

24 〔晉〕袁宏撰；周天遊校注：《後漢紀校注》，頁八四六。

第二節　袁宏「漢德未衰」論述之殊異性

一、袁宏與「漢德未衰」概念的提出

袁宏在「漢祚」是否將移的論述上顯得較為用心，例如記載東漢名臣楊彪（一四二－二二五）與曹操的一次對話中就調整用字。該次歷史事件始末，范曄《後漢書・楊震傳附曾孫彪傳》有較完整的敘述，先行徵引：

（楊）彪見**漢祚將終**，遂稱腳攣不復行，積十年。後子脩為曹操所殺，操見彪問曰：「公何瘦之甚？」對曰：「愧無日磾先見之明，猶懷老牛舐犢之愛。」操為之改容。[25]

及魏文帝受禪，欲以（楊）彪為太尉，先遣使示旨。彪辭曰：「彪備漢三公，遭世傾亂，不能有所補益。耄年被病，豈可贊惟新之朝？」遂固辭。乃授光祿大夫，賜几杖衣袍，因

---

25 〔南朝宋〕范曄撰；〔唐〕李賢等注：《後漢書》（北京：中華書局，二〇〇六年三月），頁一七八九。

朝會引見，令彪著布單衣、鹿皮冠，杖而入，待以賓客之禮。年八十四，黃初六年卒于家。[26]

兩段記載皆前有所承，首條見孫吳謝承《後漢書》，文字、語意基本相同，而「漢祚將終」四字則是「漢祚將移」[27]。次條則見西晉史家司馬彪（二四三－三〇六）《續漢書》的一條記載：

（楊）彪見**漢祚將終**，自以累世為三公，恥為魏臣，遂稱足攣，不復行。積十餘年，（魏文）帝即王位，欲以為太尉，令近臣宣旨。彪辭曰：「嘗以漢朝為三公，值世衰亂，不能立尺寸之益，若復為魏臣，於國之選，亦不為榮也。」**帝不奪其意**。黃初四年，詔拜光祿大夫，秩中二千石，朝見位次三公，如孔光故事。彪上章固讓，**帝不聽**，又為門施行馬，致吏卒，以優崇之。年八十四，以六年薨。子脩，事見〈陳思王傳〉。[28]

26 同前註，頁一七九〇。

27 《太平御覽》卷三七八。〔宋〕李昉編纂；夏劍欽校點：《太平御覽》（石家莊：河北教育出版社，二〇〇〇年三月），第四冊，頁一六七。

28 《三國志．魏書．文帝紀》注引。〔晉〕陳壽撰；〔宋〕裴松之注：《三國志》，頁七八－七九。括號據周天遊的輯注成果補上，這是考量該處可能會影響後文論述，詳參周天游輯注：《八家後漢書輯注》，（上海：上海古籍出版社，一九八六年十二月），頁四二八－四二九。

文末敘述的〈陳思王傳〉云云應是《裴注》語，係屬史注家徵引史料後附帶的補充。司馬彪認為「漢祚將終」一語沒有不妥處，意見同孫吳謝承、劉宋（四二〇－四七九）范曄兩位史家。但是司馬彪記載該語時，流露出親附曹魏政權的心理，言「帝不奪其意」、「帝不聽」，直逕稱曹丕為「帝」。值得注意的是，言「帝不奪其意」一語的時間點，是在曹丕「即王位」後、而不是稱帝後；史家卻依然稱作「帝」，反映出敘述者對特定政權的觀感。

司馬彪尊崇曹丕的作法，與之在《九州春秋》選擇接受魚豢、王沈等史家詆毀之說，如是奠基於曹魏政權立場擇史的情況類似。較親附蜀漢政權的袁宏，在《後漢紀》卷三十、卷二十九則敘述如下：

> 初，魏王欲以楊彪為太尉，彪辭曰：「嘗已為漢三公，遭世衰亂，不能立尺寸之益，若復為魏氏之臣，於義既無所為，於國之選亦不為榮也。」遂聽所守。及魏受禪，乃下詔曰：「夫先王制几杖之賜，所以賓禮黃耇，褒崇元老也。昔孔光、卓茂皆以淑德高年，受此嘉錫。公故漢宰相，乃祖已來，世著忠賢。公年過七十，行不踰矩，可謂老成人矣，所宜寵異，以彰舊德。其錫公延年杖及伏几，〔延〕（筵朝）請之日，使杖入侍；又使著鹿皮帽

冠。」彪上章固讓，不聽。年八十四，以壽終。[29]

（楊）彪睹**漢祚將微**，自以累世公輔，恥事異姓，遂稱疾不行。[30]

袁宏當然沒有屢屢稱曹丕為「帝」，且相較於謝承、司馬彪、范曄諸位史家，亦是唯一在敘述中將「漢祚將」「移」、「終」[31]該類炎漢必亡的語句修飾成「漢祚將微」，維持一息尚存。雖為「微」字本身也非佳字，但是相較之下應當還是有別。

漢祚既未終未移，則似漢室後繼有人；這與現今學者強調《後漢紀》視蜀漢政權為正統王朝的認定，可以相互溝通。例如田亞瓊：

關於《後漢紀》的下限，筆者認為應為劉備稱帝。古代史家多以是否符合「正統」作為斷限的標準。袁宏正是認為廢漢受禪的曹魏非「正統」，而將自稱延續漢祚的蜀漢視為正統。[32]

29 〔晉〕袁宏撰；周天遊校注：《後漢紀校注》，頁八六三。

30 同前註，頁八〇九。

31 范曄亦言「漢祚將終」，而不是採用袁宏的史料。一來應是察見袁宏的調整有其主觀用意；二來很可能反映著范曄心目中，劉備創建的蜀漢政權不能「紹漢」、遑論「天命」。

32 見氏：《袁宏《後漢紀》研究》（安徽大學傳世文獻整理與研究所碩士論文，張子俠先生指導，二〇一〇年四

但是袁宏強調漢室還可復興這一特殊的解讀，卻遭到後世非難。例如現今學者瞿林東即因而給予該書較低的評價，甚至延伸出袁宏史識不如范曄的論斷：

在袁宏看來，即使是桓、靈時期，東漢政治形勢還有好轉的可能。他的這個認識不僅同范曄的認識相去甚遠，也同上文列舉的其他東漢史著作的看法相左。由此可以看出，在關於東漢歷史進程和東漢皇朝興衰治亂的評價上，范曄遠在袁宏之上。[33]

袁宏的苦心造詣之發想，其實是受到桓溫等覬覦神鼎的刺激；從而間接指涉「晉德未衰」、權臣不應覬覦神器[34]，皆可視作支持東晉王朝之舉[35]。因而造成《後漢紀》一書在「前三國時期」的

月），頁二一。

33 瞿林東：《魏晉南北朝隋唐時期・中國古代史學的發展》（上海：上海人民出版社，二〇〇六年十二月），頁五六。

34 通常史學史著作的解釋基本如是，例如倉修良：「由於袁宏對桓溫那種不合名教的舉動極端痛恨，反映在書中，指桑罵槐、借古諷今者也就屢見不鮮。」見氏：《中國古代史學史》（北京：人民出版社，二〇〇九年九月），頁一六〇。

35 楊曉菁：「（袁宏）的『名教思想』，繼承了儒家綱常的精髓，他將君臣的關係與父子關係相等同，使上下尊卑的階級制度，成為天經地義，理所當然，對當時掌政者政權的鞏固可謂貢獻卓越。」見氏：《袁宏之生平與學術研

歷史解讀上，與其餘東漢斷代史著作不同。獨樹一格的做法，也同時避免蜀漢政權陷入「假已廢之命」的窘境。

袁宏、習鑿齒皆是受到權臣刺激，而於史著有所表現者[36]，習鑿齒待第六章第一節探討，以下僅闡釋袁宏見識的獨特處。《後漢紀》卷三十東漢建安二十五年、曹魏黃初元年（二二〇）處的長篇史論中，明顯寄寓著「漢德未衰」的概念，「袁宏曰」後半部份：

> 故助漢者協從，背劉者眾乖，此蓋民未忘義，異乎秦漢之勢。魏之討亂，實因斯資，旌旗所指，則以伐罪為名；爵賞所加，則以撫順為首。然則**劉氏之德未泯，忠義之徒未盡**，何言其亡也？漢苟未亡，則魏不可取。今以不可取之實，而冒揖讓之名，因輔弼之功，而當**代德之號**，欲比德堯舜，豈不誣哉！[37]

36 究》（臺南：國立成功大學中國文學研究所碩士論文，江建俊先生指導，二〇〇〇年六月），頁一六九。關於習鑿齒史著是否為貶裁桓溫之作，尚具探討空間。但是受到桓溫刺激，從情理上是很容易想見的，劉靜夫：「從檀道鸞等認為習氏著史的目的只是為了斥桓溫野心這一點來說，劉氏的批評是正確的。但他由此走向另一極端，否認習氏有斥桓溫之意，又是不對的。習氏因為在中央皇權同方鎮權臣的矛盾中傾向于皇權方面，便被桓溫排斥，他想以某種方式裁抑桓溫也是自然的。」見氏：〈習鑿齒評傳〉，頁三二七。

37 〔晉〕袁宏撰；周天遊校注：《後漢紀校注》，頁八六二—八六三。

從「劉氏之德未泯」、「忠義之徒未盡」等等詞語，該論顯係認為當時百姓尚未「忘義」，漢室依然是合法的統治者，漢末時局無法與秦始皇酷虐及民、致使民眾揭竿而起的情況相提並論。曹魏企圖透過禪讓的形式追蹤堯、舜故事，所謂「當代德之號」、也就是取代漢德時之自我標榜，不過是自欺欺人。換言之，曹魏政權實非應民、順天的王朝。袁宏該論的上半部份，有一套說明漢室何以不應亡，並言及「雖曰微弱，亦可輔之」的見解：

> 漢自桓、靈。君道陵遲，朝綱雖替，虐不及民。雖宦豎乘間，竊弄權柄，然人君威尊，未有大去王室，世之忠賢，皆有寧本之心。若誅而正之，使各率職，則二祖、明、章之業，復陳乎目前，雖曰微弱，亦可輔之。時獻帝幼沖，少遭凶亂，流離播越，罪不由己。故老後生未有過也。其上者悲而思之，人懷匡復之志。[38]

交代東漢末年之所以大亂，係屬「君失其柄，陵遲不振」、皇帝失去權柄導致的結果。如是敘述，將桓、靈兩帝的昏聵無道輕筆帶過，淡化漢室帝王自毀皇朝甚至「虐及民」的種種事實。

規撫袁宏該論，應有將過錯轉移至宦官等身上之意。實際而言，東漢王朝的覆亡有其咎由自

[38] 同前註，頁八六二。

取的面相。檢視現今留存的東漢斷代史著作佚文，最最痛斥桓、靈二帝的史家應是後來仕宦西晉的孫吳薛瑩（？－二八二）。徵引其於孫吳時期撰寫的《後漢記》之兩條「贊曰」論及「漢德之衰，有自來矣」云云：

漢德之衰，有自來矣。而桓帝繼之以淫暴，封殖宦豎，群妖滿側，姦黨彌興，賢良被辜，政荒民散，亡徵漸積，逮至靈帝，**遂傾四海**，豈不痛哉！《左傳》曰：「國於天地有與立焉。不數世淫不能斃也。」信矣。[39]

可說批評桓帝備至，直指「淫暴」，又言「姦黨」、「群妖」滿是其所「封殖」。又如：

漢氏中興，至於延平而世業損矣。沖、質短祚，孝桓無嗣。母后稱制，奸臣執政。孝靈以支庶而登至尊，由藩侯而紹皇統，不恤宗緒，不祇天命，上虧三光之明，下傷億兆之望。于時爵服橫流，官以賄成，自公侯卿士，降于皂隸，遷官襲級，無不以貨。刑戮無辜，摧仆忠賢，佞諛在側，直言不聞，是以賢智退而窮處，忠良擯於下位。**遂至姦邪蜂起**，法防

[39] 《太平御覽》卷九十二。〔宋〕李昉編纂；夏劍欽校點：《太平御覽》，第一冊，頁八〇六。

墮壞，夷狄并侵，盜賊糜沸，小者帶城邑，大者連州郡，**編戶騷動，人人思亂。當斯之時，已無天子矣**。會靈帝即世，則禍尋其後，宮室焚滅，郊社無主，**危自上起**，覃及華夏，使京室為墟，海內蕭條，豈不通哉！[40]

直指過錯之根源乃是最高統治者，所謂「危自上起」是也，與袁宏大異其趣。兩段敘述中「遂」字這一虛詞的運用，使得文章在呈現出俐落明快之感的同時，隱約有種痛挽之憾寄寓其中[41]。直逕將後來的黃巾大亂（一八四）、漢末動亂，連結兩位漢室君王自身的作為。甚至言道「當斯之時，已無天子矣」、「編戶騷動，人人思亂」如是沉重的話語。

二、范曄《後漢書》「已隔兩朝」後的回顧與審視

薛瑩史籍是於孫吳時期撰寫，考量效力的政權係非劉氏之異姓，或許其史論還有一層交代漢

40 《太平御覽》卷九十二。同前註，頁八〇七。

41 近來鍾書林對於范曄《後漢書》虛詞的運用，有一相當具成就的探討；考量各家東漢斷代史底本皆是《東觀漢記》，相信該研究對於其他史著的虛詞運用應頗具參考價值。見氏：《《後漢書》文學初探》（北京：中國社會科學出版社，二〇一〇年六月），第五章第四節〈《後漢書》的虛詞及其他〉，頁二二二－二四一。

末異姓崛起合理性的解讀空間[42]。因而還是需要檢視「已隔兩朝，可以據筆直書」[43]，政治包袱較小的范曄如何回顧漢末史。范曄《後漢書．孝桓帝紀》：

> 論曰：前史稱桓帝好音樂，善琴笙。飾芳林而考濯龍之宮，設華蓋以祠浮圖、老子，斯將所謂「聽於神」乎！及誅梁冀，奮威怒，天下猶企其休息。而五邪嗣虐，流衍四方。自非忠賢力爭，屢折姦鋒，雖願依斟流彘，亦不可得已。[44]
>
> 贊曰：桓自宗支，越躋天祿。政移五倖，刑淫三獄。傾宮雖積，皇身靡續。[45]

范曄「論曰」的「依斟流彘」一語，唐代（六一八－九〇七）李賢（六五四－六八四）注引《帝王紀》：「夏帝相為羿所逐，相乃都商丘，依同姓諸侯斟灌、斟尋氏。」[46]注引《史記》：「周

---

42 行文如是激切，是否有隱涉孫吳君王孫晧（二四二－二八四，二六四－二八〇在位）的悖政，以及對孫吳即將滅亡的痛惜？就相當值得玩味了。

43 〔清〕趙翼著；王樹民校證：《廿二史箚記校證（訂補本）》，卷六〈《後漢書》《三國志》書法不同處〉，頁一一九。

44 〔南朝宋〕范曄撰；〔唐〕李賢等注：《後漢書》，頁三二〇。

45 同前註，頁三二一。

46 同前註，頁三二〇。

厲王好利暴虐，周人相與畔，而襲厲王，王出奔于彘。」[47]並自注：「言帝寵幸宦豎，令執威權，賴忠臣李膺等竭力諫爭，以免篡弒之禍。不然，則雖願如夏相依斟，周王流彘，不可得也。」[48]范曄顯係認為東漢桓帝劉志（一三二－一六七，一四七－一六七在位）是位無道君王。寵幸宦官的結果，致使「五邪嗣虐，流衍四方」，宦官及其黨羽為非作歹[49]、荼毒百姓。幸而李膺（？－一六九）等賢臣致力於維持朝綱，桓帝還不必遭受寵幸之臣竊居權柄後將之放逐的命運，或者是人民叛離、逼迫其出奔的下場。「贊曰」言「政移五倖，刑淫三獄」、「傾宮雖積，皇身靡續」，前者李賢自注：「倖，佞也。淫，濫也。五倖即上『五邪』也。三獄謂李固、杜喬，李雲、杜眾，成瑨、劉質也。」[50]後者李賢注引《帝王紀》：「紂多發美女以充傾宮之室，婦人衣綾紈者三百餘人。」[51]又自注：「據桓帝納三皇后，又博採宮女五六千人，並無子

47 同前註。《史記．周本紀》原文：「王行暴虐侈傲，國人謗王。召公諫曰：『民不堪命矣。』王怒，得衛巫，使監謗者，以告則殺之。其謗鮮矣，諸侯不朝。三十四年，王益嚴，國人莫敢言，道路以目。厲王喜，告召公曰：『吾能弭謗矣，乃不敢言。』……於是國莫敢出言，三年，乃相與畔，襲厲王。厲王出奔於彘。」〔西漢〕司馬遷撰；〔劉宋〕裴駰集解；〔唐〕司馬貞索隱；〔唐〕張守節正義：《史記》（北京：中華書局，二〇〇七年六月），頁一四二。

48 〔南朝宋〕范曄撰；〔唐〕李賢等注：《後漢書》，頁三二〇。

49 李賢自注：「五邪謂單超、徐璜、左悺、唐衡、具瑗也。」同前註。

50 同前註，頁三二一。

51 同前註。

也。」[52]簡扼言之，即是指出劉志寵信宦官、屢興冤獄逮捕賢臣，與採擇無己的罪狀。

范曄批判東漢靈帝劉宏（一五六－一八九，一六八－一八九在位）的力道，亦不亞於評論桓帝時，《後漢書・孝靈帝紀》：

> 論曰：《秦本紀》說趙高譎二世，指鹿為馬，而趙忠、張讓亦紿靈帝不得登高臨觀，故知亡敝者同其致矣。然則靈帝之為靈也優哉！[53]
>
> 贊曰：靈帝負乘，委體宦孽。徵亡備兆，〈小雅〉盡缺。麋鹿霜露，遂棲宮衛。[54]

「論曰」徵引的「指鹿為馬」[55]這一膾炙人口的故事，已經道出靈帝自身的昏庸。「贊曰」的批判性更強烈，「委體宦孽」一語說明宦官可以作惡多端，實是假藉皇權撐腰；而「麋鹿霜露，

52 同前註。

53 同前註，頁三五九。

54 同前註，頁三六〇。

55 《史記・秦始皇本紀》：「八月己亥，趙高欲為亂，恐羣臣不聽，乃先設驗，持鹿獻於二世，曰：『馬也。』二世笑曰：『丞相誤邪？謂鹿為馬。』問左右，左右或默，或言馬以阿順趙高。或言鹿（者），高因陰中諸言鹿者以法。後羣臣皆畏高。」（西漢）司馬遷撰；（劉宋）裴駰集解；（唐）司馬貞索隱；（唐）張守節正義：《史記》，頁二七三。

遂棲宮衛」一句，劉賢注引《史記》：「伍子胥諫吳王，吳王不聽，子胥曰：『臣今見麋鹿遊于姑蘇之臺，官中生荊棘，露沾衣也。』[56]並自注：「言帝為政貪亂，任寄不得其人，尋以獻帝遷播，洛陽丘墟，故麋鹿棲宮衛也。」[57]寵任宦官、小人的代價，換來了漢室崩潰的結局。東漢王朝的覆亡，帝王實難辭其咎，尤其是桓、靈二帝，只不過范曄的語調沒有薛瑩如是激切。「宦豎乘間，竊弄權柄」最終導致「虐及民」，追根究底還是皇帝自身執政的荒腔走板，即是范曄所謂「桓靈之閒，主荒政繆」[58]是也。人君不僅不能無責，責任恐亦不下宦官為是，應當同時接受批判；對照范曄的論贊，顯得袁宏確實是盡量將過錯歸予宦官等、減輕君王的罪孽。只要導致漢室崩毀的問題根源不是帝王的咎由自取，那麼漢室就較有扶持的道理；既沒有桀、紂殘酷，也還不到「君理既盡」、「暴虐已極」的政權轉移契機[59]。

---

56 〔南朝宋〕范曄撰；〔唐〕李賢等注：《後漢書》，頁三六〇。《史記．淮南厲王長傳》原文如下：「王坐東宮，召伍被與謀，曰：『將軍上。』被悵然曰：『上寬赦大王，王復安得此亡國之語乎！臣聞子胥諫吳王，吳王不用，乃曰「臣今見麋鹿游姑蘇之臺也」。今臣亦見宮中生荊棘，露霑衣也。』王怒，繫伍被父母，囚之三月。」〔西漢〕司馬遷撰；〔劉宋〕裴駰集解；〔唐〕司馬貞索隱；〔唐〕張守節正義：《史記》，頁三〇八五。

57 〔南朝宋〕范曄撰；〔唐〕李賢等注：《後漢書》，頁三六〇。

58 《後漢書．黨錮列傳》。同前註，頁二一八五。

59 袁宏在《後漢紀》建安二十五年、黃初元年（二二〇）處：「君理既盡，雖庸夫得自絕於桀、紂；暴虐未極，縱文王不得擬議於南面，其理然也。」同前註，頁八六二。倘若君理已盡，人臣取代君主，有時候是順天應民之事。交代漢不應亡、民未忘義，就成為袁宏批判曹魏建國缺乏合理性、正當性時，在在強調的前提。

袁宏還將漢末群雄假借復興漢室，以賦予己方陣營仁義之師形象的舉動，僅僅著眼於「奉漢」的表面，省略諸多群雄已經將「奉漢」視作更深層目標「代漢」的階梯。換言之，「奉漢」只是一面旗幟，標榜者未必真心真意於扶漢大業；曹魏一方無需贅言，江東孫氏也是號稱「奉漢」、實欲「代漢」者。這也是為什麼習鑿齒在〈周魯通諸葛論〉一文中褒諸葛、貶周（瑜）魯（肅）：

客問曰：「周瑜、魯肅，何人也？」主人曰：「小人也。」客問：「周瑜奇孫策于總角，定大計於一面，摧魏武百勝之鋒，開孫氏偏王之業，威震天下，名馳四海。魯肅一見孫權，建東帝之略，子謂之小人，何也？」主人曰：「此乃真所以為小人也。夫君子之道，故將竭其直忠，佐扶帝室，尊主寧時，遠崇名教。若乃力不能合，事與志違，躬耕南畝，遁迹當年，何由盡臣禮于孫氏，於漢室未亡之日耶！」客曰：「諸葛武侯翼戴玄德，與瑜、肅何異，而子重諸葛，毀瑜、肅，何其偏也？」主人曰：「夫論古今者，故宜先定其所為之本，迹其致用之源。諸葛武侯，龍蟠江南，托好管、樂，有匡漢之望，是有宗本之心也。今玄德，漢高之正胄也，信義著於當年，將使漢室亡而更立，宗廟絕而復繼，誰云不可哉！」[60]

60 〔宋〕李昉編纂：《太平御覽》，第四冊，頁七〇六－七〇七。

諸葛亮在漢末動盪時期，依然抱持著「匡漢之望」、「宗本之心」，竭心效忠於欲使「漢室亡而更立」、「宗廟絕而復繼」的炎漢宗室劉備。習鑿齒讚賞其復興漢室的志向，並痛斥輸誠於異姓的周瑜（一七五—二一〇）、魯肅（一七二—二一七）為小人。周瑜、魯肅對漢末政局的未來規劃，可詳見《三國志・吳書・魯肅傳》：

> 時孫策已薨，（孫）權尚住吳，（周）瑜謂（魯）肅曰：「昔馬援答光武云『當今之世，非但君擇臣，臣亦擇君』。今主人親賢貴士，納奇錄異，且吾聞先哲祕論，承運代劉氏者，必興于東南，推步事勢，當其曆數，終搆帝基，以協天符，是烈士攀龍附鳳馳騖之秋。吾方達此，足下不須以子揚之言介意也。」肅從其言。[61]

孫策（一七五—二〇〇）亡故後不久，周瑜即指出東漢德運將盡，得到上天眷顧的政權必定興起於東南[62]。言下之意，無疑是暗指孫吳陣營必將一匡天下。周瑜期許魯肅效力於「承運代劉

---

61 〔晉〕陳壽撰；〔宋〕裴松之注：《三國志》，頁一二六八。

62 關於東南有王者興起的說法，東晉史家孫盛就根據政治需求利用之。交代不是孫吳政權俱備興于東南的資格，而是東晉元帝司馬睿（二七六—三二三，三一八—三二三在位）將於孫吳舊地成立「紹晉」政權。究竟誰才是興於東南的王者，都是「人」在建構、「人」在爭奪，豈天意歟？《太平御覽》卷九十八引孫盛《晉陽秋》：「（孫皓）于湖邊得石函，中有小石，青白色，長四尺，廣二寸餘，上有白帝字。時人莫察其祥意者，者豈中宗興五湖之徵

氏者」、效力於孫權帳下，顯然已經是無有復漢之心了[63]。緊接著，同傳又記載孫（權）、魯（肅）密議：

> （孫）權即見（魯）肅，與語甚悅之。眾賓罷退，肅亦辭出，乃獨引肅還，合榻對飲。因密議曰：「今漢室傾危，四方雲擾，孤承父兄餘業，思有桓文之功。君既惠顧，何以佐之？」肅對曰：「昔高帝區區欲尊事義帝而不獲者，以項羽為害也。今之曹操，猶昔項羽，將軍何由得為桓文乎？肅竊料之，漢室不可復興，曹操不可卒除。為將軍計，惟有鼎足江東，以觀天下之釁。規模如此，亦自無嫌。何者？北方誠多務也，因其多務，剿除黃祖，進伐劉表，竟長江所極，據而有之，然後建號帝王以圖天下，此高帝之業也。」權曰：「今盡力一方，冀以輔漢耳，此言非所及也。」張昭非肅謙下不足，頗訾毀之，云肅年少麤疏，未可用。權不以介意，益貴重之，賜肅母衣服幃帳，居處雜物，富擬其舊。[64]

歟？」〔宋〕李昉編纂；夏劍欽校點：《太平御覽》，第一冊，頁八五五。《晉書．元帝紀》：「始秦時望氣者云『五百年後金陵有天子氣』，故始皇東遊以厭之，改其地曰秣陵，塹北山以絕其勢。及孫權之稱號，自謂當之。孫盛以為始皇逮于孫氏四百三十七載，考其曆數，猶為未及；元帝之渡江也，乃五百二十六年，真人之應在于此矣。」〔唐〕房玄齡等撰：《晉書》，頁一五七。

63 盧弼注引李安溪：「果何驗乎？且存此心，則亦曹操之心也。」〔晉〕陳壽撰；〔南朝宋〕裴松之注；盧弼集解；錢劍夫整理：《三國志集解》（上海：上海古籍出版社，二〇〇九年六月），頁三二八一。

64 〔晉〕陳壽撰；〔宋〕裴松之注：《三國志》，頁一二六八－一二六九。

孫權、魯肅該次密議的內容，基本就是孫吳政權往後發展的國策；魯肅這番獻謀，確確實實地反映孫權面對漢末時局的真正想法。盧弼注引李安溪亦對魯肅的規劃發出感嘆：「人懷此心，故知荀文若猶賢者也。」[65]漢末時頗多意欲開帝王之業者，荀彧（一六三－二一二）等較有扶漢之心者已經逐漸枯萎凋零。孫權表面雖然意欲輔漢、意欲建立桓文之功，實際則已起不臣之心，後人即認為「（孫）權此時窺覬之心已動」[66]。該次密議後，孫權重賜魯肅與魯肅之母，就是一種意欲深相結交的表示[67]。

曹魏、孫吳、蜀漢之中，勢力最強的兩個異姓政權皆意欲「代漢」。漢末時期意欲扶漢者的現實處境，恐怕誠如明代（一三六八－一六四四）林文俊（一四八九－一五三八）：「漢之末造，群雄并起。曹操以鬼域之雄，逞其詐力，以脅制天下；孫權承間，據有江東。當是時，一時

65 〔晉〕陳壽撰；〔南朝宋〕裴松之注；盧弼集解；錢劍夫整理：《三國志集解》，頁三二八二。

66 盧弼注引或曰。同前註。

67 赤壁之戰（二〇八）後魯肅、孫權有段君臣應答，更能見及孫吳君臣的真實想法。《三國志．吳書．魯肅傳》：「曹公破走，（魯）肅即先還，（孫）權大請諸將迎肅。肅將入閤拜，權起禮之，因謂曰：『子敬，孤持鞍下馬相迎，足以顯卿未？』肅趨進曰：『未也。』眾人聞之，無不愕然。就坐，徐舉鞭言曰：『願至尊威德加乎四海，總括九州，克成帝業，更以安車輭輪徵肅，始當顯耳。』權撫掌歡笑。」〔晉〕陳壽撰；〔宋〕裴松之注：《三國志》，頁一二七〇。盧弼自注：「是時漢帝猶存，而欲克成帝業，與曹操何異？」〔晉〕陳壽撰；〔南朝宋〕裴松之注；盧弼集解；錢劍夫整理：《三國志集解》，頁三二八五。

才智之士稱為之用，不復知有劉氏矣。」[68]天下「不復知有劉氏」的說法，正好跟袁宏「世之忠賢，皆有寧本之心」一語擂台對打。透過前文探討，袁宏使用這一「皆」字顯係有誇飾之嫌，較未能完整的觀照出漢末時人對於漢室能否復興這一議題的主流想法。

袁宏《後漢紀》的問世時間，早於范曄《後漢書》約七十餘年以上。網羅史料之勤快、豐富不亞於裴松之的范曄[69]，倘若沒有目睹過該書幾乎是不可能的。有趣的是，范曄沒有選擇踵袁宏之步，沒有強調漢室不應滅亡的概念，或特別突顯蜀漢等等，原因很可能正是范曄認為漢祚告終，蜀漢政權不具延續漢室的資格，更別說是正統王朝地位。《後漢書．孝獻帝》「贊曰」：「獻生不辰，身播國屯。終我四百，永作虞賓。」[70]同情漢獻帝劉協（一八一－二三四，一八九－二二〇在位）生不逢時時，那句「終我四百」，正說明史家認定著從漢高祖劉邦（二五六－

---

68 〔明〕林文俊撰：〈《忠武錄》序〉，《方齋存稿》（臺北：臺灣商務，一九七〇年，四庫全書珍本四集），卷三，葉二六。

69 鍾書林對此曾進行過探討，見氏：《范曄之人格與風格》（北京：中國社會科學出版社，二〇一〇年六月），第五章第三節〈《後漢書》與《三國志》裴松之注〉，頁二二五－二三一。

70 〔南朝宋〕范曄撰；〔唐〕李賢等注：《後漢書》，頁三九二。《三國志．魏書．文帝紀》注引《獻帝傳》載漢室官方禪讓冊詔曾言：「朕惟漢家世踰二十，年過四百，運周數終，行祚已訖，天心已移，兆民望絕，天之所廢，有自來矣。」范曄感嘆時言「終我四百」，頗類似《獻帝傳》言「年過四百，運周數終」之語，代表該類敘述其實是符合曹魏王朝建構的易代宣言。〔晉〕陳壽撰；〔宋〕裴松之注：《三國志》，頁七一。

一九五B.C.，二〇二－一九五B.C.在位）開創的漢室國祚已經終結。范曄《後漢書》建構漢末史時，雖然往往直筆敘述曹操創業、曹丕篡漢的歷程，然而沒有同袁宏般特別地突顯劉備陣營。

第三節　司馬彪《續漢書》對曹魏政權的書寫態度

一、伏皇后事件的迴護之筆與曹操崛起歷程敘述

東漢斷代史著作的「前三國時期」書寫，暗藏了持不同立場的史家對曹魏政權創業歷程的殊異解讀。西晉宗室司馬彪於《續漢書》敘述這段歷史時，則有偏黨曹魏的情況，如同其著作《九州春秋》、《戰略》。雖然司馬彪還是有直筆敘述下一些不利於曹操的事蹟，例如曹操迫害楊彪一事，《續漢書》：「（楊）彪代董卓為司空，又代黃琬為司徒。時袁術僭亂，操託彪與術婚姻，誣以欲圖廢置，奏收下獄，劾以大逆。」[71]但是這裡需要交代兩點：第一，司馬彪收錄這條史料是否有無詆毀的嫌疑，或者有特別用意（應考量史家的背景與史籍全體）；若沒有顯著偏黨的情況，很可能只是實錄的記載下重要歷史事件[72]。還談不上是對曹操態度不佳，或者因而推演

---

71 《後漢書．袁紹傳》注引。〔南朝宋〕范曄撰；〔唐〕李賢等注：《後漢書》，頁二三九七。

72 張元有段論述啟示筆者判斷史家著述傾向：「探討歷史敘事者的意圖，似乎應該盡量體會敘事者心中的歷史全局與

出有意更改「三國正統觀」。第二，一般情況下史家撰寫東漢斷代史，應當要接露曹魏篡位者的不臣行徑，范曄如何敘述可以視作範例，清代趙翼：

《後漢書》與《三國志》，論時代則後漢在前，而作史則《三國志》先成，且百餘年也。自《三國志．魏紀》創為迴護之法，歷代本紀遂皆奉以為式，延及《舊唐書》、《舊五代史》猶皆遵之。其間雖有習鑿齒欲黜魏正統，蕭穎士欲改書司馬昭弒君，而迄莫能更正。直至歐陽公作《五代史》及修《新唐書》，始改從《春秋》書法，以寓褒貶。而范蔚宗于《三國志》方行之時，獨不從其例，觀〈獻帝紀〉，猶有《春秋》遺法焉。雖陳壽修書於晉，不能無所諱；蔚宗修書於宋，已隔兩朝，可以據事直書，固其所值之時不同，然史法究應如是也。陳壽《魏紀》書，天子以公領冀州牧。蔚宗〈獻帝紀〉，則曰曹操自領冀州牧。……《魏紀》，漢皇后伏氏，坐與父完書，云帝以董承被誅怨恨公，后廢黜死，兄弟皆伏法。〈獻紀〉則曰曹操殺皇后伏氏，滅其族及其二子。……至禪代之際，《魏紀》書

表述重點，而不只是在一件件的小事上加以『重構』。」史籍有求真的天職，難免會收錄對曹操不利的史料，但是該書整體而論能否算是「偏黨」曹魏則需要從一些關鍵處檢視，例如是否「曲筆」、敘述是否「迴護」、是否稱說曹魏擁有「天命」等等判定。見氏：〈讀田浩教授〈史學與文化思想：司馬光對諸葛亮故事的重建〉一文〉，《中央研究院歷史語言研究所集刊》第七三本第一分（二〇〇二年三月），頁二〇四。

> 漢帝以眾望在魏，乃召群公卿士，使張音奉璽綬禪位，〈獻紀〉則曰魏王丕稱天子，奉帝為山陽公。他如董承、孔融等之誅，皆書操殺。此史家正法也。[73]

西晉臣民的陳壽敘述曹魏歷史時使用「迴護之法」，明顯與官方的三國史解讀妥協，是故有偏黨曹魏的現象。那麼，約略同期的史家司馬彪，是否隱晦了漢魏易代的血腥歷程，或者於敘述時有明顯支持曹操創業歷程的情況？從這些關鍵處，最容易窺視史家對特定政權的態度。

實際上，司馬彪《續漢書》明顯有親附曹魏政權的情形[74]，這點可觀察其敘述伏皇后事件的內容。《續漢書》：「孝獻伏皇后，琅琊東武人，侍中輔國將軍不其侯完女也。后坐與父完謀為奸書，詐罔不道。上收后下暴室詔獄，憂死，兄弟皆伏誅。」[75]這裡僅能見及伏皇后父親的「詐

73 〔清〕趙翼著；王樹民校證：《廿二史劄記校證（訂補本）》，頁一一九。

74 有些學者已經察覺到這一情況，例如宋志英：「雖然由於司馬彪個人身份和所處時代的原因，其《續漢書》也存在一些不足，如對漢獻帝被迫退位於曹丕事有所迴護，記為『二十五年十月，上禪位於魏。魏王即位，封上為山陽公。』等，但該書較高的史學價值和史學特色值得充分肯定，在中國古代史學發展史上的地位不容忽視。」見氏：〈司馬彪《續漢書》考辨〉，《史學史研究》第二期（二〇〇五年），頁三二。宋氏將司馬彪記載與之個人身處時代連結是相當正確的做法，司馬彪的書法明顯是「迴護」之筆，沒有透露出該次易代非是漢獻帝心甘情願的字眼，例如范曄《後漢書．孝獻帝紀》：「冬十月乙卯，皇帝遜位，魏王丕稱天子。」用一「稱」字，表明曹魏標榜的禪讓實是「自稱」。目前關於司馬彪史學的研究，可詳見〔日〕渡邊義浩：〈司馬彪の脩史〉，《大東文化大學漢學會誌》第四五號（二〇〇六年三月），頁二三－四一。

75 《太平御覽》卷一三七。〔宋〕李昉編纂；夏劍欽校點：《太平御覽》，第二冊，頁三二六。

罔不道」，與伏皇后下獄後「憂死」，似乎兩人皆死有餘辜。「上收后」三個字，彷彿該次事件徹頭徹尾都是漢獻帝的個人意志，史家無疑是同後來陳壽般採取「迴護」曹魏政權的敘述方式[76]。顯然「迴護」不是陳壽個人獨創，應是當時史界的風氣。身跨兩晉的張璠於《漢紀》已經可以直書該事[77]，向來對曹魏政權抱持反感的袁宏，當然於敘述時態度有別於《續漢書》，選擇替伏皇后等平反。《後漢紀》卷三十：

> 冬十一月丁卯，皇后伏氏廢，非上意也。曹操使人收后，后被髮徒跣而出。上謂御史大夫郗慮曰：「郗公，天下寧有是乎！」后見殺之日，后父完及宗族死者百有餘人。[78]

---

76 與司馬彪同期的陳壽明顯還是站在曹魏立場敘述這段歷史，《三國志．魏書．武帝紀》：「漢皇后伏氏坐昔與父故屯騎校尉完書，云帝以董承被誅怨恨公，辭甚醜惡，發聞，后廢黜死，兄弟皆伏法。」〔晉〕陳壽撰；〔宋〕裴松之注：《三國志》，頁四四。盧弼注引彭孫貽：「伏后之弒，古今未有。陳壽書法，強綴無義。明（曹）操之惡，憂帝之危，有何醜惡？不曰事泄，而曰發聞，誰發之？誰聞之？身實弒之，而曰廢黜，君黜后可也，臣豈可黜后邪！」〔晉〕陳壽撰；〔南朝宋〕裴松之注；盧弼集解；錢劍夫整理：《三國志集解》，頁一八〇。

77 《太平御覽》卷一三七引張璠《漢記》：「曹操入其二女于宮，〔為〕貴人，誣伏氏為亂，使御史大夫郗慮〔仗〕節收后。后被髮徒跣，走而執上手曰：『不能復相活耶！』上大驚，號哭曰：『我亦不知命在何時？』顧謂慮曰：『郗公，天下暴虐，豈有此乎！』左右莫不流涕，遂殺后也。」〔宋〕李昉編纂；夏劍欽校點：《太平御覽》，第二冊，頁三二六。

78 〔晉〕袁宏撰；周天遊校注：《後漢紀校注》，頁八五四。

字裡行間漢獻帝無力保護皇后的無奈感油然而現，一句「非上意也」則彰顯出曹操專權擅政的人物形象。而且，袁宏還直言伏皇后是「見殺」、是曹操殺害之，有別於司馬彪筆下的「憂死」。

范曄在《後漢書．皇后紀下．伏皇后傳》則相當完整的記載了伏皇后的入獄始末，雖然沒有同袁宏強調伏皇后之死是「見殺」而僅言「以幽崩」。但是在〈獻帝紀〉則言及：「曹操殺皇后伏氏，滅其族及二皇子。」[79]這場血腥殺戮在〈伏皇后傳〉：

董承女為貴人，（曹）操誅承而求貴人殺之。帝以貴人有妊，累為請，不能得。后自是懷懼，乃與父完書，言曹操殘逼之狀，令密圖之。完不敢發，至十九年，事乃露泄。操追大怒，遂逼帝廢后，假為策曰：「皇后壽，得由卑賤，登顯尊極，自處椒房，二紀于茲。既無任、姒徽音之美，又乏謹身養己之福，而陰懷妒害，苞藏禍心，弗可以承天命，奉祖宗。今使御史大夫郗慮持節策詔，其上皇后璽綬，退避中宮，遷于它館。嗚呼傷哉！自壽取之，未致于理，為幸多焉。」又以尚書令華歆為郗慮副，勒兵入宮收後。閉戶藏壁中，歆就牽后出。時帝在外殿，引慮於坐。后被髮徒跣行泣過訣曰：「不能復相活邪？」帝曰：「我亦不知命在何時！」顧謂慮曰：「郗公，天下寧有是邪？」遂將后下暴室，以幽

79 〔南朝宋〕范曄撰；〔唐〕李賢等注：《後漢書》，頁三八八。

崩。所生二皇子，皆鴆殺之。后在位二十年，兄弟及宗族死者百餘人，母盈等十九人徙涿郡。[80]

司馬彪撰史沒有同情弱勢的東漢帝后，反而奠基於曹操政權的立場扭曲該事。真正將伏皇后下暴室致死者係乃曹操，「奸書」云云不過是意圖擺脫權臣掌控的謀劃。從漢室立場檢視，伏皇后當然不能視作有過之人，「奸書」也可視作是漢臣忠於家國的表現。

再從一些司馬彪記載歷史事件的不完整處，更能確定其敘述伏皇后一事所以「黨魏」實非偶然。首先即是載錄建安十三年（二〇八）赤壁之戰的重點抉擇。《續漢書．五行志一》：

建安初，荊州童謠曰：「八九年閒始欲衰，至十三年無孑遺。」言自中興以來，荊州無破亂，及劉表為牧，〔民〕又豐樂，至此逮八九年。當始衰者，謂劉表妻當死，諸將並零落也。十三年無孑遺者，**言十三年表又當死，民當移詣冀州也**。[81]

80　同前註，頁四五三—四五四。

81　同前註，頁三二八五。按：今本《後漢書》之「志」的部分係屬司馬彪《續漢書》的內容，本書徵引司馬彪著述時皆在原文標舉其名，不於註腳另行標示。范曄、司馬彪兩書歷經分合而成為一書，在歷代正史中或可謂之絕無僅有，造成標署撰人等衍生問題的產生，可詳見羅炳良：〈范曄《後漢書》紀傳與司馬彪《續漢書》志分合考辨〉，《華中科技大學學報（社會科學版）》第一九卷第四期（二〇〇五年），頁一〇一—一〇七。

不僅未有消息簡略交代荊州在戰後（曹操敗戰後）的命運，亦僅言道「民當移詣冀州也」，彷彿荊州百姓全都於曹操管轄下而遷移[82]。最後再一睹司馬彪於《續漢書．五行志第五》的一條記載：「獻帝初平中，長沙有人姓桓氏，死，棺斂月餘，其母聞棺中聲，發之，遂生。占曰：『至陰為陽，下人為上。』其後曹公由庶士起。」[83]三國時期三方鼎峙，應該至少要交代有三位君王同時崛起，但是司馬彪卻認定從「庶士起者」必定是曹操。李景星曾對這條史料發出責難：「按此等稱謂，殊不相宜，當直稱『曹操』為是。」[84]可惜僅停留在稱謂問題。其實史家如是敘述，正說明自身僅知曹魏政權、並將之視作高於蜀漢、孫吳的存在。同樣事件於袁宏筆下，則見《後漢紀》卷二十六：「是歲，長沙、武陵人有死者，經月復活。占曰：『至陰為陽，下民為上。』將有自微賤而起者也。」[85]不似司馬彪指名道姓的認定「下民為上」者必是曹操，僅用「微賤」

82 王師文進已發現司馬彪記載赤壁之戰的內容，係屬於北方史家系統：「相較於《江表傳》或《吳書》的詳細記載，北方史書系統至今所留下對赤壁之戰的著墨明顯偏少，僅如魏國史官魚豢所載有關曹操南征前獲婁圭之策，平荊後得趙戩之賢，而西晉宗室司馬彪（二四三—三〇六）與隨晉室南渡的史官干寶，則皆紀錄著荊州必敗的謠讖，顯然北地系統的史料文獻，正轉移了對『赤壁之戰』的論述焦點，由過去的『疾疫』蔓延，轉變為描述劉表（？—二〇八）無能。」見氏：〈論「赤壁意象」的形成與流轉——「國事」、「史事」、「心事」、「故事」的四重奏〉，《成大中文學報》第二八期（二〇一〇年〇四月），頁一〇一。

83 〔南朝宋〕范曄撰；〔唐〕李賢等注：《後漢書》，頁三三四八。

84 《後漢書評議．五行志》。李景星著；韓兆琦、俞樟華校點：《四史評議》（湖南：岳麓書社，一九八六年十一月），頁三六四。

85 〔晉〕袁宏撰；周天遊校注：《後漢紀校注》，頁七五〇。

一詞，保留任何一方崛起的可能性。未必是曹操，也很可能是劉備。兩位史家敘述成果的差異，在在反映著各自的著述立場。

二、曹操廟號的使用與曹魏先祖的重視

司馬彪在《續漢書》偏黨曹魏的案例，還能從「太祖」一辭的使用見及。東漢斷代史著作中直稱曹操的廟號「太祖」是相當特別的，筆者搜索袁宏、范曄的著作皆未如是尊崇[86]。當然還需

86 袁宏《後漢紀》皆不稱曹操為「太祖」，最多稱「曹公」、「魏武」（見後文註），即使是曹魏稱帝後亦僅稱之為「魏帝」。稱「曹公」見《後漢紀》卷二九：「（荀）悅字仲豫，潁川人也。少有才理，兼綜儒史。是時曹公專政，天子端拱而已。」卷三十：「曹公將復肉刑，以眾議不同乃止。」稱「魏帝」見卷三十：「魏帝既受禪，問尚書陳羣曰：『朕應天順民，卿等以為何如？』」〔晉〕袁宏撰；周天遊校注：《後漢紀校注》，頁八二七、八三六、八六一。吳人《曹瞞傳》亦屢稱「太祖」，考量該書實盡詆毀曹操之能，或許該書稱「太祖」是一種書寫的手段，偶爾表面尊崇以示無所偏頗。但是另外一個解釋應該更適宜，即是裴松之隨著陳壽正文的敘述改稱，清代盧文弨（一七一七—一七九五）：「太祖之稱，非《曹瞞傳》本文如此。此傳作於吳人，直斥其小字，豈肯稱曰太祖？此與下稱公、稱王，皆裴注隨正文為稱耳。」〔晉〕陳壽撰〔南朝宋〕裴松之注；盧弼集解；錢劍夫整理：《三國志集解》，頁一六。清代章宗源：「語皆質直不為魏諱，故《世說注》、《文選注》所引皆稱操名，惟《魏志注》多稱太祖，自系裴松之所改，非吳人原本。」〔清〕章宗源撰：《隋書經籍志考證》，二十五史刊行委員會主編：《二十五史補編》（北京：中華書局，一九八九年七月），第四冊，頁五〇二九。《曹瞞傳》的輯佚，可參閱李興寧：《魏晉時期別傳研究》（臺北：花木蘭文化出版社，二〇〇六年九月（原高雄：高雄師範大學國文研究所博士論文，周虎林先生指導，二〇〇三年）），附錄：現存人物別傳輯佚，頁一八八—一九一；朱東潤：《八代傳敘文學述論》（上海：復旦大學出版社，二〇〇六年十一月），附錄第七《曹瞞

要注意到，《裴注》注史時常有隨正文改稱的情形，例如《三國志・魏書・武帝紀》注引謝承《後漢書》：

> （王）匡少與蔡邕善。其年為（董）卓軍所敗，走還泰山，收集勁勇得數千人，欲與張邈合。匡先殺執金吾胡毋班。班親屬不勝憤怒，與太祖并勢，共殺匡。[87]

謝承係屬孫吳臣民而於史籍中尊崇曹操作「太祖」，在三國時期信然是幾近於叛國的舉動。衡諸情理，必不為也。筆者檢視《裴注》，往往有將曹操稱作「太祖」的習慣，徵引裴松之自注的案例如下：「魏太祖雖機變無方，略不世出，安有以數千之兵，而得逾時相抗者哉？以理而言，竊謂不然。」[88]或見裴松之徵引的史料上，《三國志・魏書・劉表傳》：「劉備奔（劉）表，表厚待之，然不能用。建安十三年，太祖征表，未至，表病死。」[89]條下注引習鑿齒《漢晉春秋》載劉備勸劉表襲許都一事：

傳》，頁一九七—二〇二。

87 〔晉〕陳壽撰；〔宋〕裴松之注：《三國志》，頁六—七。

88 同前註，頁二〇。

89 同前註，頁二一三。

太祖之始征柳城，劉備說（劉）表使襲許，表不從。及太祖還，謂備曰：「不用君言，故失此大會也。」備曰：「今天下分裂，日尋干戈，事會之來，豈有終極乎？若能應之於後者，則此未足為恨也。」[90]

向來有「帝蜀」之稱的習鑿齒，竟然於史著《漢晉春秋》稱曹操為「太祖」[91]。情況還不只一例，又見《三國志．魏書．王朗傳》注引《漢晉春秋》：「建安三年，太祖表徵（王）朗，（孫）策遣之。太祖問曰：『孫策何以得至此邪？』」[92]《三國志．魏書．張魯傳》注引習鑿齒：「太祖之此封，可謂知賞罰之本，雖湯武居之，無以加也。」[93]還有《三國志．魏書．張繡

90 同前註。

91 習鑿齒、袁宏皆有稱曹操係「魏武」、曹丕係「魏文」者，前者例如《襄陽記》：「魏武雖以故舊待之……魏文作典論，以（蔡）瑁成之」〔東晉〕習鑿齒撰；黃惠賢校補：《校補襄陽耆舊記》（河南：中州古籍出版社，一九八七年三月），頁一三。後者則見《後漢紀》卷二十四：「初見魏武帝於凡庸之中」、卷二十三：「（陳）紀子羣，名重魏、晉。（魏）文帝嘗問羣……」〔晉〕袁宏撰；周天遊校注：《後漢紀校注》，頁六八〇、六五六。但是稱呼「太祖」的情況，除《三國志．魏書》徵引的習鑿齒《漢晉春秋》，則無其他案例。關於習鑿齒該書的輯佚整理，詳見〔清〕湯球、黃奭輯；喬治忠校注：《眾家編年體晉史》（天津：天津古籍出版社，一九八九年八月），頁一一八八。

92 〔晉〕陳壽撰；〔宋〕裴松之注：《三國志》，頁四〇八。

93 同前註，頁二六六。

傳》注引孫吳官方史籍韋昭（二〇四－二七三）《吳書》：

（張）繡降，用賈詡計，乞徙軍就高道，道由太祖屯中。繡又曰：「車少而重，乞得使兵各被甲。」太祖信繡，皆聽之。繡乃嚴兵入屯，掩太祖。太祖不備，故敗。[94]

《三國志．魏書．武帝紀》注引《吳書》：「太祖迎（曹）嵩，輜重百餘兩。陶謙遣都尉張闓將騎二百衛送，闓於泰山華、費間殺嵩，取財物，因奔淮南。太祖歸咎於陶謙，故伐之。」[95]韋昭《吳書》乃是官方史書，豈有尊稱敵國實際開國君王「廟號」的道理[96]。應該是裴松之或其助手抄錄原文時更動的成品[97]。裴松之在《三國志．蜀書．先主傳》重複徵引《漢晉春秋》記載劉備勸劉表襲許一事，就僅稱曹操為「曹公」[98]。《裴注》應是受到《三國志．魏書》屢稱曹操廟號

94 同前註，頁二六三。

95 同前註，頁一一。

96 徐冲就直逕認為：「稱曹操為『太祖』，顯係魏晉人所改。但尚無法判斷這段逸文是來自韋昭《吳書》中的《曹操傳》還是《陶謙傳》。」見氏：〈「開國群雄傳」小考〉，《中國中古史研究》編委會編：《中國中古史研究．第一卷：中國中古史青年學者聯誼會會刊》（北京：中華書局，二〇一一年二月），頁八五。

97 津田資久就發現裴松之徵引《魏略》時，有隨文改稱的情況。〔日〕津田資久：〈《三國志．曹植傳》再考〉，同前註，頁七五。

98 《漢晉春秋》：「曹公自柳城還，（劉）表謂（劉）備曰：『不用君言，故為失此大會。』備曰：『今天下分裂，

「太祖」的影響（陳壽僅在《三國志・魏書》稱曹操「太祖」，本書徵引諸例亦皆是《三國志・魏書》注引）。

倘若原本史料輯自《裴注》，則「太祖」一辭能否用來判斷魏晉時期史籍有否偏黨曹操是可以置疑的。雖然《裴注》共有兩例，先見《三國志・魏書・盧毓傳》注引《續漢書》：

> 太祖北征柳城，過涿郡，令告太守曰：「故北中郎將盧植，名著海內，學為儒宗，士之楷模，乃國之楨幹也。昔武王入殷，封商容之閭；鄭喪子產，而仲尼隕涕。孤到此州，嘉其餘風。《春秋》之義，賢者之後，有異於人。敬遣丞掾修墳墓，并致薄醊，以彰厥德。」植有四子，毓最小。[99]

《三國志・魏書・崔琰傳》注引《續漢書》：

> 太尉楊彪與袁術婚姻，術僭號，太祖與彪有隙，因是執彪，將殺焉。（孔）融聞之，不及

日尋干戈，事會之來，豈有終極乎？若能應之於後者，則此未足為恨也。』」〔晉〕陳壽撰；〔宋〕裴松之注：《三國志》，頁八七七。

[99] 同前註，頁六五〇—六五一。

朝服，往見太祖曰：「楊公累世清德，四葉重光，周書『父子兄弟，罪不相及』，況以袁氏之罪乎？易稱『積善餘慶』，但欺人耳。」太祖曰：「國家之意也。」融曰：「假使成王欲殺召公，則周公可得言不知邪？今天下纓緌搢紳之士所以瞻仰明公者，以明公聰明仁智，輔相漢朝，舉直措枉，致之雍熙耳。今橫殺無辜，則海內觀聽，誰不解體？孔融魯國男子，明日便當褰衣而去，不復朝矣。」太祖意解，遂理出彪。[100]

幸而李賢於《後漢書．楊震附玄孫脩傳》注引中，保留一條《續漢書》：「人有白（楊）脩與臨淄侯曹植飲醉共載，從司馬門出，謗訕鄢陵侯章。太祖聞之大怒，故遂收殺之，時年四十五矣。」[101]說明裴松之徵引《續漢書》的兩條史料，情況與謝承該書有可能不同，不一定是更動。檢視現今東漢斷代史佚文，另一位稱曹操為「太祖」史家則是張璠[102]。從「知人論世」切進，張璠既是晉室官員，情況或許同司馬彪也未可知。然而現存該書佚文較少，並無《裴注》之外的例

---

100 同前註，頁三七二。

101 〔南朝宋〕范曄撰；〔唐〕李賢等注：《後漢書》，頁一七九〇。

102 《三國志．魏書．荀攸傳》注引張璠《漢紀》：「（何）顒字伯求，少與郭泰、賈彪等遊學洛陽，泰等與同風好。顒顯名太學，於是中朝名臣太傅陳蕃、司隸李膺等皆深接之。及黨事起，顒亦名在其中，乃變名姓亡匿汝南間，所至皆交結其豪桀。顒既奇太祖而知荀彧，袁紹慕之，與為奔走之友。是時天下士大夫多遇黨難，顒常歲再三私入洛陽，從紹計議，為諸窮窘之士解釋患禍。而袁術亦豪俠，與紹爭名。顒未常造術，術深恨之。」〔晉〕陳壽撰；〔宋〕裴松之注：《三國志》，頁三二一。

證，只能暫且停住。但是，配合前文徵引其一條記載曹操才是天意眷顧者的史料，張璠顯係有親附曹魏之嫌，本章第四節論及孔融（一五三－二〇八）歷史圖像時還有一例足資說明。

司馬彪還有特載曹魏先祖一事，可以支持本節觀點，但還需要略作辨析較為保險。僅列舉〈武帝紀〉注引兩條《續漢書》如下：

（曹騰）在省闥三十餘年，歷事四帝，未嘗有過。好進達賢能，終無所毀傷。其所稱薦，若陳留虞放、邊韶、南陽延固、張溫、弘農張奐、潁川堂谿典等，皆致位公卿，而不伐其善。蜀郡太守因計吏修敬於騰，益州刺史种暠於函谷關搜得其牋，上太守，并奏騰內臣外交，所不當為，請免官治罪。帝曰：「牋自外來，騰書不出，非其罪也。」乃寢暠奏。騰不以介意，常稱歎暠，以為暠得事上之節。暠後為司徒，語人曰：「今日為公，乃曹常侍恩也。」騰之行事，皆此類也。桓帝即位，以騰先帝舊臣，忠孝彰著，封費亭侯，加位特進。**太和三年，追尊騰曰高皇帝。**[103]

103 同前註，頁一一二。

嵩字巨高。質性敦慎，所在忠孝。為司隸校尉，靈帝擢拜大司農、大鴻臚，代崔烈為太尉。**黃初元年，追尊嵩曰太皇帝**。[104]

「太和三年，追尊騰曰高皇帝。」「黃初元年，追尊嵩曰太皇帝。」結尾處若非相當心許曹魏政權，應不會於東漢斷代史特別載錄之；然而，考量裴松之徵引史料的情況，筆者如是詮釋尚待商榷。

《裴注》徵引之史料往往首尾俱足，依然偶有特殊狀況存焉。僅舉一次前賢已經注意到的案例說明問題，《三國志・吳書・顧雍傳》注引韋昭《吳書》：

（顧）悌雖以公議自割，猶以不見父喪，常畫壁作棺柩象，設神座於下，每對之哭泣，服未闋而卒。悌四子：彥、禮、謙、祕。祕，晉交州刺史。祕子眾，尚書僕射。[105]

104 同前註，頁二。
105 同前註，頁一二二八—一二二九。

唐燮軍：「但『悌四子』之後的這段內容，既非韋曜《吳書》所能記載，也并非薛瑩（？－二八二）所能知悉，當是裴松之作注時的補充說明。」[106]《裴注》往往有憑藉己意裁度、補充的情況，運用《裴注》時需要時時警惕到史注畢竟是抄錄原書的成果，需要重視抄錄者這一環節。那麼，裴松之有需要補充「太和三年，追尊騰曰高皇帝」、「黃初元年，追尊嵩曰太皇帝」這兩句嗎？〈武帝紀〉已經有：「桓帝世，曹騰為中常侍大長秋，封費亭侯。養子嵩嗣，官至太尉，莫能審其生出本末。嵩生太祖。」[107]配合〈文帝紀〉：「（黃初元年）追尊皇祖太王曰太皇帝，考武王曰武皇帝，尊王太后曰皇太后。」[108]〈明帝紀〉：「（太和三年）追尊高祖大長秋曰高皇帝，夫人吳氏曰高皇后。」[109]則曹魏官方追封曹騰、曹嵩等等事蹟，陳壽其實都有保存於《三國志》中；既然陳壽沒有省略這些事宜，那麼裴松之有意於史料末處補充的機率其實並不高。抽絲剝繭後，基本可以判定《續漢書》確實是本較親附曹魏政權的著作；與司馬彪自己在《九州春秋》、《戰略》等書中貶抑蜀漢、孫吳英雄人物的態度類似。

106 唐燮軍：《魏晉南北朝史學探微》（華東師範大學博士學位論文，王東先生指導，二〇〇八年五月），頁一〇。
107 〔晉〕陳壽撰；〔宋〕裴松之注：《三國志》，頁一。
108 同前註，頁七六。
109 同前註，頁九六。

第四節　孔融事蹟的詆毀與釐清

一、袁宏、范曄的正面型塑與三國史家的負面敘述

袁宏於《後漢紀》卷三十處，耗費相當筆墨記載孔融的正面事蹟，與諸葛亮在該卷皆佔據一定篇幅[110]；如是重視孔融，應與孔融頗多扶漢、抗曹的具體作為相關[111]。往後范曄回顧完魏晉間的資料後，書寫《後漢書》的孔融歷史圖像基本則承續著袁宏的著述傾向，張師蓓蓓：

> 主要將孔融刻劃為剛直守正的大臣，所謂「每朝會訪對，融輒引正定議，公卿大夫皆隸名而已」。傳中並載其多篇奏對之辭。尤值得注意者，范曄又特別強調孔融之見殺與其鮮明

110 筆者在探討王隱筆下的諸葛亮時已經發現這一現象，現在進一步展開進行討論，詳見拙著：〈東晉王隱的諸葛亮歷史圖像〉，《有鳳初鳴年刊》第八期（二〇一二年七月），頁四二七。

111 宋人李綱（一〇八三—一一四〇）：「使（孔）融不死，（曹）操內有所憚，其敢圖九錫、建魏國，而其後卒移漢祚乎？……若融者，真所謂乃心漢室，以身死之而不與曹氏者也。」〔宋〕李綱撰：〈論孔文舉〉，《梁谿集》（臺北：臺灣商務印書館，一九八三年，景印文淵閣四庫全書據國立故宮博物院藏本影印），頁六五四。

的反曹立場有關，所謂「操疑其所論建漸廣，益憚之，潛忌正議，慮鯁大業」。因此曹操終令路粹「枉狀」奏殺孔融。傳末盛贊孔融忠直隕身，可比質於「琨玉秋霜」云。[112]

孔融不惜用生命捍衛社稷的忠臣形象，自然容易得到屢屢「表揚節義」[113]的范曄青睞。范曄筆下的孔融乃是一位骨鯁的漢室忠臣[114]，然而該位歷史人物形象之塑成，或者說是較回歸到歷史真實的孔融，實是范曄過濾了諸多持曹魏官方立場的毀謗言語、負面敘述之成果。

包括原本即視曹魏為無可撼動正統者的魚豢、東晉史家孫盛，甚至陳壽《三國志》皆可以察見「曲筆」的情形。就東漢斷代史聞名的史家，例如張璠、司馬彪等亦有較親附曹魏的敘述。只不過司馬彪的情況較特別，現存《續漢書》佚文已多記載孔融正面事蹟，沒有察見詆毀的痕跡，頗有袁、范兩位史家的先聲之感。然而司馬彪在企圖摧毀諸葛亮「三顧茅廬」的《九州春秋》一書，卻不惜長篇負面敘述孔融在治理郡國時的種種負面事蹟。後文即一一舉證疏解本段的概述。

---

112 見氏：〈孔融新論〉，《魏晉學術人物新研》，頁一。張氏該文應是研究孔融的經典作品，筆者探討時屢屢參考之。近來的研究概況，林伯謙的成果亦相當值得參閱，見氏：〈孔融〈薦彌衡表〉與〈論盛孝章書〉〉，《東吳中文學報》第一二期（二〇〇六年五月），頁一—三八。

113 《後漢書．孔融傳》注引清代王先謙（一八四二—一九一七）自注。〔南朝宋〕范曄撰；〔唐〕李賢等注；〔清〕王先謙集解：《後漢書集解》（北京：中華書局，二〇〇六年十月，一九一五年虛受堂刊本影印出版），冊下，頁八〇〇。

114 見氏：《魏晉學術人物新研》，頁三。

「黨魏」之心顯著的魚豢，可謂敵意甚深，《魏略》：「曹操為司空，威德日盛，（孔）融故**以舊意書疏倨傲**，（脂）習常**責融令改節**，融不從之。」[115]魚豢記載脂習要孔融「改節」，意思就是預設孔融原本的作為應受「責備」[116]；而且還記載「以舊意書疏倨傲」，具體落實罪狀。《三國志》記載孔融時之「曲筆」[117]情況，則見《三國志．魏書．崔琰紀》：「初，太祖性忌，有所不堪者，魯國孔融、南陽許攸、婁圭，皆以**恃舊不虔**見誅。而（崔）琰最為世所痛惜，至今寃之。」[118]但是陳壽畢竟是三國史的權威史家，避免採用魚豢如是偏頗的論述，僅僅選擇使用

115 《後漢書．孔融傳》注引。〔南朝宋〕范曄撰；〔唐〕李賢等注：《後漢書》，頁二二七九。

116 有趣的是，較《魏略》略早的王沈《魏書》則記載曹操曾經保護過孔融。這件事情或許有它的真實性存焉。但也容易讓人聯想到，這可能是官方史家藉之減輕曹操後來專擅誅殺孔融的罪過，型塑其愛賢、護賢的形象。《三國志．魏書．武帝紀》注引《魏書》：「袁紹宿與故太尉楊彪、大長秋梁紹、少府孔融有隙，欲使公以他過誅之。公曰：『當今天下土崩瓦解，雄豪並起，輔相君長，人懷怏怏，各有自為之心，此上下相疑之秋也，雖以無嫌待之，猶懼未信；如有所除，則誰不自危？且夫起布衣，在塵垢之間，為庸人之所陵陷，可勝怨乎！高祖赦雍齒之讎而羣情以安，如何忘之？』紹以為公外託公義，內實離異，深懷怨望。」裴松之則言：「臣松之以為楊彪亦曾為魏武所困，幾至于死，孔融竟不免于誅滅，豈所謂先行其言而後從之哉！非知之難，其在行之，信矣。」〔晉〕陳壽撰；〔宋〕裴松之注：《三國志》，頁一六—一七。裴氏對曹操前後之不一發表「知易行難」的感慨，殊不知有可能已經陷入官方史家的史觀陷阱。

117 劉咸炘：「『恃舊』云云，亦是曲筆，（崔）琰、（孔）融皆以眾望所歸被忌，（許）攸、（婁）圭則以智計被忌，皆非以恃舊。」劉咸炘著；黃曙輝編校：〈《三國志》知意〉，《劉咸炘學術論集（史學編）》（桂林：廣西師範大學出版社，二〇〇七年七月），冊下，頁三三八。

118 〔晉〕陳壽撰；〔宋〕裴松之注：《三國志》，頁三七〇—三七三。

「恃舊不虔」四個字簡略帶過而已。范曄在《後漢書・孔融傳》則秉筆直書：

> 初，京兆人脂習元升，與（孔）融相善，**每戒融剛直**。及被害，許下莫敢收者，習往撫尸曰：「文舉舍我死，吾何用生為？」操聞大怒，將收習殺之，後得赦出。[119]

范曄明曉孔融故意處處與當權者作對的用意，目的是要抗議曹操專擅。選擇不採用魚豢所謂「責」孔融「改節」云云的說辭，調整成「戒」孔融「剛直」，型塑孔融執義不屈的剛正性格。

即使時間推移至東晉時期，孫盛在《魏氏春秋》還是承續著魚豢等史家的貶抑敘述方式。該書書名既然標舉「魏」[120]，著述立場若偏向曹魏是不足為奇的：

119 〔南朝宋〕范曄撰；〔唐〕李賢等注：《後漢書》，頁二二七九。

120 有些史籍言孫盛撰有《三國春秋》，《太平御覽》卷二百三十三引劉宋何法盛《晉中興書》：「孫盛字安國，為秘書監，篤尚好學。自少及長，常手不釋卷。既居史官，乃著《三國陽秋》。」〔宋〕李昉編纂；夏劍欽校點：《太平御覽》，第三冊，頁二二五—二二六；或者是張騭《文士傳》：「（孫盛）既居史官，乃著《三國陽秋》。」見周勛初：〈張騭《文士傳》輯本〉，《魏晉南北朝文學論叢》（南京：江蘇古籍出版社，一九九九年十一月），頁一二〇。該書應是後人據《魏氏春秋》的內容、斷限改稱，《文士傳》成於晉末宋初而距離孫盛亡故未遠，錯誤的發生緣由未詳。江美華、吳心怡皆曾嘗試羅列孫盛的全部著作，亦不見《三國陽秋》一書。見氏：《東晉的儒學》（臺北：五南圖書，二〇〇二年），頁一三六—一三七；見氏：《魏晉太原孫氏的家學與家風》（臺南：國立成功大學中國文學研究所碩士論文，江建俊先生指導，二〇〇三年六月），頁八四—八五。

> 袁紹之敗也，（孔）融與太祖書曰：「武王伐紂，以妲己賜周公。」太祖以融學博，謂書傳所紀。後見，問之，對曰：「以今度之，想其當然耳！」十三年，融對孫權使，有訕謗之言，坐棄市。二子年八歲，時方弈棋，融被收，端坐不起。左右曰：「而父見執，不起何也？」二子曰：「安有巢毀而卵不破者乎！」遂俱見殺。融有高名清才，世多哀之。太祖懼遠近之議也，乃令曰：「太中大夫孔融既伏其罪矣，然世人多採其虛名，少於核實，見融浮豔，好作變異，眩其誑詐，不復察其亂俗也。此州人說平原禰衡受傳融論，以為父母與人無親，譬若缻器，寄盛其中，又言若遭饑饉，而父不肖，寧贍活餘人。融違天反道，敗倫亂理，雖肆市朝，猶恨其晚。更以此事列上，宣示諸軍將校掾屬，皆使聞見。」[121]

記載孔融遭到曹操處死的緣故，乃是建安十三年（二〇八）曾對孫權派遣的使者有過「訕謗」[122]言語。顯係又將孔融之死歸於罪有應得。

121 《三國志．魏書．崔琰傳》注引。〔晉〕陳壽撰；〔宋〕裴松之注：《三國志》，頁三七二—三七三。

122 孔融之死的歧異說法，尚有「惑眾」之異聞。《世說新語．言語篇》第五條注引西晉郭頒《魏晉世語》亦載：「魏太祖以歲儉禁酒，（孔）融謂酒以成禮，不宜禁。由是惑眾，太祖收寘法焉。」〔南朝宋〕劉義慶編；〔南朝梁〕劉孝標注；余嘉錫撰；周祖謨，余淑宜整理：《世說新語箋疏》（臺北：華正書局，二〇〇三年十一月），頁五八。

范曄運用史料上則比起孫盛更嚴謹，避免將源自曹魏官方文宣的說辭視作事實：

> **曹操既積嫌忌，而郗慮復構成其罪，遂令丞相軍謀祭酒路粹枉狀奏（孔）融曰：**「少府孔融，昔在北海，見王室不靜，而招合徒眾，欲規不軌，云『我大聖之後，而見滅於宋，有天下者，何必卯金刀』。**及與孫權使語，謗訕朝廷。**又融為九列，不遵朝儀，禿巾微行，唐突宮掖。又前與白衣禰衡跌蕩放言，云『父之於子，當有何親？論其本意，實為情欲發耳。子之於母，亦復奚為？譬如寄物缻中，出則離矣』。既而與衡更相贊揚。衡謂融曰：『仲尼不死。』融荅曰：『顏回復生。』大逆不道，宜極重誅。」書奏，下獄棄市。時年五十六。妻子皆被誅。[123]

范曄開頭明言曹操殺孔融係因「既積嫌忌」，然後郗慮「構成其罪」。還直接表示路粹按照曹操意圖撰寫的奏表是「枉奏」，即是篇羅織罪狀予孔融的文章。即使不論孔融提出的「父母與人無親」、「若遭饑饉，而父不肖，寧贍活餘人」等言論，縱然屬實亦有其面對生靈塗炭時局的現實關懷[124]。這些罪狀皆非一時之言，倘若真係足以致死，又何必遲至今日？甚至禍及妻子！曹魏官

---

123 〔南朝宋〕范曄撰；〔唐〕李賢等注：《後漢書》，頁二二七八。

124 漢末頗多受到蹂躪、或者為了求生放棄自己貞操之婦女。如是出生的不幸兒，不僅非母親之意志，又未必能得到母

方文宣頗多宣揚孔融毀壞名教的事跡，然而曹操本人正是漢末時期破壞名教最著名者，豈是真心真意地挺身維護之。箇中奧義正如張師蓓蓓：「無論是『性忌不堪』或是『政治迫害』，下手者豈能明著其事？都是另找正大光明的理由以行誅除之實。」[125]《魏氏春秋》記載「融對孫權使，有訕謗之言」的說法，正是源自曹操及其黨羽建構的罪狀。孫盛將該令之內容直接視作信史採錄而有別於范曄交代出處，表現出史家個人對曹魏官方的維護與信服心理[126]。

二、張璠「不識時務」的論斷與司馬彪《九州春秋》的敘述偏向

魚豢敘述孔融之死係咎由自取，范曄敘述孔融之死是殺身成仁；陳壽不欲於該處停留，選擇於北方地域時論的詮釋傾向下輕筆帶過。張璠則於其著作《漢紀》中，保留負面書寫孔融作為的敘述：

親真誠的喜愛，甚至於早被拋棄。而且更嚴重的是，父親究竟又意味著什麼？也是一個大問題。孔融乃是一代至性碩儒，當其面對動亂時局下倍受苦難的生民百姓，自然容易會從新檢視信奉的儒教立場、審視亂世中痛苦煎熬的人性，尋找新的倫理之路。詳見〔日〕岡村繁著；陸曉光譯：《漢魏六朝的思想和文學》（上海：上海古籍出版社，二〇〇九年五月），第二章〈孝道與情欲——論孔融的儒教觀〉，頁一九－四〇。

125 見氏：〈孔融新論〉，頁一〇。

126 劉咸炘：「范氏載（路）粹奏而不直書，蓋以其不足信也。後人竟據為實，不善讀史矣。」劉咸炘著；黃曙輝編校：〈《後漢書》知意〉，《劉咸炘學術論集（史學編）》，冊上，頁二八七。

（孔）融在郡八年，僅以身免。帝初都許，融以為宜略依舊制，定王畿，正司隸所部為千里之封，乃引公卿上書言其義。是時天下草創，曹、袁之權未分，融所建明，不識時務。又天性氣爽，頗推平生之意，**狎侮太祖**。太祖制酒禁，而融書啁之曰：「天有酒旗之星，地列酒泉之郡，人有旨酒之德，故堯不飲千鍾，無以成其聖。且桀紂以色亡國，今令不禁婚姻也。」太祖外雖寬容，而內不能平。御史大夫郗慮知旨，以法免融官。歲餘，拜太中大夫。雖居家失勢，而賓客日滿其門，愛才樂酒，常歎曰：「坐上客常滿，樽中酒不空，吾無憂矣。」虎賁士有貌似蔡邕者，融每酒酣，輒引與同坐，曰：「雖無老成人，尚有典刑。」其好士如此。[127]

交代孔融平日有「狎侮太祖」的行跡，論調與魚豢、陳壽基本一致，當見西晉史界的確存在著負面敘述孔融沮挫曹操作為的案例。孔融「狎侮太祖」一事，其實是可以正面表揚的，因為這是要裁抑「雄詐漸著」的權臣曹操，范曄《後漢書》：「時年飢兵興，（曹）操表制酒禁，（孔）融頻書爭之，多侮慢之辭。既見操雄詐漸著，數不能堪，故發辭偏宕，多致乖忤。」[128]漢臣孔融刻意處處與曹操針鋒相對，當然是親附曹魏立場的史家較難以接受的。

127 《三國志．魏書．崔琰傳》注引。〔晉〕陳壽撰；〔宋〕裴松之注：《三國志》，頁三七二。
128 〔南朝宋〕范曄撰；〔唐〕李賢等注：《後漢書》，頁二二七二。

前段徵引張璠的記載，甚至還指稱孔融「略依舊制，定王畿，正司隸所部為千里之封」的復古王畿之論是「不識時務」。然而該次建議恐怕不能算是「不識時務」。孔融該次建議的原因，與曹操成功佔領鄴城後自領冀州牧一事息息相關，《三國志．魏書．荀彧傳》：「（建安）九年，太祖拔鄴，領冀州牧。或說太祖『宜復古置九州，則冀州所制者廣大，天下服矣。』太祖將從之。」[129]張師蓓蓓敏銳地洞見張璠記載的箇中問題：

孔融作此主張那裡只是墨守古義不識時務？他正是故意要與曹操作梗，使曹操復古九州之議無法得逞。據袁宏《後漢紀》，孔融上奏復古王畿是在建安九月九月。其前一月，曹操方拔鄴城，新領冀州牧。當時即有媚曹者倡議復古九州之制……原來斯時曹操正想藉口復古九州來擴權，所以孔融才會突然倡議復古九畿之王畿千里來挫沮之。可見孔融非但不為「不識時務」，只恐已太過明察幾微了。[130]

129 〔晉〕陳壽撰；〔宋〕裴松之注：《三國志》，頁三一五。
130 見氏：〈孔融新論〉，頁七一八。

張璠敘述「不識時務」之論斷，顯然是無法肯定孔融於漢末時期屢屢對抗曹操的勇氣。固然一些論者從「明哲保身」的角度非議之，例如清代周士儀：「獨取快舌鋒、發詞偏宕，不守言孫之戒，取尤于文字之間。遂致乖忤，禍逮傾巢。固志士所同悲，亦明哲之所惜也。」[131]但是從反抗曹魏、扶持漢室的要求檢視，孔融實是忠臣義士，誠如明代朱長祚：「孔融高志，正氣以抗曹瞞，雖為所殺，使操之世睥睨漢家神器不敢動。何哉？忠臣義士有以斬奸雄之心而奪其氣也。」[132]孔融等少數漢臣的激進或消極抵抗，相信或多或少延緩了曹魏篡漢的發展歷程。

行文至此，尚有位史家未曾提及，即撰寫《續漢書》的司馬彪。現存《續漢書》佚文沒有負面型塑孔融的痕跡，但是另一部著作《九州春秋》則反之：

> （孔）融在北海，自以智能優贍，溢才命世，當時豪俊皆不能及。亦自許大志，且欲舉軍曜甲，與群賢要功，自於海岱結殖根本，不肯碌碌如平居郡守，事方伯、赴期會而已。然其所任用，好奇取異，皆輕剽之才。至于稽古之士，謬為恭敬，禮之雖備，不與論國事也。高密鄭玄，稱之鄭公，執子孫禮。及高談教令，盈溢官曹，辭氣溫雅，可玩而誦。

131 〔清〕周士儀撰：《史貫》（北京：北京出版社，二〇〇〇年，四庫禁毀書叢刊影印清康熙十七年自刻本），頁六四四。

132 〔明〕朱長祚撰；仇正偉點校：《玉鏡新譚》（北京：中華書局，一九九七年十一月），卷五，頁七四。

論事考實，難可悉行。但能張磔網羅，其自理甚疏。租賦少稽，一朝殺五部督郵。姦民污吏，猾亂朝市，亦不能治。幽州精兵亂，至徐州，卒到城下，舉國皆恐。融直出說之，令無異志。遂與別校謀夜覆幽州，幽州軍敗，悉有其眾。無幾時，還復叛亡。黃巾將至，融大飲醇酒，躬自上馬，禦之淶水之上。寇令上部與融相拒，兩翼徑涉水，直到所治城。城潰，融不得入，轉至南縣，左右稍叛。連年傾覆，事無所濟，遂不能保鄣四境，棄郡而去。後徙徐州，以北海相自還領青州刺史，治郡北陲。欲附山東，外接遼東，得戎馬之利，建樹根本，孤立一隅，不與共也。于時曹（操）、袁（紹）、公孫（瓚）共相首尾，戰士不滿數百，穀不至萬斛。王子法、劉孔慈凶辯小才，信為腹心。左丞祖、劉義遜清儁之士，備在坐席而已，言此民望，不可失也。丞祖勸融自託彊國，融不聽而殺之。義遜棄去。遂為袁譚所攻，自春至夏，城小寇眾，流矢雨集。然融憑几安坐，讀書論議自若。城壞眾亡，身奔山東，室家為譚所虜。[133]

133 〔晉〕陳壽撰；〔宋〕裴松之注：《三國志》，頁三七一—三七二。

這段記載中的主人翁當謂是自誇自詡卻毫無實幹、貪慕虛名且剛愎自用，甚至殺害忠賢擢用小人。可說是塑造孔融負面人物形象相當經典的一段史料。司馬彪另一著作《續漢書》尚不見如是佚文，或者是原文散失，或者是史家於不同著作中意識型態的發用強弱有別。

袁宏不聽信《九州春秋》的意見，范曄則似乎洞見了《九州春秋》的說法箇中可能有問題存焉，僅僅採納一部份史料：

後辟司空掾，拜中軍候。在職三日，遷虎賁中郎將。會董卓廢立，融每因對荅，輒有匡正之言。以忤卓旨，轉為議郎。時黃巾寇數州，而北海最為賊衝，卓乃諷三府同舉融為北海相。融到郡，收合士民，起兵講武，馳檄飛翰，引謀州郡。賊張饒等群輩二十萬眾從冀州還，融逆擊，為饒所敗，乃收散兵保朱虛縣。稍復鳩集吏民為黃巾所誤者男女四萬餘人，更置城邑，立學校，表顯儒術，薦舉賢良鄭玄、彭璆、邴原等。郡人甄子然、臨孝存知名早卒，融恨不及之，乃命配食縣社。其餘雖一介之善，莫不加禮焉。郡人無後及四方游士有死亡者，皆為棺具而斂葬之。時黃巾復來侵暴，融乃出屯都昌，為賊管亥所圍。融逼急，乃遣東萊太史慈求救於平原相劉備。備驚曰：「孔北海乃復知天下有劉備邪？」即遣兵三千救之，賊乃散走。時袁、曹方盛，而融無所協附。左丞祖者，稱有意謀，勸融有所結納。融知紹、操終圖漢室，不欲與同，故怒而殺之。融負其高氣，志在靖難，而才疏意廣，迄無成功。在郡六年，劉備表領青州刺史。建安元年，為袁譚所攻，自春至夏，戰士所餘裁數百人，流矢雨集，戈矛內接。融隱几讀書自若。城夜陷，乃奔東山，妻子為譚所虜。[134]

范曄基本還是認為孔融在亂世治理郡國時的實際才幹不足，言之「才疏意廣，迄無成功」，但是已盡皆刪除《九州春秋》羅列的諸項罪惡。尤其記載孔融殺左丞祖一事上，更可以見及兩位史家著述心態的差異。范曄交代孔融欲殺左丞祖，乃是洞曉無論是袁紹（？－二〇二）或者是曹操，皆非漢室純臣、終有貪圖漢室帝座之心，相當不滿左丞祖謀勸孔融結納強權（應是曹操），是故怒而殺之。司馬彪則僅言：「左丞祖、劉義遜清雋之士，備在坐席而已，言此民望，不可失也。丞祖勸融自託彊國，融不聽而殺之。義遜棄去。」沒有交代孔融拒絕結納曹、袁的心曲，而是將孔融型塑成為一位殺害賢良的剛愎自用者。司馬彪敘述時言「遂為袁譚所攻」，與范曄「建

134 〔南朝宋〕范曄撰；〔唐〕李賢等注：《後漢書》，頁二二六三－二二六四。另外，《三國志．魏書．邴原傳》注引《（邴）原別傳》，頗有貶抑孔融的跡象。〔晉〕陳壽撰；〔宋〕裴松之注：《三國志》，頁三五一－三五三。該書既是別傳，應是貶低孔融以襯托傳主，逯耀東分析魏晉別傳作者與傳主的關係後：「作者與傳主的關係，多因為血緣或姻戚的關係，而互相立傳。」見氏：〈魏晉別傳的時代性格〉，《魏晉史學的思想與社會基礎》（臺北：東大圖書股份有限公司，二〇〇〇年二月），頁一二二。何義門早已指出別傳難免有「家傳掠美」、「子孫溢美之言」的弊病。〔清〕何焯著；崔高維點校：《義門讀書記》（北京：中華書局，二〇〇六年六月），頁四六四。

安元年，為袁譚所攻」相較下，前者一個「遂」字的運用，表明孔融被袁譚（？－二〇五）攻擊係屬未能即時聽從諫言依附曹操的「現世報」，沒有言及孔融很可能已經洞悉袁、曹皆非忠心漢室者一事。

第四章　袁宏《後漢紀》的人心猶思漢論證與扶漢表彰

第一節　《後漢紀》與「三國正統觀」

一、袁宏的名教觀與後世對其「帝蜀」貢獻的漠視

三國時期是中國歷史上「爭正統」意識強化的重要時期，曹魏（二二〇—二六五）、蜀漢（二二一—二六三）、孫吳（二二九—二八〇）政權都企圖吞併對方、總括九州[1]，無不宣揚自己為正統王朝。前後超過六十餘年的紛爭，伴隨著紹承曹魏政權正統地位的西晉（二六五—三一六）王朝一統天下，確定了曹魏政權取得歷史詮釋權上的相對優勢。但是經歷往後西晉時期的短

1 秦永洲：「以『擁正統』為特徵的正統觀念，使統一願望和要求遲遲不在各諸侯國中產生，即正統觀念阻礙了春秋戰國統一意識的產生。三國時期恰恰相反，『爭正統』的意識極大地強化、激勵了國家統一意識。它使各個政治集團都認識到，只有總括九州，威加海內才是真正的華夏正統，國家統一始終成為他們的歷史責任和心理壓力。」見氏：〈三國時期正統觀念簡論〉，《山東師大學報（社會科學版）》第六期（一九九九年），頁四〇。

暫統一與帝國崩解，情況開始有所轉變。

東晉（三一七－四二〇）前期君弱臣強的政局，迫使知識份子省思當下王朝的處境。經歷一段時間醞釀後，更動「三國正統觀」的條件就約於永和年間（三四五－三五六），隨著桓溫（三一二－三七三）崛起而逐步成熟，張師蓓蓓：

《晉書》卷八二所記晉代史家共十二人，時值東晉的有八人，其中年世與袁宏近接的有孫盛、習鑿齒、干寶、鄧粲等四五人，尚不包括其堂姪袁山松在內。這些史家，無論作晉史或不作晉史，似乎多少都面臨著一種壓力——來自權臣桓溫的政治壓力。……桓溫自穆帝永和十年（三五四）後大權在握幾二十年，覬覦神器幾已可謂「司馬昭之心路人所知」，希望這些史家全無反應，幾乎是不可能的事情。[2]

袁宏（三二八－三七六）、習鑿齒（？－三八四？）等史家雖然皆曾仕宦於人才濟濟的桓溫幕下，但是在政治態度方面則明顯傾向於東晉朝廷。往往於史籍中或是直接敘述對桓溫不利的史

2 見氏：〈袁宏新論〉，《魏晉學術人物新研》（臺北：大安出版社，二〇〇一年十二月），頁一八五－一八七。金毓黻直接認定袁宏《後漢紀》作于東晉康帝（三四二－三四四）之世，但是其據未詳，見氏：《中國史學史》（北京：商務印書館，二〇一〇年十二月），頁七七。

料、或是成果上讓人有影射之感。著作中可以察見權臣擅權這一艱困時局，對史家心靈的影響[3]。

袁宏在《後漢紀》之中屢屢從名教觀切入，評價歷史人物、歷史事件，並在該書東漢（二五－二二〇）初平二年（一九一）簡要說明過該概念：

> 夫君臣父子，名教之本也。然則名教之作，何為者也？蓋準天地之性，求之自然之理，擬議以制其名，因循以弘其教，辯物成器，以通天下之務者也。[4]

張師蓓蓓依照袁宏這段論述，闡釋名教概念甚切，拆解而釋「名」：「君臣父子之『名』，乃根據天地自然的性理而擬議出的」[5]，釋「教」：「父慈子孝、君惠臣忠之『教』，自然也是依循天地自然的性理以及君臣父子的名分而弘演出來的。」[6]兩字併觀，所謂名教即是：「以君臣父

---

3 運用儒家綱常直接、間接批判桓溫之所以奏效，與桓溫始終無法跨越道德觀念的屏障有關，詳見陳明：《中古士族現象研究：儒學的歷史文化功能初探》（臺北：文津出版社，一九九四年三月），第四章〈桓溫的性格與命運〉，頁一七八－二〇〇。

4 〔晉〕袁宏撰；周天遊校注：《後漢紀校注》（天津：天津古籍出版社，一九八七年十二月），頁七四三。

5 見氏：〈「名教」探義〉，《中古學術論略》（臺北：大安出版社，一九九一年五月），頁三〇。

6 同前註。

子的名分為教，也就是順乎天理人情、義無可疑的人生大道。」[7]既視君臣關係屬無可置疑的人生之道，如同「天理」般的存在。自然容易厭惡起始發跡為人臣，最終權勢滔天至踰越人臣本份的曹魏君王，而易於青睞試圖復興漢室的劉備（一六一－二二三）、諸葛亮（一八一－二三四）君臣。是故《後漢紀》全書之末有一項相當醒目的特殊安排，學者往往因之認定史家視蜀漢作正統王朝。該書卷三十，袁宏先是敘述「庚午，魏王即皇帝位，改年曰黃初」[8]，紀錄下曹魏政權成立後，並於全書結尾特載劉備稱帝一事：「明年，劉備自立為天子。」[9]僅僅交代蜀漢政權的成立，刻意忽略江東孫氏的存在。該安排頗有餘音之妙。應還可解釋成是要交代曹魏篡漢時還有意欲復興漢室的政權存在，成為強調人心猶思漢該類判斷的佐證之一。

檢視現今學者的相關成果，無論是單獨探討袁宏史學，抑或者置諸史學史著作中研究，大部份皆能正視袁宏的用心。然而檢視古代學者論及東晉時期「三國正統觀」的嘗試扭轉者時，往往僅著眼於習鑿齒，對同期史家袁宏苦心造詣的《後漢紀》一書通常置若罔聞。原因何在？是今人與古人理解有誤差？還是今人誤讀了該書？本段即先行交代該現象，後文進一步爬梳相關資料，嘗試說明之。例如元代（一二七一－一三六八）蘇天爵（一二九四－一三五二）就提出「始則

7 同前註。
8 〔晉〕袁宏撰；周天遊校注：《後漢紀校注》，頁八六一。
9 同前註，頁八六四。

『一』習鑿齒」的說法：

> 陳壽以其父獲罪于蜀，故史以魏為正。滎陽太守習鑿齒作《漢晉春秋》以正其失。宋氏南渡，執政大臣忘讐忍辱，竊祿苟安，一時儒者忠義感激，痛憤怨疾，既不果用，思見于言，此蜀漢統緒所由正也。……夫由漢昭烈至于國朝蓋千餘年，始則一習鑿齒，次則宋南渡諸公，卒至郝公，始克成之，則知天理之在人心，萬世不可泯也。[10]

明代（一三六八－一六四四）葉向高（一五五九－一六二七）：「襄陽、滎陽後先矯正，於是魏氏父子詘，而所謂漢統帝號、神明之祚者，舉而歸之。」[11]宋濂（一三一〇－一三八一）：「三國之後，言推蜀繼漢者，習鑿齒一人耳。」[12]清代（一六四四－一九一一）編輯過《諸葛忠武侯文集》的張澍（一七七六－一八四七）在〈答客問〉：「宋蕭常祖習鑿齒之說，改修《三國

---

10 （元）蘇天爵著；陳高華，孟繁清點校：〈題孫季昭上周益公請改修三國志書稿〉，《滋溪文稿》（北京：中華書局，二〇〇七年十一月），頁四八八。

11 （明）葉向高撰：〈《季漢書》敘〉，轉引自饒宗頤：《中國史學上之正統論》（上海：上海遠東出版社，一九九六年八月），頁三二八。

12 （明）宋濂撰：《潛溪邃言》（臺北：藝文印書館，一九六七年，百部叢書集成據明隆慶王文祿輯刊百陵學山本影印），葉一上。

志》，為《續後漢書》十卷，以帝蜀黜魏。」[13]四庫館臣則言：「（《三國志》）其書以魏為正統。至習鑿齒作《漢晉春秋》。始立異議。自朱子以來。無不是鑿齒而非（陳）壽。」[14]黃中堅引施覺菴：「史家論識，習衡陽而外寥寥，今古未見其比。」[15]諸條引文中的「習衡陽」、「襄陽」即是指曾經任職衡（滎）陽太守的襄陽豪族習鑿齒。並將習鑿齒視作南宋（一一二七－一二七九）朱熹（一一三〇－一二〇〇）、蕭常等諸位調整《三國志》紀傳安排，視蜀漢作三國時期唯一正統王朝者的先鋒。能夠正視與習鑿齒《漢晉春秋》同期的袁宏《後漢紀》一書者，可謂之寥寥少數，即使《漢晉春秋》於南宋之前很可能已經散佚[16]。

二、後人漠視緣由與相關問題探賾

倘若袁宏《後漢紀》本就是乏人問津的著作，忽略該書不能算是意外之事。然而《後漢紀》的史學成就是屢屢受到肯定的，南宋趙彥衛指出《資治通鑑》主要參酌的史籍：「司馬溫公作

13 收錄於〔三國〕諸葛亮著；段熙仲，聞旭初編校：《諸葛亮集》（北京：中華書局，二〇一〇年五月），序頁一四。

14 〔清〕紀昀等纂：《欽定四庫全書總目》（臺北：藝文印書館，一九八九年），第二冊，頁九七二。

15 〔清〕黃中堅著：《擬更季漢書昭烈皇帝本紀》（臺北：新文豐出版公司，一九八九年，叢書集成續編影印昭代叢書），頁四九五。

16 南宋周必大（一一二六－一二〇四）：「（《漢晉春秋》）其書已逸，或謂世有之而未之見也。幸晉史載所著論千三百餘言，大旨昭然。」〔南宋〕周必大撰：〈續後漢書序〉，《文忠集》（臺北：臺灣商務，一九七〇年，四庫全書珍本二集），第六冊，卷五三，葉一一。

《通鑑》，兩漢用荀悅、袁宏《漢紀》，唐用《舊唐書》，故與《漢書》及《新唐書》語不同。」[17]今人卓季志追溯《資治通鑑》漢末史的史料來源時，同樣指出北宋（九六〇－一一二七）司馬光（一〇一九－一〇八六）對陳壽（二三三－二九七）《三國志》、袁宏《後漢紀》的重視：

> 筆者檢閱《資治通鑑》漢末史事時發現，撰修史臣參引的史料，陳壽《三國志》亦佔有重要地位，應與《後漢紀》為主要參考史料，范曄的《後漢書》則退居次要史料。[18]

從司馬光擇史的情況研判，若非該書具有一定的史學成就與公信力，縱使《後漢紀》與《資治通鑑》同為編年體正史，亦不應如此重視為是。

古人關注《後漢紀》一書的聚焦處，往往不是停留在該書嘗試扭轉「三國正統觀」的貢獻上，而是讚揚該書的史學成就。例如南宋晁公武（一一〇五－一一八〇）：

17 〔宋〕趙彥衛撰；傅根清點校：《雲麓漫鈔》（北京：中華書局，一九九六年八月），頁六〇。

18 見氏：《《後漢紀》與袁宏之史學及思想》（臺北：花木蘭文化出版社，二〇〇九年三月（原臺中：中興大學歷史學系所碩士學位論文，王明蓀先生指導，二〇〇七年七月）），頁四七。

（袁）宏在晉末為一時文宗，性強直，雖為桓溫禮遇，每不阿屈。以東京史籍不倫，謝承、司馬彪之徒錯謬同異，無所取正，惟張璠《（漢）紀》差詳，因參摭記傳以損益之，比諸家號為精密。[19]

甚至不乏認為該書足堪與劉宋（四二〇－四七九）范曄（三九八－四四五）《後漢書》媲美的意見，例如唐代劉知幾（六六一－七二一）《史通・外篇・古今正史》：「世言中興史者，唯范（曄）、袁（宏）二家而已。」[20]南宋王銍：「讀荀（悅）、袁（宏）之紀，如未嘗有班（固）、范（曄）之書，讀班、范之書，亦未嘗有荀、袁之紀也。各以所序自達於後世。」[21]四庫館臣贊同劉知幾的見解：「以（袁宏）配蔚宗，要非溢美也。」[22]既然將袁宏、范曄並稱，顯然閱讀《後漢紀》者應當不在少數。

19 〔宋〕晁公武撰；孫猛校證：《郡齋讀書志校證》（上海：上海古籍出版社，二〇〇六年六月），冊上，頁一九九。

20 〔唐〕劉知幾著；〔清〕浦起龍通釋；王煦華整理：《史通通釋》（上海：上海古籍出版社，二〇〇九年十二月），頁三一八。

21 〔南宋〕王銍撰：〈重刻《兩漢紀》後序〉，見〔晉〕袁宏著；張烈點校：《後漢紀》（北京：中華書局，二〇〇五年三月），附錄，頁五九七。

22 〔清〕紀昀等纂：《欽定四庫全書總目》，第二冊，頁一〇一〇。

但是古代學者們鮮少推崇袁宏的史識，幾盡將榮耀歸諸於習鑿齒，同清代趙作羹慧眼識英雄者不多：

> 哀、平之後，（漢）光武一起，即為天下所歸心。厥後東洛運移，獻帝入許，權凶專國，疆宇分裂，四海之繫屬，端在昭烈矣。漢統攸長，再絕再續，非偶然也。故井絡之開基也，袁氏於所作《漢紀》之末，直指歷數之攸歸。炎興之紀年也，習氏即因之作《漢晉春秋》，以明天道之不可假易也乎！[23]

指出袁宏該書末處，有將正統直接歸予蜀漢的指涉；還認為習鑿齒係透過詮釋蜀漢最後的紀年「炎興」[24]，表明天道是從蜀漢轉移至西晉。如是標舉《後漢紀》扭轉「三國正統觀」的貢獻，將之與習鑿齒相提並論的知音相當鮮見。《後漢紀》受到的關注，恐怕還不及袁宏未必有意圖、

---

23 〔清〕趙作羹撰：〈《季漢紀》緣起〉，《季漢紀》（臺北：文海出版社，一九七四年，清雍正間清稿本），頁五—六。

24 《建康實錄．晉中下》：「時（桓）溫覬覦非望，（習）鑿齒在郡，著《漢晉春秋》以裁正之。起漢光武，終于晉愍帝，凡五十四卷。以為三國之時，蜀以宗室為主，魏武雖受漢禪晉，尚為篡逆，至文帝平蜀，乃為漢亡而晉始興焉。引世祖諱炎興而為禪授，明天心不可以勢力強也。鑿齒尋以腳疾廢居于里巷。」〔唐〕許嵩撰；張忱石點校：《建康實錄》（北京：中華書局，二〇〇九年二月），頁二七六。

或者有意圖但是表達較含蓄的〈三國名臣頌〉[25]（應與《晉書》、《昭明文選》收錄全文相關）。甚至還因而落入他人口實、招來批評，例如清代周中孚（一七六八－一八三一）：

> （袁）彥伯所采者，亦云博矣，乃竟少有出范書外者，然則諸書精實之語范氏摭拾已盡，二書固當并行。……按范書獻紀末云：「明年，劉備稱帝于蜀。孫權亦自王於吳，于是天下遂三分矣。」所以收束上文，最為完密。袁紀止綴一句，云「明年，劉備自立為天子」，此則不及范處。總之，後來者居上也。[26]

該文指稱「不及范處」、「止綴一句」的結尾，正是《後漢紀》指涉人心猶思漢（還有意欲扶漢之陣營）與該書「三國正統觀」的特殊安排處。未必是袁宏不曉得本來就該交代天下三分才是完整的結尾，反而成為後人論斷范曄《後漢書》「後來者居上」的根據之一。

[25] 清代沈豫言袁宏〈三國名臣序贊〉（《文選》稱〈三國名臣頌〉為〈三國名臣序贊〉）：「袁贊先論魏而稱霸朝，王論終敘魏而譏褊刻，均不與以繼漢。其識與習鑿齒同。」〔清〕沈豫撰：《讀史雜記（清道光十八年（一八三八）刻蛾術堂集本）》，〔清〕杭世駿、牛運震等撰：《二十二史考論（歷代正史研究文獻叢刊）》（北京：北京圖書館出版社，二〇〇五年三月），第三冊，頁一二九六。還有清代于光華引孫執升：「序中所列，大都執義於漢者，不加貶，樹功於魏者，不甚褒，深得予奪微權。」〔清〕于光華編：《評注昭明文選》（高雄：啟聖圖書公司，一九七四年十月），卷一二，葉一二下。

[26] 〔清〕周中孚撰：《鄭堂讀書記》（北京：北京圖書館出版社，二〇〇七年八月），冊上，頁三五二。

《後漢紀》撰寫、問世的時間點皆史無明文。未必比習鑿齒任職衡（滎）陽太守時（三五六—三六一）撰寫的《漢晉春秋》晚。倘若僅將兩晉時期最早嘗試轉移「三國正統觀」的貢獻皆歸於一人，未免有些埋沒其他諸賢之憾；況且，兩人著述時間應相差不遠，也應該同時重視各自掀起風潮、接續風潮之功。因而例如清代黃中堅：「習彥威開其端於前，而朱子正其統於後，千載而下咸以為允。」[27]這類視習鑿齒「開其端」的意見還是需要暫且保留。後世較重視習鑿齒，應是受到唐初史臣於《晉書》書寫兩位史家個傳的情況不同影響，畢竟史臣們僅於《晉書》中揭示《漢晉春秋》的「三國正統觀」並收錄其〈晉承漢統論〉而已，省略不提袁宏《後漢紀》之內容[28]。史家們甚至考量袁宏是「一時文宗」[29]而將之置諸〈文苑傳〉，沒有列於卷八十二而與兩晉著名史家同傳[30]；當後世想要理解兩晉史界的正統論發展概況時，往往或因之忽略要將袁宏納

27 〔清〕黃中堅著：《擬更季漢書昭烈皇帝本紀》，頁四八一。

28 《晉書．文苑傳．袁宏傳》：「（東晉）太元初，卒於東陽，時年四十九。撰《後漢紀》三十卷及《竹林名士傳》三卷、詩賦誄表等雜文凡三百首，傳於世。」〔唐〕房玄齡等撰：《晉書》（北京：中華書局，二〇〇八年二月），頁二三九八—二三九九。

29 《晉書．文苑傳．袁宏傳》。同前註，頁二三九一。

30 唐初史臣們將陳壽、王長文（二三八—三〇〇）、虞溥、司馬彪（二四三—三〇六），還有王隱（二八四？—三五四？）、虞預、孫盛（三〇七—三七八）、干寶（二八三？—三五一？）、習鑿齒、鄧粲、謝沈、徐廣（三五二—四二五）等重要史家置諸同卷，儼然就是一卷兩晉史家傳。

入史學界的網路中定位。即使後來《漢晉春秋》於南宋時期以前恐怕已經散佚，人們還是可以憑藉著唐初史臣《晉書》的廣泛流傳以認識之。

袁宏使用名教的概念衡量歷史，正是以儒家思想為核心進行社會風俗批評。從而特寫尚存意欲扶漢的劉備陣營，很可能將之作為人心猶思漢等類概念的佐證之一，同時有表彰劉備君臣復興漢室的職志之意。當然，袁宏在史籍安排的環節相信還有他例，例如在收集史料上非常關注特定歷史人物的正面事蹟，卓季志：「袁宏先在〈孝獻皇帝紀〉中不時特意記述漢獻帝之賢，為責斥篡漢力鋪證據，待後漢政權被曹魏正式取代，再展開批判這段不臣的篡奪歷程。」[31]注意到作者有特別收集漢獻帝正面事蹟的情況，應是要交代漢室帝王不是昏聵之徒，增加後面反對曹魏篡奪神鼎的底氣。類似的作法，還可見其書寫諸葛亮處（詳見本章第三節）。但是較缺少關注袁宏承續前人史著，進而調整、修改史料的情況，次節即舉「華嶠《後漢書・譜敘》溢美家族史料的援引」、「對覬覦神鼎者的貶抑試圖」兩例說明。

[31] 見氏：《《後漢紀》與袁宏之史學及思想》，頁一四八。

第二節　袁宏對史料的調整與擇用

一、華嶠《後漢書・譜敘》溢美家族史料的援引

袁宏對曹魏華歆（一五七－二三二）之孫，西晉史家華嶠（？－二九三）《後漢書》的《譜敘》部份之史料運用[32]，有一條的情況值得追索。《後漢紀》卷三十：「魏帝既受禪，問尚書陳群曰：『朕應天順民，卿等以為何如？』群對曰：『臣與華歆俱事漢朝，雖欣聖化，義形于色。』」[33]透過陳群（？－二三七）、華歆對漢魏易代的態度，呼應人心猶思漢、漢不應亡等概念。該條史料應能替華歆取得一定程度的正面形象。但是袁宏採錄這條史料入書，從史學追求實錄的角度檢視頗有值得商榷處，來源見華嶠《譜敘》：

32 《晉書・華嶠傳》記載該書：「起于（漢）光武，終于孝獻，一百九十五年，為帝紀十二卷、皇后紀二卷、十典十卷、傳七十卷及三譜、序傳、目錄，凡九十七卷。」（唐）房玄齡等撰：《晉書》，頁一二六四。《譜序》的內容應屬於該書的一部份，宋志英：「《譜敘》當是華嶠《後漢書》初設的體例名稱。……『《譜》』當是劉知幾對『《譜敘》』的簡稱，其內容應涵蓋《晉書・華嶠傳》所稱的『譜』、『序傳』、『目錄』三部分。（古代『敘』與『序』在作『次序』、『序文』、『序言』義講時通用。）」見氏：〈華嶠《後漢書》考述〉，《史學史研究》第四期（二〇〇一年），頁二七。

33 〔晉〕袁宏撰；周天遊校注：《後漢紀校注》，頁八六一－八六二。

（魏）文帝受禪，朝臣三公已下並受爵位；（華）歆以形色忤時，徙為司徒，而不進爵。魏文帝久不懌，以問尚書令陳群曰：「我應天受禪，百辟群后，莫不人人悅喜，形于聲色，而相國及公獨有不怡者，何也？」群起離席長跪曰：「臣與相國曾臣漢朝，心雖悅喜，義形其色，亦懼陛下實應且憎。」帝大悅，遂重異之。[34]

除表現陳群應答君王時之舉措合宜，同時具有修飾與抬昇陳群、華歆品格形象的效果，呈現出兩人猶有不忘故君、漢室之意。不可與其他喜悅形諸聲色者等同視之。華嶠撰寫東漢斷代史時展現的史才，歷來頗受稱譽，例如傅暢（？－三三〇）《晉諸公贊》[35]：「（華）嶠字叔駿，有才學，撰《後漢書》，世稱為良史」[36]現代學者讚許該書價值者不在少數[37]；又，袁宏頗信服該書

34 《三國志．魏書．華歆傳》注引。〔晉〕陳壽撰；〔宋〕裴松之注：《三國志》（北京：中華書局，二〇〇七年五月），頁四〇三。

35 關於傅暢《晉諸公贊》的研究，可詳見徐婷婷：〈《世說》劉注《晉諸公贊》考略〉，《樂山師範學院學報》第二四卷第七期（二〇〇九年七月），頁二一一－二一三。

36 《三國志．魏書．華歆傳》注引。〔晉〕陳壽撰；〔宋〕裴松之注：《三國志》，頁四〇六。

37 關於華嶠的史學成就、其著《後漢書》之價值以及傳統評價，可詳見宋志英：〈華嶠《後漢書》考述〉，頁二六－三二；遲永滿：〈試論華嶠的史學貢獻——兼論《後漢書》的價值〉，《青島大學師範學院學報》第二一卷第四期（二〇〇四年十二月），頁四七－五〇。

史論，范曄撰史亦相當重視該書[38]。但是《譜敘》的記載部份明顯具家傳性質，史家很可能意圖藉此段敘述推揚其祖父華歆。能否徵信，還需要進一步討論。

華歆本係漢室名臣，漢魏易代之際沒有捍衛東漢王朝，反而竭誠投效曹魏陣營，不難預見當代、後世對其出處行徑的撻伐、指責。尤其是晉初時期吳人《曹瞞傳》、孫吳史家謝承《後漢書》還有一條史料敘述華歆從夾層中牽出伏后一事，影響後世理解華歆的道德品格甚鉅。謝承《後漢書》一書的著述立場，劉知幾《史通‧外篇‧雜說》：「如謝承《漢書》，偏黨吳、越，魏收《代史》，盛誇胡塞，復焉足怪哉？」[39]該書顯係有從吳、越本位出發撰史的跡象，若對曹魏名臣抱持敵意並非難以理解的事，後文亦將再涉及該書。這裡僅徵引貶斥曹魏傾向非常顯著，而且直稱曹操（小字阿瞞）作曹瞞的《曹瞞傳》：

---

38 宋志英：「袁宏《後漢紀》在參考華書時，亦以其史論為精。所以，便將『華嶠曰』的史論全文照錄，共有四則。另有一則略改者。」見氏：《晉代史學研究》（南開大學史學理論及史學史博士學位論文，喬治忠先生指導，二○○二年六月），頁七八；吳樹平：「筆者曾以今天所見的華嶠書佚文與范書互相勘比，獲得了這樣一個印象，范曄在博採眾家《後漢書》時，比較看重華嶠書，因而較多地利用了華嶠書的成果。」見氏：〈范曄《後漢書》與華嶠《後漢書》〉，《秦漢文獻研究》（濟南：齊魯書社，一九八八年十月），頁四五七；或可詳見程方勇：《范曄及其史傳文學》（中國社會科學院研究生院博士學位論文，徐公恃先生指導，二○○三年五月），第二章〈《後漢書》紀傳體例的繼承與創新〉，第三節〈范曄《後漢書》與華嶠《後漢書》的關係〉，頁五九—六二。

39 〔唐〕劉知幾著；〔清〕浦起龍通釋；王煦華整理：《史通通釋》，頁四九二。

（曹）公遣華歆勒兵入宮收后，后閉戶匿壁中。歆壞戶發壁，牽后出。（漢獻）帝時與御史大夫郗慮坐，后被髮徒跣過，執帝手曰：「不能復相活邪？」帝曰：「我亦不自知命在何時也。」帝謂慮曰：「郗公，天下寧有是邪！」遂將后殺之，完及宗族死者數百人。」[40]

清代何義門（一六六一—一七二二）即藉「發壁牽后」事件以質疑華嶠《譜敘》的記載：「此華嶠之飾詞。（華）歆不恥為魏相國，又何忤焉，發壁牽后，誰所為也？」[41]謝承《後漢書》、吳人《曹瞞傳》對華歆是否具思漢之心的認知，恐怕與華嶠《譜敘》天差地遠。清末民初的學者章太炎：「（華）歆之得譽，亦緣（華）嶠之《譜敘》，范書載歆勒兵收伏后事，本諸吳人所作《曹瞞傳》，若嶠所作《後漢書》，必不載也。」[42]這段話語頗為趣味，無疑洞見了史家自身立場與史料採擇間的關係。

40 《三國志．魏書．武帝紀》注引。〔晉〕陳壽撰；〔宋〕裴松之注：《三國志》，頁四四。謝承《後漢書》的記載則見《太平御覽》卷三七三，文字有小異而文意基本相同，〔宋〕李昉編纂；夏劍欽校點：《太平御覽》（石家莊：河北教育出版社，二〇〇〇年三月），第四冊，頁一一八。

41 〔清〕何焯著；崔高維點校：《義門讀書記》（北京：中華書局，二〇〇六年六月），冊中，頁四四三。

42 《世說新語．德行篇》劉強會評注引。〔南朝宋〕劉義慶撰；〔南朝梁〕劉孝標注；劉強會評輯校：《世說新語會評》（南京：鳳凰出版社，二〇〇七年十二月），頁一一。

縱然暫且擱置謝承《後漢書》與吳人《曹瞞傳》，面對曹魏意欲取代漢室的明顯企圖，華歆不僅沒有似孔融（一五三－二〇八）般屢屢阻挫之，本身還於魏文帝曹丕（一八七－二二六，二二〇－二二六在位）登王位時已經拜為魏相國，甚至列名勸進曹丕篡漢的大臣，《三國志・魏書・文帝紀》注引即錄有兩篇以華歆為首，包括賈詡（一四七－二二三）、王朗（？－二二八）及九卿等上言的奏表[43]。余嘉錫從史實求真的視角抨擊：「（華）歆、（陳）群累表勸進，安得復有戚容？蓋客以為出於其子孫所附會，當矣。」[44]余氏舉證的「累表勸進」之說信然是非常確實的證據，又《諸葛亮集》：「是歲，魏司徒華歆、司空王朗、尚書令陳群、太史令許芝、謁者僕射諸葛璋各有書與（諸葛）亮，陳天命人事，欲使舉國稱藩。」[45]華歆根本就是竭忠輸誠於曹魏者，要說其猶有懷思漢室之心，實在難以讓人信服。往後范曄撰史時，或許就是於觀察完華歆

43 〔晉〕陳壽撰；〔宋〕裴松之注：《三國志》，頁七二－七三、七三－七四。

44 《世說新語・方正篇》第三條箋疏。〔南朝宋〕劉義慶編；〔南朝梁〕劉孝標注；余嘉錫撰；周祖謨，余淑宜整理：《世說新語箋疏》，頁二八一。余氏箋疏時標舉儒家大纛，雖未能彰顯魏晉美學的殊趣，但是對於求真、求善則表現得相當的堅持，吳師冠宏有過較深入的探討，見氏：〈余嘉錫箋疏《世說新語》之詮釋特色及其文化意義新探〉，《成大中文學報》第二二期（二〇〇八年十月），頁一－二二；〈余嘉錫以史評進路箋疏《世說新語》的現象考察〉，《東華漢學》第八期（二〇〇八年十二月），頁一〇七－一四〇。

45 《三國志・蜀書・諸葛亮傳》注引。〔晉〕陳壽撰；〔宋〕裴松之注：《三國志》，頁九一八－九一九。

一生的實際作為後，發現那位「發壁牽后」的華歆更接近於歷史真實，從而在《後漢書》採信該條史料[46]而忽視華嶠《譜敘》吧！

關於前引陳群與曹丕的對話，陳壽僅載：「（魏）文帝即王位，拜（華歆）相國，封安樂鄉侯。及踐阼，改為司徒。」[47]曹魏史家王沈（？－二六六）《魏書》則言：「（魏）文帝受禪，（華）歆登壇相儀，奉皇帝璽綬，以成受命之禮。」[48]皆沒有看到華歆猶有愧色的跡象。清代姜宸英（一六二八－一六九九）配合王沈的史料：「登壇相儀之人，豈能嚴色忤時；且《譜》出華氏子孫，何足徵信！」[49]倘若華歆真是於心有愧，又豈會於曹魏受禪典禮時登壇相儀，應當嚴正婉拒為是。另外，誠如明代王世懋（一五三六－一五八八）：「華歆以虛名居首揆，陳群以心膂當新寵，猶為此大言，甯不為荀彧地下所笑？」[50]縱然華歆、陳群無法同孔融般進行激烈抗議，至少應有類似於荀彧（一六三－二一二）在建安十七年（二一二）阻諫曹操（一五五－二二〇）

46 見《後漢書．皇后紀下》。〔南朝宋〕范曄撰；〔唐〕李賢等注：《後漢書》（北京：中華書局，二〇〇六年三月），頁四五四。

47 《三國志．魏書．華歆傳》。〔晉〕陳壽撰；〔宋〕裴松之注：《三國志》，頁四〇三。

48 《三國志．魏書．華歆傳》注引。同前註。

49 《三國志．魏書．華歆傳》盧弼注引。〔晉〕陳壽撰；〔南朝宋〕裴松之注；盧弼集解；錢劍夫整理：《三國志集解》（上海：上海古籍出版社，二〇〇九年六月），頁一二二九。

50 《世說新語．方正篇》劉強會評注引。〔南朝宋〕劉義慶撰；〔南朝梁〕劉孝標注；劉強會評輯校：《世說新語會評》，頁一六七。

進爵國公、加封九錫等事蹟[51]，才較俱備解讀成是心存漢室者的空間[52]。

後來劉宋時期問世的志人小說《世說新語．方正篇》第三條，敘述該事之內容頗近於袁宏挪改《譜敘》的史料[53]，而遠離華嶠原本的記載。考量《世說新語》一書內容的敘述向來有視「片斷」為「整體」的原則[54]，袁宏如是調整史料或許還使得文字更顯得凝練、傳神，比起原書更鮮

---

51 蔡學海：「（荀）彧既死，（曹）操之阻力已去，從此便無忌憚，往後稱公、稱王，乃至僭擬皇帝的儀制，所往無礙，則知荀彧對道德正統的堅持，對於漢祚的延續，貢獻至大。其為漢臣，固無可發疑。范曄《後漢書》取其傳與孔融同卷，其義甚正！」見氏：〈建安年代的正統觀〉，《國立編譯館館刊》第一四卷第一期（一九八五年八月），頁一六。王永平：「以名節自持的荀彧與握有生殺權柄的曹操相抗，其結局必然以悲劇告終，就在這一年，荀彧在壽春仰藥自盡。此後曹操又殺了楊修、崔琰等名士，迫使大姓名士讓步。及至漢魏易代之際，王朗、華歆和陳群等名士只有隨聲附和，扮演勸進的二臣角色。」見氏：〈論荀彧——兼論曹操與東漢大族的關係〉，《揚州大學學報（人文社會科學版）》第三期（一九九七年），頁六一。

52 荀彧是否有資格被列於漢臣之列其實是有過爭議的，主要是因其對於篡逆者的曹操陣營而言可謂功績卓著，這也是本書行文較謹慎的緣故。但是一些比較通達的評論者，例如劉宋范曄、北宋司馬光、清代趙翼（一七二七—一八一四）等等，皆能從同情、理解的角度肯定之，說明理據與聲勢是相當堅實的。王永平：「范曄、司馬光等通達的史家則對荀彧稱賞有加，肯定其歷史業績，與今天的歷史主義態度多有切合處。荀彧一生高自標榜，言為士則，行為世範，一以貫之，『乃心王室』，這是他助曹平天下的原始動機，也是鑄就他人生悲劇的癥結所在。清代學者趙翼對此體悟頗深，可謂文若之知音。」見氏：〈論荀彧——兼論曹操與東漢大族的關係〉，頁六一。

53 《世說新語．方正篇》第三條：「魏文帝受禪，陳羣有慼容。帝問曰：『朕應天受命，卿何以不樂？』羣曰：『臣與華歆，服膺先朝，今雖欣聖化，猶義形於色。』」〔南朝宋〕劉義慶編；〔南朝梁〕劉孝標注；余嘉錫撰；周祖謨，余淑宜整理：《世說新語箋疏》，頁二八一。

54 梅家玲：「視『片斷』為『正體』，意謂記事並不著眼於所述者的一生整體表現，而僅抽取某一特殊片斷，做為敘

明地抬昇陳群、華嶠的品格形象，彰揚兩人的德行素質。袁宏主觀的將該條具備家傳意味、又問題重重的史料收錄於該書中，反而在《後漢紀》彰顯了華歆的正面形象。

二、對覬覦神鼎者的貶抑試圖

袁宏調整、修飾史料，除了能夠在論證人心猶思漢時察見；還表現在其特載符合該概念的史料後，試圖貶抑覬覦神鼎者時。案例見《後漢紀》特地收錄一段孫策（一七五－二〇〇）與袁術（？－一九九）的書信往來：

> 初，彭城人張昭避亂淮南，（孫）策賓禮之。及策東略，遂為之謀主。聞袁術僭號，昭為策書諫術曰：「昔者董卓無道，陵虐王室，禍加太后，暴及弘農，天子播越，宗廟焚毀。是以豪傑發憤，赫然俱起。元惡既斃，幼主東顧，乃使王人奉命，宣明朝恩，偃武脩文，與之更始。而河北異謀，黑山不順，劉表僭亂於南，公孫叛逆於北，劉繇阻兵，劉備

事主體。……《世說》的敘事，本來就是要『特殊片斷』當做『整體』來處理，只要此一片斷本身鮮明完整，任何不必要的枝節，皆可略而不提。這就有如現代攝影機，當它一旦意圖捕捉事物某一部分，便以特寫方式予以強調，而主體之外的其它事物，自然被摒棄於鏡頭之外了。」見氏：〈世說新語的敘事藝術〉，《世說新語的語言與敘事》（臺北：里仁書局，二〇〇四年七月），頁二一五。

> 爭盟，是以未獲承命，櫜弓戢戈也。常謂使君與國同軌，舍是不卹，睆然有自取之志，懼非海內企望之意。昔湯伐桀，稱『有夏多罪』；武王伐紂，曰『殷有重罰』。此二王者，雖有聖德，假使時無失道之過，何由逼而取之也。今主上豈有惡於天下，徒以幼小，脅於僭臣，異於湯武之時也。又聞幼主明智聰敏，有夙成之德，天下雖未被恩，咸以歸心焉。若輔而興之，旦、奭之美，率土之所望也。使君五世相承，為漢宰輔，榮寵之盛，莫與為比，宜效忠守節，以報漢室。世人多惑圖緯之言，妄牽非類之文，苟以悅主為美，不顧成敗之計，今古所慎也。忠言逆耳，駮議致憎，苟有益於尊明，則無所敢辭。」術始自以為有淮南之眾，料策之必與己同，及得其書，遂愁沮發疾。[55]

這封反對袁術稱帝，要求袁術輔佐漢室的書信亦見他書。張勃《吳錄》就可以見及這次歷史事件，然而撰寫者不是張昭（一五六－二三六），而是張紘[56]。而且根據裴松之（三七〇－四四九）提供的線索，魚豢《典略》亦有收錄該條史料，然而撰寫者不是張紘，而是同袁宏交代的張昭[57]。

---

55 〔晉〕袁宏撰；周天遊校注：《後漢紀校注》，頁八一一－八一二。

56 《三國志．吳書．孫策傳》注引。〔晉〕陳壽撰；〔宋〕裴松之注：《三國志》，頁一一〇四。

57 《三國志．吳書．孫策傳》注引裴松之：「《典略》云張昭之辭。臣松之以為張昭雖名重，然不如（張）紘之文

另外，《吳錄》、《典略》保留該篇書信的內容明顯較多，但是不難判斷與《後漢紀》來源相同，蓋史家避免繁瑣而導致。除了撰文作者的差異、書信內容的多寡，比較袁宏與張勃、魚豢的敘述，還可以觀察出袁宏很可能別有用心。前引《後漢紀》文末係言：「術始自以為有淮南之眾，料策之必與己同，及得其書，遂愁沮發疾。」這段袁術發愁、發病的敘述即不見載於他書。後來范曄於《後漢書·袁術傳》亦收錄該篇書信，內容基本與《後漢紀》相符合，僅於個別字句有差異，應是承續自袁宏《後漢紀》。但是范曄不採用《後漢紀》文末的敘述，沒有袁術收到孫策書信後的發愁、發病的反應，僅言：「（袁）術不納，（孫）策遂絕之。」[58]袁宏很可能有意告誡權臣，別認為天下必與己同；實際則是類似於袁術，連原本自己認定的黨羽都不願背棄漢室（頗有暗指東晉政局之意）。范曄或許是察覺到袁宏的敘述迥異於諸位史家，未必是信史的情況下從而刪落[59]。

除了在袁術覬覦神鼎的歷史事件，可以察見《後漢紀》在歷史敘述上有其殊異處。袁宏似乎還曾讓曹操的創業歷程留下一些汙點，說明曹操任職東郡太守是接受袁紹（？—二〇二）的命

也，此書必紘所作。」同前註。

58 〔南朝宋〕范曄撰；〔唐〕李賢等注：《後漢書》，頁二四四一。

59 清代趙翼曾言：「《後漢書》撰述家最多，是以范蔚宗易於藉手。」〔清〕趙翼撰：《陔餘叢考》（北京：中華書局，二〇〇六年十月），頁一〇七。其實范曄面對魏晉間因立場不同而往往眾說紛紜的記載，鑑別史料時亦要更耗費苦功，趙氏該語未免片面。

令，《後漢紀》卷二十六初平二年（一九一）：「袁紹以曹操為東郡太守。」[60]曹操創業初期即得到袁紹提拔，甚至於就是袁紹的部屬。若如是，則曹操後來於官渡之戰（二〇〇）與袁紹對峙，就有解讀成忘恩負義之舉的詮釋空間。袁宏如是敘述，正是承續自孫吳史家謝承，李善（六三〇－六八九）於《昭明文選》卷四四〈為袁紹檄豫州〉注引謝承《後漢書》三條史料：「袁紹以曹操為東郡太守，劉公山為兗州。公山為黃巾所殺，乃以操為兗州刺史。」[61]「操得兗州，兵眾強盛，內懷反紹意。」[62]「操圍呂布於濮陽，為布所破，投紹。紹哀之，乃給兵五千人，還取兗州。」[63]曹操彷彿就是袁紹的手下，而且不僅不報答袁紹的重用恩情，反而憑藉兵眾暗藏反叛企圖。第三條史料甚至敘述曹操大軍慘被呂布（？－一九九）擊破後，依舊仰賴袁紹的恩惠，同情之、「哀之」方能重振旗鼓。

前段徵引謝承《後漢書》第一條史料記載其實有誤，「以曹操為東郡太守，劉公山為兗州」，一來代表劉岱字（公山，？－一九二）任職兗州刺史時是接受袁紹管轄，二來代表袁紹任命曹操、劉岱的時間點相同。但是陳壽《三國志・魏書・武帝紀》：

60 〔晉〕袁宏撰；周天遊校注：《後漢紀校注》，頁七四九。
61 〔梁〕蕭統主編；〔唐〕李善注：《文選（附考異）》（臺北：五南圖書，二〇〇九年四月），頁一一〇四。
62 同前註。
63 同前註，頁一一〇五。

> 初平元年春正月，後將軍袁術、冀州牧韓馥、豫州刺史孔伷、兗州刺史劉岱、河內太守王匡、勃海太守袁紹、陳留太守張邈、東郡太守橋瑁、山陽太守袁遺、濟北相鮑信同時俱起兵，眾各數萬，推紹為盟主。[64]

檢視這次關東諸侯起兵的職稱，劉岱任職兗州刺史時，袁紹不過是擔任郡太守，有何權力「任命」一州刺史？其次，「袁紹以曹操為東郡太守」，則曹操乃是接受袁紹的任職，東郡亦皆屬袁紹管轄。但是根據《三國志．魏書．武帝紀》：

> 劉岱與橋瑁相惡，岱殺瑁，以王肱領東郡太守。……（初平二年）秋七月，袁紹脅韓馥，取冀州。黑山賊於毒、白繞、眭固等十餘萬略魏郡、東郡，王肱不能禦，太祖引兵入東郡，擊白繞於濮陽，破之。袁紹因表太祖為東郡太守，治東武陽。[65]

曹操取得東郡太守的職位雖然與袁紹有關，不過只是袁紹基於曹操已經引兵入東郡擊敗十餘萬黑山賊的現況下，替曹操因實求名、上表朝廷而已。最後，袁紹任命曹操為兗州刺史一事，《三國

64 〔晉〕陳壽撰；〔宋〕裴松之注：《三國志》，頁六。

65 同前註，頁八—九。

志‧魏書‧武帝紀》：

> 青州黃巾眾百萬入兗州，殺任城相鄭遂，轉入東平。劉岱欲擊之，鮑信諫曰：……岱不從，遂與戰，果為所殺。信乃與州吏萬潛等至東郡迎太祖領兗州牧。遂進兵擊黃巾于壽張東。……冬，受降卒三十餘萬，男女百餘萬口，收其精銳者，號為青州兵。[66]

原刺史劉岱遭到青州黃巾賊殺害，鮑信決定奉曹操為兗州牧來對抗之；結局亦是成功平亂作收，係「得州於黃巾」[67]是也。曹操任職東郡太守、兗州刺史皆非袁紹恩典[68]，更談不上「內懷

66 同前註，頁九－一〇。

67 〔清〕王夫之著；舒士彥整理：《讀通鑑論》（北京：中華書局，二〇〇八年十一月），頁二三六。

68 將曹操型塑成屢屢受袁紹資助者，論調頗類似於袁紹在官渡之戰前命陳琳（？－二一七）撰寫的〈為袁紹檄豫州〉：「幕府董統鷹揚，掃除凶逆。續遇董卓侵官暴國，於是提劍揮鼓，發命東夏，收羅英雄，棄瑕取用。故遂與操同諮合謀，授以裨師，謂其鷹犬之才，爪牙可任。至乃愚佻短略，輕進易退，傷夷折衄，數喪師徒。幕府輒復分兵命銳，脩完補輯，表行東郡，領兗州刺史，被以虎文，〔授以偏師〕，奬蹙威柄，冀獲秦師一克之報。而操遂承資跋扈，肆行兇忒，割剝元元，殘賢害善。」詳見俞紹初輯校：《建安七子集》（北京：中華書局，二〇〇六年七月），頁五八。這段檄文，將曹操敘述成是屢次喪師敗軍而仰賴袁紹緣護者；而且曹操任職東郡太守、兗州刺史皆是袁紹表行的緣故，省略其征戰應得之功。孫吳史家謝承抱持的論調，接近於敵人的敵人，正是政權紛爭的實況於史籍的反映。

『反』紹意」了，雙方的關係實是對等的軍閥而已[69]。

中國史家撰寫歷史時往往犧牲「求真」，換來「求善」的成果，取捨之間或許史家還是認為值得的，從中也展現出史家的主觀性。從史學「求真」的要求檢視，《後漢紀》被批評為不如范曄《後漢書》或有幾分道理。但是透過探討，相信可以感受到袁宏是位有一貫核心議題關懷的史家。

第三節　諸葛亮扶漢之心的表彰

一、對陳壽之筆的承續與諸葛亮身份的定位

袁宏表彰蜀漢君臣之處，還可見其筆下的諸葛亮相關敘述。例如在東漢斷代史著作中，有別常例替蜀漢政權象徵諸葛亮安排個傳，讓讀者可以在該書讀到諸葛亮的「人物小傳」[70]。該書卷

[69] 有些學者將謝承之敘述視作信史，例如方詩銘探討曹操保衛兗州及其與袁紹關係時就採納之，見氏：《方詩銘論三國人物》（上海：上海古籍出版社，二〇〇六年十月），頁五一—六三。應當注意的是，軍閥與軍閥間本就有利益考量的往來。直接將曹操敘述成原是袁紹臣下，並且正面敘述袁紹的同情心與負面敘述曹操的處心積慮。能否徵信，相信是可以持疑的。至少應在論述時，警惕這條史料之來源，方能使詮釋更顯精準。

[70] 李興和：「這些人物傳所載多較簡略，原因是人物有涉國事的其他言論事迹已在有關部分載出，且受編年體裁所

三十中還特別記載諸葛亮在漢末時期的三件重要事蹟：劉備「三顧茅廬」禮聘諸葛亮（包含「草廬對」）、隻身前往孫吳說服孫權（一八二－二五二）結盟、諸葛亮治蜀時的「用刑論」。

卷三十實際記載內容的上限是建安十二年（二〇七），下限至黃初元年（二二〇）與隔年劉備稱帝，諸葛亮的事蹟則以一定間隔的方式記載。先是見袁宏在建安十二年安排諸葛亮個傳，以及敘述徐庶向劉備推薦諸葛亮一事：

> 琅邪陽都人諸葛亮，字孔明，躬耕隴畝，好為〈梁甫吟〉。身長八尺，嘗自比於管仲、樂毅，時人莫之許也。唯博陵崔州平、潁川徐元直與亮友善，之信然。於是徐庶見劉備曰：「諸葛孔明，臥龍也，將軍豈願見之乎？」備曰：「君與俱來。」庶曰：「此人宜可以就見，不可屈致。將軍且枉駕顧之。」[71]

衡諸諸葛亮的生平事蹟，從仕宦生涯開始就效力於劉備帳下，與東漢中央王朝較無瓜葛。又雖然於東漢滅亡前已經展現出優異的才幹，但是真正掌握蜀漢政權、登上人生事業高峰是在劉備於蜀

限，篇幅不宜過長。因它們較簡略，不及紀傳體史書中的人物傳詳細全面，故我們稱之為小傳。」詳見〔晉〕袁宏撰；李興和點校：《袁宏《後漢紀》集校》（昆明：雲南大學出版社，二〇〇八年六月），點校前言，頁八。

71 〔晉〕袁宏撰；周天遊校注：《後漢紀校注》，頁八三一。

漢章武三年（二二三）過世後。換言之，從卒年、生平事蹟等檢視，諸葛亮若列諸斷代史，較適宜列於三國史、蜀漢史，如同陳壽在《三國志・蜀書》中安排個傳。

這不僅說明了袁宏特別青睞諸葛亮，應當還有史家表彰諸葛亮扶漢之心的意味於其中。配合該書緊接著記載的〈草廬對〉（或稱〈隆中對（策）〉）[72]可以察見端倪：

由是（劉）備三詣其廬，因屏人而言曰：「漢室傾頹，姦臣竊命，主上蒙塵。孤不量力度德，欲信大義於天下，而智術淺短，遂用猖蹶，至于今日。然志猶未已，君為計將安出？」（諸葛）亮答曰：「自董卓以來，豪傑並起，跨州連郡，不可勝數。曹操比於袁紹，則名微而眾寡，遂能克紹，以弱為彊，此非唯天時，抑亦人謀也。今已擁百萬之眾，挾天子而令諸侯，此誠不可與爭鋒。孫權據有江東，已歷三世，國險而民附，賢能為之謀，此可與之為援，不可圖也。荊州北據漢、沔，利盡南海，東連吳會，西通巴蜀，此用武之國，而其主不能〔守〕，殆天將所以資將軍也。益州險塞沃野，天府之地，高祖因之，以成帝業。劉璋闇弱，張魯在北，民殷國富而不知存卹，智能之士，思得明后，將軍既帝室之胄，信義著於四海，總覽英雄，思賢如渴。若跨有荊、益，保其巖阻，西和諸

[72] 後人亦往往稱之為「隆中對（策）」，例如何茲全：「這段話，就是大家都知道的歷史上有名的『隆中對』。」見氏：《三國史》（北京：人民出版社，二〇一一年三月），頁四七。

戎，南撫夷越，結好孫權，內修政治。天下有變，命一上將，將荊州之軍以向宛、洛，將軍身率益州之眾，出於秦川，百姓孰不簞食壺漿以迎將軍者乎？如是霸業可成，漢室復興也。」備曰：「善！」於是與亮情好日密。諸將不悅，備解之曰：「孤之有孔明，猶魚之得水，願諸君勿復言。」[73]

袁宏當然是採用陳壽《三國志．蜀書．諸葛亮傳》的內容，然後共同成為司馬光《資治通鑑》記載該事的史料來源[74]。如是史料傳承的狀況，跟袁宏在《後漢紀》建安十三年（二〇八）[75]，承繼《三國志》收錄諸葛亮說服孫權起兵抗曹一事，再為司馬光所採用的情況相似[76]。從〈草廬對〉一文，得知諸葛亮替劉備策畫戰略的最終目標是要「漢室復興」。該條對策在東漢斷代史著作中僅見袁宏選擇收錄（諸葛亮說服孫權一事亦如是），因而可說是《後漢紀》在後漢斷代史史著中，獨特的「前三國時期」歷史圖像建構。諸葛亮言及北伐復興漢室時，那句「百姓孰不簞食壺漿以迎將軍者乎」的話語，顯係與袁宏認為民未亡義、漢不應亡、漢室可以復興的論斷是相同的。

73 〔晉〕袁宏撰；周天遊校注：《後漢紀校注》，頁八三二－八三三。
74 〔宋〕司馬光編著；〔元〕胡三省音注：《資治通鑑》（北京：中華書局，二〇〇七年六月），頁二〇七四－二〇七五。
75 〔晉〕袁宏撰；周天遊校注：《後漢紀校注》，頁八四二－八四三。
76 〔宋〕司馬光編著；〔元〕胡三省音注：《資治通鑑》，頁二〇八八－二〇八九。

還有一次承襲《三國志》內容的細節處，可以見及袁宏於畸輕畸重間或有突顯諸葛亮的意圖，《三國志・蜀書・先主傳》：

秋，群下上先主為漢中王，表於漢帝曰：「平西將軍都亭侯臣馬超、左將軍長史〔領〕鎮軍將軍臣許靖、營司馬臣龐義、議曹從事中郎軍議中郎將臣射援、軍師將軍臣諸葛亮、盪寇將軍漢壽亭侯臣關羽、征虜將軍新亭侯臣張飛、征西將軍臣黃忠、鎮遠將軍臣賴恭、揚武將軍臣法正、興業將軍臣李嚴等一百二十人上言曰：昔唐堯至聖而四凶在朝，周成仁賢而四國作難，高后稱制而諸呂竊命，孝昭幼沖而上官逆謀，皆馮世寵，藉履國權，窮凶極亂，社稷幾危。……臣等以（劉）備肺腑枝葉，宗子藩翰，心存國家，念在弭亂。自（曹）操破於漢中，海內英雄望風蟻附，而爵號不顯，九錫未加，非所以鎮衛社稷，光昭萬世也。……夫權宜之制，苟利社稷，專之可也。然後功成事立，臣等退伏矯罪，雖死無恨。」遂於沔陽設壇場，陳兵列眾，群臣陪位，讀奏訖，御王冠於先主。[77]

[77]〔晉〕陳壽撰；〔宋〕裴松之注：《三國志》，頁八八四—八八五。

這篇文章嚴可均輯為〈立漢中王上表漢帝〉[78]，除《三國志》收錄，又見袁宏《後漢紀》卷三十，並且點明兩位史家記載的些微差異。袁宏即是將以馬超（一七六—二二二）、許靖（？—二二二）為首的上表略事調整，將原本排序第五位的諸葛亮抬昇至首位：

> 秋八月，諸葛亮等上言曰：「唐堯至聖而四凶在朝，周成仁賢而四國作難……亮等以備肺腑枝葉，宗子蕃翰，心存國家，念在弭亂。……然後功成事立，臣等退伏矯罪，雖死無恨。」遂于〔沔〕陽設壇場，御王冠于劉備。[79]

僅用「諸葛亮等」一句替代上表者諸人，不僅行文較簡潔、亦未埋沒該次上書係屬劉備陣營諸位大臣聯名之舉，同時還達到強調諸葛亮重要性的效果。

除《後漢紀》一書，袁宏〈三國名臣頌〉對劉、葛君臣交誼亦是相當推崇，甚至有「君臣之際，良可詠矣」一語將兩人視作典範般的詠嘆：

78 〔清〕嚴可均編纂：《全上古三代秦漢三國六朝文》（河北：河北教育出版社，一九九七年十月），第三冊，頁五七一。

79 〔晉〕袁宏撰；周天遊校注：《後漢紀校注》，頁八五六—八五七。

孔明盤桓，俟時而動，遐想管樂，遠明風流。治國以禮，民無怨聲，刑罰不濫，沒有餘泣。雖古之遺愛，何以加茲！及其臨終顧託，受遺作相，劉后授之無疑心，武侯受之無懼色，繼體納之無貳情，百姓信之無異辭，君臣之際，良可詠矣！[80]

〈三國名臣頌〉相當賞譽諸葛亮的一生，該論述基調信然是基本承續著《三國志．蜀書．諸葛亮傳》的「評曰」，以及陳壽於該傳收錄的〈上《諸葛氏集》表〉。後來的裴松之同樣如是肯定：「觀（諸葛）亮君臣相遇，可謂希世一時，終始之分，誰能閒之？」[81]君臣無二、希世一時的交誼，從陳壽已降至袁宏、裴松之，一條評價的脈絡持續延及後世。所以特別著重之，是因為歷史上對於兩人這一良好密切關係的解讀其實未必沒有經歷過挑戰，這點待隔章第二節論及孫盛處進一步申論。

80 〔梁〕蕭統主編；〔唐〕李善注：《文選（附考異）》，頁一一九四—一一九五。該文另有：「堂堂孔明，基宇宏邈。器同生民，獨稟先覺。標牓風流，遠明管樂。初九龍盤，雅志彌確。百六道喪，干戈迭用。苟非命世，孰掃雰雺？宗子思寧，薄言解控。釋褐中林，鬱為時棟。」見該書，頁一一九九。

81 《三國志．蜀書．諸葛亮傳》注引。〔晉〕陳壽撰；〔宋〕裴松之注：《三國志》，頁九一六。

二、諸葛亮「用刑論」的承先啟後

袁宏對諸葛亮之特殊青睞，還有展現於建安十九年（二一四）記載諸葛亮跟另一位地位不亞於自己的蜀漢重臣法正（一七六－二二〇），解說自己「用刑論」的原則一事：

諸葛亮為股肱，乃峻刑法，自君子小人，咸懷怨歎，法正諫曰：「昔高祖入關，約法三章，秦民知德。今君假借威力，跨有一州，初有其國，未重惠撫；且客主之義，宜相降下。願緩刑弛禁，以慰其望。」亮曰：「君知其一，未知其二。秦以無道，政苛民怨，一夫掉臂，天下土崩，高祖因之，以成帝業。劉璋闇弱，自焉已來，有累世之恩，支柱羈縻，示相承奉，德政不修，威刑不肅。寵之以位，位極則賤；順之以恩，恩竭則慢。所以致弊，實由此也。吾今先威以法，法行則知恩；限之以爵，爵加則知榮。恩榮並濟，上下有節。為治之要，於此為著。」[82]

82 〔晉〕袁宏撰；周天遊校注：《後漢紀校注》，頁八五三－八五四。

史料的來源很可能是王隱《蜀記》記載或杜撰出的「郭沖五事」[83]之一[84]，文句則略有出入，例如《蜀記》起始是記載「（諸葛）亮刑法峻急，刻剝百姓，自君子小人咸懷怨歎」[85]，其餘文意則大同小異。王隱、郭沖條陳的五事，即使是平日「（諸葛）亮之異美，誠所願聞」[86]的裴松之，皆出面責難這些傳說故事的虛假、不實：「（郭）沖之所說，實皆可疑，謹隨事難之如左。」[87]清代章學誠（一七三八－一八〇一）則認同裴松之的意見：「五事實皆可疑。」[88]裴松之、章學誠的判斷正提示後人，諸葛亮「用刑論」的真實性恐怕要折扣幾分[89]。

王隱在《晉書》展現的史才歷來正、反評價不一[90]，《蜀記》一書則更受質疑。劉知幾於

83 關於「郭沖五事」，學者亦有專文探討之，詳見朱大有：〈諸葛亮隱沒五事辨析〉，收錄於成都市諸葛亮研究會編：《諸葛亮研究》（四川：巴蜀書社，一九八五年十月），頁四六－六八；何偉康：〈從郭沖五議看諸葛亮治兵治蜀的雪泥鴻爪〉，《歷史月刊》第二三七期（二〇〇七年十月），頁一〇六－一一五。主要是嘗試從郭沖的引述中窺見一些實情，謹此附記。

84 《三國志．蜀書．諸葛亮傳》注引。〔晉〕陳壽撰；〔宋〕裴松之注：《三國志》，頁九一七。

85 《三國志．蜀書．諸葛亮傳》注引。同前註。

86 《三國志．蜀書．諸葛亮傳》注引。同前註。

87 《三國志．蜀書．諸葛亮傳》注引。同前註。

88 〔晉〕陳壽撰；〔南朝宋〕裴松之注；盧弼集解；錢劍夫整理：《三國志集解》，頁二四五三。

89 筆者曾撰文探討王隱的諸葛亮歷史圖像，過程亦涉及到袁宏《後漢紀》，今反副為主，詳見拙著：〈東晉王隱的諸葛亮歷史圖像〉，《有鳳初鳴年刊》第八期（二〇一二年七月），頁四二六－四二七。

90 唐初史臣批判王隱於咸康六年（三四〇）詣闕奏上的《晉書》：「（王）隱雖好著述，而文辭鄙拙，蕪舛不倫。其書次第可觀者，皆其父所撰；文體混漫義不可解者，隱之作也。」〔唐〕房玄齡等撰：《晉書》，頁二一四三。今

《史通．外篇．古今正史》將《蜀記》與《吳錄》、《魏氏春秋》納進「異聞錯出，其流最多」[91]一類。《蜀記》在《兩唐書》目錄學歸屬的「雜史」類，錢穆就定義：「只是抄，沒有一個大系統，零零碎碎的，這就叫『雜史』」[92]，代表該書或早已散佚、或沒有嚴謹的系統，箇中顯係有評價的意味。誠然，該書縱然評價雖低也未必條條皆不足徵信，只是更需要審慎考核。裴松之認定諸葛亮「用刑論」難以徵信的緣由如下：

> 案法正在劉主前死，今稱法正諫，則劉主在也。諸葛職為股肱，事歸元首，劉主之世，亮又未領益州，慶賞刑政，不出於己。尋沖所述亮答，專自有其能，有違人臣自處之宜。以亮謙順之體，殆必不然。又云亮刑法峻急，刻剝百姓，未聞善政以刻剝為稱。[93]

裴松之批評《蜀記》的言論，可以推導出兩處疑點。首先察見該條史料的敘述方式似乎是諸葛亮專政，違背當時諸葛亮於劉備集團中的地位與職能；其次則是從來未聞「善政」，要用「剝刻」

人亦有替該書平反的研究，最近的成果詳見宋志英：〈王隱《晉書》初探〉，《文獻季刊》第三期（二〇〇七年七月），頁六一一五。

91 〔唐〕劉知幾著，〔清〕浦起龍通釋，王煦華整理：《史通通釋》，頁三二二。

92 見氏：〈綜論東漢到隋的史學演進〉，《中國史學名著》（臺北：三民書局，二〇一一年一月），頁一二八。

93 〔晉〕陳壽撰；〔宋〕裴松之注：《三國志》，頁九一七。

形容之。

袁宏應已注意到箇中問題，因而敘述成「諸葛亮為股肱」，符合後來裴松之所言「諸葛職為股肱」的說法。有別於《蜀記》直言「（諸葛）亮刑法峻急」，似乎刑法的掌握皆由諸葛亮決定；袁宏強調諸葛亮是「股肱」，即意識到劉備當時尚存的事實（可惜只修改了人物背景前提，沒有修改其餘對話內容）。王隱指稱的「刑法峻急，刻剝百姓」，袁宏則是敘述成「乃峻刑法」：一來表明刑法之「峻」是與過往之「緩弛」相較，是「相對意義」的形容，不是「絕對意義」的指稱，如是較符合一般人對「善政」的理解；二來沒有使用「刻剝百姓」這類跟「善政」概念衝突的敘述。後來司馬光或是從袁、裴的發端察覺到問題，對起始處的敘述進行了一定程度的修飾，改成：「諸葛亮佐（劉）備治蜀，頗尚嚴峻，人多怨歎者。」[94]「佐備治蜀」即與袁宏敘述諸葛亮的「股肱」身份對應，而「頗尚嚴峻」一語則對應著袁宏「乃峻刑法」。司馬光還調整袁宏未能改動的「君子小人，咸懷怨歎」一語，讓原本看似舉國上下「皆」懷怨歎的敘述，降低成有頗多人抱怨；如是較能增加、引導閱讀者，朝向特定群體（既得利益者）、或者是眾多遭糾正者方才抱怨的詮釋空間。王隱、司馬光兩位史家間，袁宏似乎是扮演著居間承轉的重要階

94 〔宋〕司馬光編著；〔元〕胡三省音注：《資治通鑑》，頁二一三一。

段[95]。「德政不舉」、「威刑不肅」的國政弊端，在儒家思想治國強調「寬猛兼濟」[96]的思維下，就需要轉向「威之以法」的方式理政。《後漢紀》收錄諸葛亮「用刑論」，除了該條史料本身論治國原則相當精采[97]，袁宏自身對諸葛亮的態度，無疑亦是該考量的重點。

袁宏違例於《後漢紀》列出諸葛亮個傳以甚重介紹之，還屢屢徵引諸葛亮在漢末的重要事蹟，甚至不惜徵引雜史《蜀記》一書中頗為虛妄的「郭沖五事」等等，誠如張須：「史以執中記

---

95 田浩（Hoyt Cleveland Tillman）探討司馬光《資治通鑑》的歷史圖像時，對於中國傳統史家的史著編纂有段心得：「他運用『剪貼式』的方法摘錄史料，納入自己編寫的史書，並僅可能保持史料原貌，在《資治通鑒》的編纂中，是非常顯著的，以致於人們一般認為他極忠實於文獻史料，不作任何的偏離。然而，在引用陳壽的《三國志》與裴注時，司馬光也有一定程度的自由，而現代學者很少承認中國傳統史學中存在著這種自由。與我的看法相比，同行們傾向於認為司馬光在語言和文獻上較為保守；但是，我已試圖強調司馬光如何有效地利用歷史來倡導他的觀點和社會政治目標。司馬光重建歷史顯然是為了用過去來服務現實、規劃未來。」司馬光治史頗信服袁宏，或許正是從《後漢紀》等擁有顯著自我觀點的史著中，默會出該撰史的原則吧！見氏：〈史學與文化思想：司馬光對諸葛亮故事的重建〉，《中央研究院歷史語言研究所集刊》第七三本第一分（二〇〇二年三月），頁一八九。

96 元代胡三省（一二三〇—一三〇二）：「孔子曰：『政寬則濟之以猛』，孔明其知之。」〔宋〕司馬光編著；〔元〕胡三省音注：《資治通鑑》，頁二一三二。

97 又例如明代李贄（一五二七—一六〇二）：「至言。至言。」〔明〕李贄評纂：《史綱評要》（臺北：里仁書局，一九八三年三月），頁三四〇。甚至往後意欲藉史書教育君主的司馬光，信然也有考量這一因素，李則芬：「司馬光編史的動機，原是作為帝王讀本的，其目的或宗旨，是勸君為善……又因他以儒家正統派自命，也就是要借歷史教學，把宋主塑成宋儒的理想皇帝。本着這個目的，他於選材立論時，處處要從這個角度來衡量。而為了強調他的宗旨，常不惜採用稗官野史的無稽之談，以為傳會。」見氏：《汎論司馬光資治通鑑》（臺北：臺灣商務印書館，一九八六年三月），頁九。

事為義，稍涉情感，即失其是非之公。非必記同時之人有曲筆也；即翦裁舊史，取舍之間，亦所不免。」[98]諸葛亮雖與袁宏並無地域、家族因素的瓜葛，但是從史料的剪裁取舍之間，可以察見其乃是深深崇仰該位歷史人物。

第四節　「家族」與「實錄」：袁渙的漢臣定位

一、袁渙的個傳安排與特筆書寫

透過前文的論述，大致可以得到袁宏《後漢紀》之「前三國時期」書寫，在繼承前人史料的同時確實還擁有自己獨特的構思之印象。除此之外，卓季志還發現一個特別的情況：「袁宏之後的范曄，編纂後漢末年歷史的史事鑒裁也與袁宏相似，除了赤壁戰後的史事明顯簡略，甚至比《後漢紀》更為疏略。」[99]趙國華亦言：「《後漢紀》較之《後漢書》簡略，但就東漢末歷史而言，《後漢書》不及《後漢紀》詳實。」[100]袁宏在赤壁之戰後（約卷三十全卷）的歷史建構相當

98 張須：《通鑑學》（上海：開明書店，一九四八年二月），頁二一三。
99 卓季志：〈《後漢紀》與袁宏之史學及思想〉，頁一四七。
100 見氏：〈荀悦《申鑒》的成書時間——兼論《後漢紀》的史料價值〉，收錄於鄧鴻光、李曉明主編：《史學理論與

具有個性，這也是該書該部份內容相當充實的原因。然而在敘述赤壁之戰（二〇八）的歷史之前，袁宏還曾給予其家族祖先袁渙（煥）等同諸葛亮的待遇。

袁宏將三國政權的名臣，於《後漢紀》安置個傳的情況總計有三次[101]。除諸葛亮，另一位是：「穎川人荀彧，字文若，舉孝廉，為亢父令」[102]明顯皆有籍貫、姓名、字號、簡介，這是一個個傳起始的慣例。在曹操陣營逐步發展時功績顯赫而被陳壽歸入魏臣的荀彧，本就具有解讀成漢臣的空間；陳壽因其功勳而歸入《三國志・魏書》，范曄亦具相當堅實的理據輔佐其判斷，而將之列入《後漢書》的個傳中。畢竟荀彧的過世，某種程度象徵東漢的滅亡，王永平：

史學史・第一輯》（武漢：崇文書局，二〇〇二年十月），頁一五八。

101 陳壽《三國志・吳書》有〈陸績傳〉，袁宏《後漢紀》亦頗關注陸績的相關事蹟：「（陸）績容貌雄壯，博學多識，星曆算數，無不該覽。及（孫）權統事，辟奏曹掾。以直道見憚，出為鬱林太守，加偏將軍。績意在儒雅，非其志也，雖在軍旅，著述不廢。作《渾天圖》，注《易》釋《玄》，皆傳於世。預自知亡日，乃為辭曰：『有漢志人，吳郡陸績，幼敦詩書，長翫禮易，受命南征，遘疾逼厄，遭命不永，嗚呼悲隔！』又曰：『從今已去，六十年之外，車同軌，書同文，恨不及見也。』」雖然文中載其籍貫，但是沒有如同諸葛亮等於籍貫外還記其字號（「公紀」），因而不將之視作個傳。袁宏特重陸績，或者是著眼於「有漢志人」一句（標舉漢室認同）。〔晉〕袁宏撰；周天遊校注：《後漢紀校注》，頁八一七—八一八。

102 同前註，頁七四九。

以荀彧之地位，他若附和曹操，允其進爵加冕，必為新王朝之首輔。但他甘做漢王朝的殉葬品，選擇了死亡，其助曹為漢之心甚明。從這個意義上說，荀彧之死，標誌著東漢王朝在精神上的終結。[103]

荀彧的漢臣形象，除其終身位列漢臣[104]，又顯然與其「陰沮」[105]曹操的具體事蹟有密切關聯。後人李澄宇相當認同范曄的選擇：「（曹）操必死（荀）彧而後受九錫、稱魏公，或亦無愧漢臣哉！《後漢書》以彧與孔融同傳，且獎為殺身成仁有以也。」[106]但是第三位可以列入漢臣個傳的理據是相對薄弱的，那就是效力於曹操帳下的袁渙。袁宏與袁渙的關係，詳見劉宋檀道鸞《續晉陽秋》：「袁宏字彥伯，陳郡人，魏郎中令渙六世孫也。祖猷，侍中。父勖，臨汝令。宏起家建

103 王永平：《漢晉間社會階層升降與歷史變遷》（北京：社會科學文獻出版社，二〇一一年十二月），頁八五。

104 《三國志．魏書．三少帝紀》注引裴松之：「魏氏配饗不及荀彧，蓋以其末年異議，又位非魏臣故也。」曹魏正始四年（二四三），曹魏官方選擇了二十位功臣陪祀曹操廟庭，隔年又增列荀攸，荀彧無預焉。直到咸熙二年（二六五）魏晉禪代這年，才有魏臣之名分，見〈荀彧傳〉注引《魏氏春秋》：「咸熙二年，贈彧太尉。」該舉恐有司馬氏的政治用意存焉，亦已經是荀彧死後之事。〔晉〕陳壽撰；〔宋〕裴松之注：《三國志》，頁一二〇、三一七。相關研究詳見于濤：《三國前傳：漢末群雄天子夢》（北京：中華書局，二〇〇六年一月），頁一七一－一七二。

105 南宋葉適（一一五〇－一二二三）：「按（曹）操僭亂，顯逼惟孔融，陰沮惟荀彧。」〔南宋〕葉適著：《習學記言》（上海：上海古籍出版社，一九九二年一月），頁二二九。

106 李澄宇撰：《讀二十五史蠡述．讀三國志蠡述》（北京：北京圖書館出版社，二〇〇五年三月），第一冊，頁三七五。

威參軍，安南司馬記室。」[107]對東晉時期的袁氏家族而言，袁煥不僅僅只是一般的祖先。檀道鸞開頭敘述的內容「魏郎中令（袁）煥六世孫也」一語，正說明袁渙還象徵著該家族的光榮記憶。

陳壽在《三國志》中給予袁渙相當崇高的評價，乃是歸屬於「躬履清蹈，進退以道，蓋是貢禹、兩龔之匹」[108]者，後世亦幾無批判袁渙的聲音。既然後人眼中這位歷史人物的形象非常良好，袁宏若特別關注其史料，當然很可能只是要推崇個人的品格。然而若考量兩人的特殊關係，以及在東漢斷代史中替袁渙列個傳是否適宜的問題，信然從推崇先祖的角度詮釋《後漢紀》的袁渙歷史圖像，是相當合理、貼切的詮釋逕路。徵引《後漢紀》記載袁渙的部份史料：

> 初，**陳郡人袁渙**為劉備茂才，避地江淮之間，為呂布所拘。布令渙作書罵辱備，渙曰：

107 《世說新語．德行篇》第八三條劉孝標注引。〔南朝宋〕劉義慶編；〔南朝梁〕劉孝標注；余嘉錫撰；周祖謨，余淑宜整理：《世說新語箋疏》，頁一四〇。袁宏的先世、世系、里籍、家族等的相關史料原本都有不少問題，幸而於現今學者的努力下已一一梳理清楚，詳見程師章燦：〈陳郡袁宏及其時代：袁宏考〉，《世族與六朝文學》（哈爾濱：黑龍江教育出版社，一九九八年十月），頁一三五—一六〇。

108 《三國志．魏書．袁張涼國田王邴傳》「評曰」。〔晉〕陳壽撰；〔宋〕裴松之注：《三國志》，頁三六六。「貢禹」、「兩龔」等歷史人物的生平事蹟主要能概括成「禮讓進退」四字，詳見《漢書．王貢兩龔鮑傳》：「自園公、綺里季、夏黃公、甪里先生、鄭子真、嚴君平皆未嘗仕，然其風聲足以激貪厲俗，近古之逸民也。若王吉、貢禹、兩龔之屬，皆以禮讓進退云。」〔漢〕班固著；〔唐〕顏師古注：《漢書》（北京：中華書局，二〇〇七年十月），頁三〇五八。

「不可！」再三強之，不許。布大怒，以兵脅之曰：「為之則生，不為則死。」渙顏色不變，笑而應曰：「渙聞唯德可以辱人，不聞以罵。使彼固君子也，且不恥將軍之言；彼誠小人也，將復將軍之意，則辱在此，不在於彼。且渙他日之事劉備，猶今日之事將軍也。如一旦去此，復罵辱將軍，可乎？」布慚而止。[109]

（袁）渙字曜卿，司徒滂之子也。渙少與弟微俱以德行稱。是時漢室衰微，天下將亂。渙與微閒居，從容謀安身避亂之地。渙慨然歎曰：「漢室陵遲，亂無日矣。苟天下不靖，逃將安之？若天將喪道，民以義存，唯強而有禮，可以庇身乎？」微曰：「古人有言：『知幾其神乎？』見幾而作，君子所以元吉也。天理盛衰，漢其已矣。夫有大功必有大事，此又君子之所深識，退藏於密者也。且兵革之興，外患眾矣，微將遠蹈山海，以求免乎？」天下殽亂，各行其所志。微避地至交州，渙展轉劉備、袁術、呂布之間，晚乃遇曹公。[110]

第二條史料在《三國志・魏書・袁渙傳》僅言：「（袁）霸弟徽，以儒素稱。遭天下亂，避難交

109 〔晉〕袁宏撰；周天遊校注：《後漢紀校注》，頁八〇三。
110 同前註，頁八〇四。

州。」[111]袁渙在漢末政局的重要性，與荀彧、諸葛亮相比明顯較薄弱許多，袁宏還是特別耗費篇幅。除前文的兩條史料，還有一條史料再加總起來幾盡是採納了陳壽〈袁渙傳〉一半的內容，而且另有持續補充《三國志》未載的情況，後文會再徵引之。

袁宏崇揚祖先的行為，其實反映出當時史籍的撰述風氣，誠如劉知幾《史通・內篇・煩省》：

> 降及東京，作者彌眾。至如名邦大都，地富才良，高門甲族，代多髦俊。邑老鄉賢，競為別錄；家牒宗譜，各成私傳。於是筆削所採，聞見益多。此中興之史，所以又廣於《前漢》也。[112]

東漢以降，地方史、家族史等之產量十分驚人，說明推崇地方、家族的風氣相當興盛，餘風也會旁及其他類型史籍。例如孫吳謝承撰寫《後漢書》就特別記載其父親：「謝承父嬰為尚書侍郎，每讀高祖及光武之後將相名臣策文通訓，條在南宮，秘於省閣，唯臺郎升複道取急，因得開

111 〔晉〕陳壽撰；〔宋〕裴松之注：《三國志》，頁三三六。
112 〔唐〕劉知幾著；〔清〕浦起龍通釋；王煦華整理：《史通通釋》，頁二四六。

覽。」[113]說明就東漢斷代史著作而言，本就有特筆記載家族先祖的前例。後來華嶠《後漢書》中的《譜敘》，褒揚先祖的情況非常明顯，第二節已經徵引說明。司馬彪撰寫《續漢書》，亦承襲班固（三二－九二）《漢書》的前例，書中內容亦包括特筆敘述家族的《序傳》[114]。因而袁宏的作法在東漢斷代史著作中並不突兀[115]。梁啟超有一段話語，其實觸及了子孫撰寫先祖之歷史敘述成果的兩重性：

> 私家之行狀、家傳、墓文等類，舊史家認為極重要之史料，吾儕亦未嘗不認之。雖然，其價值不宜誇張太過。蓋一個人之所謂豐功偉烈、嘉言懿行，在吾儕理想的新史中，本已不足輕重，況此等虛榮溢美之文，又半非史實耶？[116]

113 《昭明文選》卷二十四〈答賈長淵〉注引。〔梁〕蕭統主編；〔唐〕李善注：《文選（附考異）》，頁六二五。

114 盧弼注引沈家本：「（司馬）彪撰《續漢書》，仿班氏《漢書》之例為《序傳》。然則《序傳》者，《續漢書》之《序傳》，非分篇也。趙氏《劄記》別出《序傳》一目，亦誤。」〔晉〕陳壽撰；〔南朝宋〕裴松之注；盧弼集解；錢劍夫整理：《三國志集解》，頁一九九。

115 另一本從袁宏家族立場出發的史著，亦不乏推崇袁渙的情況，當見該家族對特定祖先之愛載。《三國志．魏書．袁渙傳》注引《袁氏世紀》：「（呂）布之破也，陳羣父子時亦在布之軍，見太祖皆拜。（袁）渙獨高揖不為禮，太祖甚嚴憚之。時太祖又給眾官車各數乘，使取布軍中物，唯其所欲。眾人皆重載，唯渙取書數百卷。資糧而已，眾人聞之，大慚。渙謂所親曰：『脫我以行陳，令軍發足以為行糧而已，不以此為我有。由是厲名也，大悔恨之。』太祖益以此重焉。」〔晉〕陳壽撰；〔宋〕裴松之注：《三國志》，頁三三四。

116 見氏：《中國歷史研究法》（北京：中華書局，二〇〇九年五月），頁六〇。

子孫記載祖先的優點是詳細記載「豐功偉烈」、「嘉言懿行」，缺點則是難免有溢美之文。如何妥善處理先祖的事蹟，係屬於史家擺盪在家族與實錄間的難題。可能是袁宏的敘述還未揄揚太過，也近於《三國志》的內容，因而易於讓後人信服之。

二、袁渙的漢臣定位辨析

關於袁渙的漢臣定位，有一個問題相當值得商榷。清代李慈銘（一八三〇－一八九五）在閱讀完南宋蕭常《續後漢書》後，有段心得：

> 閱蕭常《續後漢書》。蕭氏學識未精，不能知陳氏作書之意，其所采亦不出原書及注，而于吳、魏人事，務從刊落，曹氏尤為簡略。其以陳登、袁渙、邴原、陸績四人為未嘗忘漢，拔冠列傳，在諸葛忠武之前。然陳、袁猶為有說。邴、陸既未與昭烈交，而邴仕曹氏，累居右職，陸仕孫吳，官至將軍，強為漢臣，殊非史體。[117]

[117] 〔清〕李慈銘撰：《越縵堂讀書記》（北京：中華書局，二〇〇六年九月），頁一九三。

諸葛亮一生致力於復興漢室，相信漢猶未亡的人物形象，若袁宏因而於《後漢紀》將之列入個傳，並不會讓人感到意外。荀彧一生皆未曾任職魏官，而且為了阻止曹操建立魏國，封九錫而喪命，是故論者往往將之視作漢臣。但是，倘若天意依然眷顧漢王朝，曹魏政權是非法篡逆者，那麼任職於曹魏政權的祖先該如何貞定其歷史定位，就變成一項需要審慎處置的問題。

袁渙是否具備資格，李慈銘僅言「猶為有說」，認為將袁渙視作漢臣是交代得過去的，然而該說法是否為篤論還需再行商議[118]。劉備死時據《三國志・魏書・袁渙傳》：「時有傳劉備死

118 蕭氏認定陳登、袁渙、邴原、陸績「未嘗忘漢」而「拔冠列傳」。袁渙為本節主角，邴原則不知有何事蹟。陸績的緣由應是其臨終前稱自己為「有漢志士」，但誠如清代周壽昌（一八一四－一八八四）：「（陳壽）〈陸績傳〉：『有漢志士，吳郡陸績。』予案陸績之亡當在建安末年，魏未革命、吳未封王，故猶得稱有漢志士也。」〔清〕周壽昌撰：《三國志注證遺（廣雅書局刊本）》，徐蜀編：《魏晉南北朝正史訂補文獻彙編》（北京：北京圖書館出版社，二〇〇四年四月），第一冊，頁八六八。陳登（字元龍）「猶為有說」應是與劉備有故交的緣故，但誠如清代俞鴻漸（一七八一－一八四六）：「陳元龍文武膽志，先主亦極推之，死時年三十九歲，論者以為惜。抑知其無所惜也。（陳）登為（呂）布使，（曹）操即陰受操命合眾以圖布。操到下邳，率郡卒為先驅，以功拜伏波將軍。其在匡琦城，又兩敗孫策兵。操臨大江，每恨不用元龍計，令封豕養其爪牙。是固甘心為操用矣。令其永年，一郭嘉、荀彧之儔耳。雖欲託名漢臣，其可得哉？」唯獨俞氏該語言荀彧也是不能列入漢臣，則有自我矛盾之嫌，其專論荀彧時：「謂其不得為忠於漢則過矣，（曹）操迎天子，（荀）彧寔勸之，操加九錫，彧又諫之，是亦可見彧之心乎漢矣！……或不免失身於操，遂至忠於漢而人不與其忠。君子不能不歎良禽之必當擇木而棲耳。」〔清〕俞鴻漸撰：《讀三國志隨筆》（上海：上海古籍出版社，二〇一〇年，清代詩文集彙編影印清道光二十七年萱蔭山房刻本），頁六六一。

者，群臣皆賀；（袁）渙以嘗為備舉吏，獨不賀。」[119]袁渙與劉備有故交這點，應是最有力的根據。然而檢視袁渙一生，將之歸於曹魏列臣傳中才最為適當，《三國志・魏書・袁渙傳》：

是時新募民開屯田，民不樂，多逃亡。（袁）渙白太祖曰：「夫民安土重遷，不可卒變，易以順行，難以逆動，宜順其意，樂之者乃取，不欲者勿彊。」太祖從之，百姓大悅。遷為梁相。……以病去官，百姓思之。後徵為諫議大夫、丞相軍祭酒。[120]

魏國初建，為郎中令，行御史大夫事。（袁）渙言於太祖曰：「今天下大難已除，文武並用，長久之道也。以為可大收篇籍，明先聖之教，以易民視聽，使海內斐然向風，則遠人不服可以文德來之。」太祖善其言。……居官數年卒，太祖為之流涕，賜穀二千斛，一教「以太倉穀千斛賜郎中令之家」，一教「以垣下穀千斛與曜卿家」，外不解其意。教曰：「以太倉穀者，官法也；以垣下穀者，親舊也。」又帝聞渙昔拒呂布之事，問渙從弟敏：「渙勇怯何如？」敏對曰：「渙貌似和柔，然其臨大節，處危難，雖賁育不過也。」[121]

119 〔晉〕陳壽撰；〔宋〕裴松之注：《三國志》，頁三三五。
120 同前註，頁三三四。
121 同前註，頁三三五。

袁渙不僅效力曹操帳下，還與曹操私交甚篤。又，袁渙接受了魏國的任職（「魏國初建，為郎中令，行御史大夫事」），與荀彧終其一生都是漢臣有別。其個傳較適宜列入曹魏列臣，清代張廉辨析蕭常與明代謝陛《季漢書》的袁渙個傳安排：

> 邴原、袁渙，蕭書列於漢臣，謂袁、邴二子，雖嘗為（曹）操所辟，**直迫於勢耳**，豈本心哉？故表而出之，不與荀、華等並列。謝書亦列邴原、袁渙、張範於內傳，然按邴原當魏武北伐單于，還往昌國時，先諸人而遠迎，出於魏武之不意，又從魏武東征孫權而卒，則似非迫於勢而仕者。蕭書、謝書列於漢臣，邴原不能無愧心也。至於袁渙，謂從弟徽：「天下擾攘，逃將安之？惟強而有禮可以庇身。」**則其志原在擇強而仕，為庇身計**。故始也，事昭烈於豫州，繼也依袁術，又為呂布所得，布亡而歸於魏，為沛南部都尉，遷為梁相，徵為諫議大夫、丞相軍祭酒，轉為郎中令，行御史大夫事。**屢言治道，盡心於魏，益非勢迫可知**。[122]

122 〔清〕張廉撰：《季漢書辨異》（北京：北京出版社，二〇〇一年一月，四庫未收書輯刊影印清道光九年青山環漪軒刻本），第三輯，第一四冊，頁七四二—七四三。

袁渙個人品行頗佳，唯獨盡心於曹魏政權確是實錄，非是受迫於權勢才仕宦之。宋代陳亮（一一四三－一一九四）對袁渙強調「強而有禮，可以庇身乎」云云表示：「諸儒之所以自處者審矣。」[123]應是稱許諸儒於亂世時奉守「亂邦不入」、「危邦不居」的原則，用該標準稱美袁渙在亂世時側身於「強而有禮」諸侯的選擇。然而也要注意到，袁渙沒有明確標榜要復興漢室，只不過是要選擇較尊重禮制、較值得信賴依靠的諸侯而已[124]。張廉分析得非常闢透，說明了蕭、謝這兩位史家在個傳安排方面確實值得商榷。

袁宏在《後漢紀》重新開始替這位代表家族榮耀過往的祖先定位，並且於敘述之中頗費心思，似乎有意避免讓袁渙與曹魏純臣的印象劃上等號，卷二十九：

> （袁）渙說（曹）操曰：「夫兵者，凶器也，不得已而用之。鼓之以道德，征之以仁義，兼撫其民，而除其害。夫然，故可與之死，可與之生。自大亂以來，十數年矣，民之欲安，甚於倒懸，然而暴亂未息者，何也？豈政失其道與？伏聞明君善於救世，亂則濟之以

123 〔南宋〕陳亮撰：《三國紀年》（臺北：藝文印書館，一九六八年，百部叢書集成影印涵海），葉六上。

124 袁渙為人固然有值得稱美處，但不適宜因而否定其魏臣的定位，清代牛運震就犯了這個錯誤：「袁（渙）、張（範）諸人並有行誼、學術，一時清峻之士不得以魏將相諸臣等置之。」〔清〕牛運震撰：《空山堂讀史糾謬．三國志糾繆（嘉慶二十三年（一八一八）刻空山堂全集本）》，〔清〕杭世駿、牛運震等撰：《二十二史考論（歷代正史研究文獻叢刊）》，第一冊，頁三一五。

義，偽則鎮之以樸，世異事變，治國不同，不可不察也。夫制度損益，此古今之不必同者也。若夫惠愛天下，而反之於正，雖以武平禍亂，而濟之以德，誠百王不易之道也。公明哲超世，古之所以得其民者，公既勤之矣；今所以失其民者，公既戒之矣，海內賴公，得免於危亡之禍，然而民未知義，唯公所訓之，則天下幸甚。」**渙常謂人曰：「夫居兵亂之間，非吾所長。」每〔謙〕（讓）不敢處也。**[125] **操重渙言，以為軍諮祭酒。**

該次歷史事件，陳壽於《三國志．魏書．袁渙傳》：

（袁）渙言曰：「夫兵者，凶器也，不得已而用之。鼓之以道德，征之以仁義，兼撫其民而除其害。夫然，故可與之死而可與之生。自大亂以來十數年矣，民之欲安，甚於倒懸，然而暴亂未息者，何也？意者政失其道歟！渙聞明君善于救世，故世亂則齊之以義，時偽則鎮之以樸；世異事變，治國不同，不可不察也。夫制度損益，此古今之不必同者也。若夫兼愛天下而反之於正，雖以武平亂而濟之以德，誠百王不易之道也。公明哲超世，古之

125 〔晉〕袁宏撰；周天遊校注：《後漢紀校注》，頁八〇四－八〇五。

所以得其民者，公既勤之矣，今之所以失其民者，公既戒之矣，海內賴公，得免於危亡之禍，然而民未知義，其惟公所以訓之，則天下幸甚！」**太祖深納焉。拜為沛南部都尉。**[126]

對比《後漢紀》、《三國志》，除曹操所拜官名不同，袁宏在結尾處增補了袁渙的一席話語，即「渙常謂人曰：『夫居兵亂之間，非吾所長。』每謙讓不敢處也。」交代袁渙在漢末之出處皆是以謙讓護生為首要考量，不是有意爭取曹魏官職、榮譽，況且袁渙還每每不敢處其位也！即使是同期史家習鑿齒的通史《漢晉春秋》，在正統歸屬判定時亦難免有考量到祖先仕宦蜀漢的層面[127]。袁宏於《後漢紀》一書批判曹魏君王乃是篡逆者的同時，也考量到了如何才能較妥善地處理祖先定位的問題，避免先祖落入協助權臣篡逆的爪牙之列。

126 〔晉〕陳壽撰；〔宋〕裴松之注：《三國志》，頁三三三—三三四。

127 〔日〕渡邊義浩：《諸葛亮孔明：その虚像と實像》（東京都：新人物往来社，一九九八年二月），頁九。

第五章　東晉史家的諸葛亮型塑[1]

第一節　常璩的「三國正統觀」與諸葛亮人物形象

一、正統觀的妥協與對陳壽的致敬

東晉（三一七－四二〇）史家常璩（二九一？－三六一？）撰寫《華陽國志》的臨史心態，某種程度上頗有鄉賢譙周（二〇一－二七〇）與陳壽（二三三－二九七）的疊影。疊影係指常璩勸成漢（三〇四－三四七）李勢（？－三六一，三四三－三四七在位）投降東晉，與譙周勸蜀漢

1 關於東晉以後諸葛亮人物形象的變遷，學界已有較簡略的概述，詳見陳翔華：〈魏晉南北朝時期的諸葛亮故事傳說〉，《三國志演義縱論》（臺北：文津出版社，二〇〇六年九月），頁二四八－二六五；（日）渡邊義浩：〈諸葛亮像の變遷〉，《日本大東文化大學『漢學會誌』》第三七號（一九九八年三月），頁一－三七；張谷良撰：《諸葛亮民間造型之研究》（花蓮：國立東華大學中國語文學系博士論文，鄭清茂、曾永義先生指導，二〇〇六年六月）。

（二二一—二六三）後主劉禪（二〇七—二七一，二二三—二六三在位）投降司馬氏如出一轍；常璩撰寫《華陽國志》時的處境，亦同陳壽是在貳臣、晉臣的雙重身份下撰寫史書。《華陽國志．巴志》曾記載：「及晉，譙侯脩文於前，陳君煥炳於後，並（司馬）遷雙（班）固，倬群穎世。甄在傳記，縉紳之徒，不勝次載焉。」[2]將「譙侯」譙周、「陳君」陳壽推揚至司馬遷、班固（三二—九二）兩位卓越史家的地位。陳壽《三國志》一書，後世將之與《史記》、《漢書》同列於四史之列，應非過美之譽。唯獨衡量譙周的史才表現，恐不足承受該崇高之稱美，常璩顯係有心欲誇詡鄉賢。這一表彰巴蜀地區的文化或歷史人物隱約透露的迫切感，很可能也是常璩在東晉仕途不順的抑鬱心理之反映[3]。

常璩的「三國正統觀」應是基本承續著西晉官方的認定，反映出史家的晉臣身份而將曹魏政權（二二〇—二六五）視作正統王朝。《華陽國志．劉後主志》「譔曰」：「諸葛亮雖資英霸之能，而主非中興之器，欲以區區之蜀，假已廢之命，北吞強魏，抗衡上國，不亦難哉。似宋襄公

---

2 〔晉〕常璩著；任乃強校注：《華陽國志補圖注》（上海：上海古籍出版社，二〇〇九年七月），頁四五。

3 任乃強：「李勢時，（常）璩官散騎常侍，素服巴西龔壯言論，傾心江左。永和三年，桓溫伐蜀，軍至成都，璩與中書堅王監王嘏等勸勢降晉，隨勢徙建康。江左重中原故族，輕蜀人，璩時已老，常懷亢憤，遂不復仕進，裒削舊作，改寫成為《華陽國志》。其主旨在於誇詡巴蜀文化悠遠，記述其歷史人物，以頡頏中原，壓倒揚越，以反抗江左士流之誚藐。」同前註，「前言」，頁一—二。

求霸者乎！」[4]「英霸之能」的形容，應是源自陳壽在〈上《諸葛氏集》表〉言「（諸葛）亮少有逸群之才，英霸之器」[5]的評語。代表史家信服陳壽的論斷，以及認同諸葛亮擁有非常卓越的才能。至於「假已廢之命」一語，則認定蜀漢標榜繼承的漢室「天命」已經告終、天意已改，縱然是諸葛亮也無法扭轉之，無法北吞「上國」、「強魏」。成為解釋諸葛亮北伐失敗的三項客觀因素（另兩項即「主非中興之器」（君主無能）、「區區之蜀」（國力差距））之一，該段議論顯係有與晉室「三國正統觀」認定妥協的意味[6]。陳壽在〈上《諸葛氏集》表〉：「（諸葛）亮之器能政理，抑亦管、蕭之亞匹也，而時之名將無城父、韓信，故使功業陵遲，大義不及邪？蓋天命有歸，不可以智力爭也。」曹魏既是「天命」攸歸，則諸葛亮自然無法用「智力爭」，無法挪乾轉坤。陳壽認定「時無名將」致使「功業陵遲」的解釋，相信常璩亦是抱持著相同見解，其於「譔曰」之前引用入晉的蜀漢舊臣王崇論後主劉禪：「後主庸常之君，雖有一（諸葛）亮之經緯，內無骨附之謀，外無爪牙之將，焉可包括天下也。」[7]透過這段史論的徵引，無疑又在該書

4 同前註，頁四二九。

5 見《三國志．蜀書．諸葛亮傳》。〔晉〕陳壽撰；〔宋〕裴松之注：《三國志》（北京：中華書局，二〇〇七年五月），頁九三〇。

6 任乃強的判斷頗有參考價值：「常璩舊撰《蜀漢書》原有評（諸葛）亮語，與此不同。迨徙江左，改寫為《華陽國志》，始換此論。責亮違天逆時，以適降臣口吻，然猶盛稱其治效，則初論為頌揚無譏可知矣。」〔晉〕常璩著；任乃強校注：《華陽國志補圖注》，頁四三〇。

7 同前註，頁四二九。

中減輕諸葛亮北伐失敗所需要肩負的責任。

關於常璩之「三國正統觀」，還有一段敘述相當值得注目，《華陽國志・序志》記載劉備「居正慮明，名號絕替」云云：

> 政去王室，權流三傑。瓜分天壤，宰割民物。含彼信順，任此智計。大道既隱，詭詐競設。並以豪特，力爭當世。居正慮明，名號絕替。身兼萬乘，籍同列國。述《劉先主志》第六。[8]

任乃強言「居正」、「慮明」、「名號絕替」：「謂劉備承漢正統。」[9]「謂備能行明王之政。」[10]「謂曹丕篡漢而後劉備稱帝」[11]。如是解釋「居正」，似乎常璩又視蜀漢是三國時期的正統王朝，而與《華陽國志・劉後主志》評蜀漢乃是「假已廢之命」一語衝突。出生蜀地的史家常璩，若有陰欲崇揚蜀漢的情況並不難理解。但是這裡指稱的「居正」恐怕不盡然指「正統王

8 同前註，頁七三二。
9 同前註，頁七三四。
10 同前註。
11 同前註。

朝」，較可能是指劉備陣營在漢末眾家諸侯中，最忠心耿耿於漢室（致力扶漢、復漢）；又能善用賢才、善待百姓，是故稱之「居正處明」。「名號絕替」係指漢室宗室劉備，在漢獻帝劉協（一八一－二三四，一八九－二二〇在位）不守帝位的情況下接替之；即使如此，德運亦已經轉移，任何「紹漢」的炎劉政權皆已是不得「天命」了。

常璩同鄉賢陳壽一般將正統歸予了曹魏政權，而遭到後世的譏斥，例如清代（一六四四－一九一一）張澍（一七七六－一八四七）〈答客問〉：「常璩反沿西充之志，裴松竟無糾駁之文，未免檮昧，不察阿枉矣。」[12]「西充」係指陳壽，「檮昧」係指愚昧無知[13]。這裡涉及到裴松之（三七〇－四四九）未能更動帝統的議題，第六章第三節、第四節將進一步探討。僅就言及常璩部份的指責析論，明顯沒有同情史家的晉臣身份，也沒有觀察到《華陽國志》的蜀漢政權英雄人物書寫，已經有趨於正面的跡象了。這點從該書的主要史料來源可以察見端倪。陳壽構思《三國志》時採用三書並置的方式，並且遵循紀傳體替傳主隱惡揚善的原則，誠如李純蛟：

> 《三國志》記魏、蜀、吳三方間勝敗諸事，降彼略此，隱此彰彼，身兼三角，代為立言，不僅使其史著高簡爽洁，而且使它更能滿足三國遺臣遺民的情感需求。若把三書分而視

12 見〔三國〕諸葛亮著；段熙仲，聞旭初編校：《諸葛亮集》（北京：中華書局，二〇一〇年五月），序頁一四。

13 注解係參考王瑞功之說法，見氏：《諸葛亮研究集成》（濟南：齊魯書社，一九九七年九月），冊上，頁八六七。

之，魏人讀《魏書》，蜀人讀《蜀書》，吳人讀《吳書》，都會備感親切、輕鬆和快慰；若把三書合而視之，彼此「短」「長」相濟，「勝」「敗」互見，又自成一部完整的信史。[14]

相較王沈（？－二六六）《魏書》、魚豢《魏略》、韋昭（二〇四－二七三）《吳書》等著作詆毀敵國傾向相當明顯，陳壽已經盡量較平實的對待蜀漢了。《三國志．蜀書》之內容，往往彰揚蜀漢之勝、之長，曝露曹魏與孫吳（二二九－二八〇）之敗、之短。常璩建構三國史時就是用《三國志．蜀書》為骨架，劉重來、徐適端：「第六卷《劉先主傳》和第七卷《劉後主傳》，常璩主要取材於《三國志．蜀書》。」[15]進一步鎔攝《三國志》其他部份以及其他史籍的內容，如是筆下的蜀漢歷史圖像自然較容易趨於正面。

常璩《華陽國志》不僅於史料方面主要參酌陳壽《三國志》，亦時常視陳壽「評曰」為權威觀點。除前文論及諸葛亮與「天命」處，明顯有陳壽的身影，《華陽國志．公孫述劉二牧志》

14 見氏：《三國志研究》（成都：巴蜀書社，二〇〇二年九月），頁八〇。盧弼已指出陳壽撰寫歷史時有此現象：「《魏志．胡質傳》：『……』此與本傳所載互異。蓋兩國兵爭，伐功諱敗，故（陳壽）記載各殊也。」〔晉〕陳壽撰；〔南朝宋〕裴松之注；盧弼集解；錢劍夫整理：《三國志集解》（上海：上海古籍出版社，二〇〇九年六月），頁三三六三。

15 劉重來，徐適端主編：《《華陽國志》研究》（成都：巴蜀書社，二〇〇八年六月），頁一一。

「譔曰」同樣：「（劉）璋才非人雄，據土亂世，其見奪取，陳子以為非不幸也。」[16]以及《華陽國志・劉先主志》：「（劉備）託孤於諸葛亮而心神無貳。陳子以為君臣之至公，古今之盛軌也。」[17]始終採用「陳子」（陳壽）的意見，肯定其對劉璋被奪取基業以及「臨終託孤」一事的評判，在在說明史家個人崇仰鄉賢陳壽的心態[18]。

二、諸葛亮史料的收集與關注

《華陽國志》的歷史圖像理論上對蜀漢君臣頗為有利，但是具體情況如何還是需要一一勾勒。微觀檢索常璩的記載，部份不是源自於《三國志》卻頗有溢美蜀漢英雄人物象徵諸葛亮的史料，即收錄於該書。《華陽國志・南中志》就率先載錄後世聞名的「七擒孟獲」故事：

夏五月，（諸葛）亮渡瀘，進征益州。生虜孟獲，置軍中，問曰：「我軍如何？」獲對曰：「恨不相知，公易勝耳。」亮以方務在北，而南中好叛亂，宜窮其詐。乃赦獲，使還

16 〔晉〕常璩著；任乃強校注：《華陽國志補圖注》，頁三五二。
17 同前註，頁三八四。
18 陳壽另一部著作《益部耆舊傳》亦影響《華陽國志》甚多，詳見王仲鏞：〈陳壽《益部耆舊傳》探微〉，收錄於李大明主編：《巴蜀文學與文化研究》（北京：商務印書館，二〇〇五年八月），第三章〈《益部耆舊傳》的影響及其佚存情況〉，頁二六七—二七〇。

合軍，更戰。凡七虜、七赦。獲等心服，夷、漢亦思反善。亮復問獲，獲對曰：「明公，天威也！邊民長不為惡矣。」[19]

這件歷史傳聞雖然古今豔稱，例如明代（一六三八－一六四四）楊時偉引王士騏：「諸葛公七縱七擒，振古未有。夷人心服，千載如新，而本傳只以三語盡之。苦心妙用，俱不可尋，（陳）壽于是可恨。」[20]「七縱七擒」這條讓陳壽遭受後世「可恨」責難的史料，明顯有民間故事傳說的痕跡，恐怕難以徵信[21]。常璩亦未修飾、調整不合理之處，恐怕有意欲神話諸葛亮南征一事，並且美化其軍事才能的嫌疑。回顧常璩指稱諸葛亮北伐失敗的三項客觀條件中，就沒有接續陳壽指稱諸葛亮「應變將略」方面稍有不足的言論，應與其收錄「七擒孟獲」一事的抉擇相關。

---

19 〔晉〕常璩著；任乃強校注：《華陽國志補圖注》，頁二四一。

20 〔明〕楊時偉撰：《諸葛忠武書》（臺北：臺灣商務，一九七〇年，四庫全書珍本六集），卷二，頁一一上。

21 盧弼注引《通鑑輯覽》：「七縱七擒，為記載所豔稱，無識已甚。蓋蠻夷固當使之心服，然以縛渠屢遣，直同兒戲，一再為甚，又可七乎？即云几上之肉不足慮，而脫鞲試鷹，發柙嘗虎，終非善策。且彼時（諸葛）亮之所急者，欲定南而伐北，豈宜屢縱屢擒，耽延時日之理？知其必不出此。」〔晉〕陳壽撰；〔南朝宋〕裴松之注；盧弼集解；錢劍夫整理：《三國志集解》，頁二四六〇。諸葛亮〈南蠻〉表自言處理南中地區的政策，正是「春夏多疾疫，利在疾戰，不可久師」而且南蠻「性不能教」，確實沒有「耽延時日之理」：「南蠻多種，性不能教，連合朋黨，失意則相攻，居洞依山，或聚或散，西至崑崙，東至洋海，海產奇貨，故人貪而勇戰，春夏多疾疫，利在疾戰，不可久師也。」〔三國〕諸葛亮著；段熙仲，聞旭初編校：《諸葛亮集》，頁一〇二。

常璩關注諸葛亮的南征事蹟，除「七擒孟獲」的佳話，還有收錄其他陳壽沒有記載的史料，例如《華陽國志．南中志》：「（諸葛）亮收其俊傑建寧爨習，朱提孟琰及獲為官屬，習官至領軍，琰，輔漢將軍，獲，御史中丞。」[22]以及衡量南方民情後，進行妥善的政治處置：

> 其俗徵巫鬼，好詛盟，投石結草，官常以盟詛要之。諸葛亮乃為夷作圖譜：先畫天地，日月，君長，城府，次畫神龍；龍生夷，及牛馬羊；後畫部主吏，乘馬幡蓋，巡行安卹；又畫牽牛負酒、齎金寶詣之之象，以賜夷。夷甚重之，許致生口直。又與瑞錦、鐵券，今皆存。每刺史、校尉至，齎以呈詣。動亦如之。[23]

兩條史料分別涉及諸葛亮在征戰過後如何吸收在地人才的事蹟，以及穩定南中地區政局的貢獻。尤其次條史料，考量到諸葛亮五月入南、秋便離去，軍馬倥傯之際未必有餘力深研民俗以造圖[24]，該事可否採信相當可疑。

---

22 〔晉〕常璩著；任乃強校注：《華陽國志補圖注》，頁二四一。

23 同前註，頁二四七－二四八。

24 任乃強：「此所云諸葛亮作之圖譜，自屬夷民確有此種畫冊保存。疑是李恢、呂凱或霍弋等適應當時夷民思想，制成之畫冊，供賞賜頭人用者，非即諸葛亮創此教誘夷民方法。亮五月入南，秋便離去，軍務倥傯，恐未能深研民俗，安得造設此圖？」同前註，頁二五三。

若論及該書呈現諸葛亮「識治良才」面相的史料，詳見《華陽國志．劉後主志》記錄下這位賢相的治國方針：

初，丞相（諸葛）亮時，有言公惜赦者。亮答曰：「治世以大德，不以小惠。故匡衡、吳漢不願為赦。先帝亦言：吾周旋陳元方、鄭康成間，每見啟告，治亂之道矣，曾不語赦也。若景升、季王父子，歲歲赦宥，何益於治？」故亮時，軍旅屢興，赦不妄下也。[25]

南宋（一一二七－一二七九）朱熹（一一三〇－一二〇〇）從儒家執政的原則切入：「（孟子）言每人皆欲致私恩以悅其意，則人多日少，亦不足於用矣。諸葛武侯嘗言，『治世以大德，不以小惠』，得孟子之意矣。」[26]當見諸葛亮論赦，誠得治國之大體！北宋（九六〇－一一二七）司馬光（一〇一九－一〇八六）在《資治通鑑》亦青睞該條記載，將之納入該書曹魏正始七年（二四六）[27]。南宋葛洪於《涉史隨筆》「唐太宗不欲數赦」條，也視諸葛亮的大赦原則為典

25 同前註，頁四〇九。

26 朱熹之注係對《孟子．離婁章句下》：「子產聽鄭國之政，以其乘輿濟人於溱洧。孟子曰：『惠而不知為政。歲十一月徒杠成，十二月輿梁成，民未病涉也。君子平其政，行辟人可也，焉得人人而濟之？故為政者，每人而悅之，日亦不足矣。』」〔宋〕朱熹撰：《四書章句集注》，（北京：中華書局，一九八三年十月），頁二八九－二九〇。

27 〔宋〕司馬光編著；〔元〕胡三省音注：《資治通鑑》（北京：中華書局，二〇〇七年六月），頁二三六七。

範：「（唐）太宗之見固卓矣，然其意特不欲數耳，而仍未免於或赦，安得武侯者與之上下其論哉！」[28]認為諸葛武侯不欲赦之明治[29]，實非唐太宗能迄及。從前賢的評語，不難想見常璩收錄這條史料實具有再強化諸葛亮乃是「識治良才」者的印象。

常璩還在《華陽國志・廣漢士女》記載劉禪誅殺試圖詆毀諸葛亮者的事件，從中可以察見後主相當肯定這位賢相十二年來竭盡心力、鞠躬盡瘁的表現：

> （建興）十三年，（諸葛）亮卒。後主素服發哀三日，（李）邈上疏曰：「呂祿、霍禹，未必懷反叛之心，孝宣不好為殺臣之君，直以臣懼其偪，主畏其威，故姦萌生。亮身杖

---

28 〔南宋〕葛洪撰：《涉史隨筆》（板橋：藝文印書館，一九六六年，百部叢書集成據清乾隆鮑廷博校刊影印本），葉二一上。南宋葛洪指稱的唐太宗論赦一事，詳見《舊唐書・太宗本紀上》記載唐太宗謂侍臣曰：「天下愚人，好犯憲章，凡赦宥之恩，唯及不軌之輩。古語曰：『小人之幸，君子之不幸。』『一歲再赦，好人喑啞。』凡養稂莠者傷禾稼，惠姦宄者賊良人。昔文王作罰，刑茲無赦。又蜀先主嘗謂諸葛亮曰：『吾周旋陳元方、鄭康成間，每見啟告理亂之道備矣，曾不語赦也。』夫小人者，大人之賊，故朕有天下已來，不甚放赦。今四海安靜，禮義興行，非常之恩，施不可數，將恐愚人常冀僥倖，唯欲犯法，不能改過。」〔後晉〕劉昫等撰：《舊唐書》（北京：中華書局，二〇〇七年四月），頁三五。

29 諸葛亮接受託孤後，只有在新皇帝劉禪登基時，按慣例大赦。

強兵，狼顧虎視，五大不在邊，臣常危之。今亮殞歿，蓋宗族得全，西戎靜息，大小為慶。」後主怒，下獄誅之。[30]

劉禪顯係認為諸葛亮執政並無不妥，對有人惡意中傷之感到非常憤怒。這條史料除說明君臣之間始終情好無二，亦不難看出諸葛亮畢生之公忠體國，最終使得劉禪緬懷之、深愛之。

而且可能與《華陽國志》畢竟是地方志的性質相關，該書一些關於諸葛亮的事蹟，往往具有補充《三國志》的效果。例如《三國志・蜀書・後主傳》：

（建興）九年春二月，（諸葛）亮復出軍圍祁山，始以木牛運。魏司馬懿、張郃救祁山。夏六月，亮糧盡退軍，郃追至青封，與亮交戰，被箭死。秋八月，都護李平廢徙梓潼郡。[31]

《華陽國志・劉後主志》的內容較豐富：

30 〔晉〕常璩著；任乃強校注：《華陽國志補圖注》，頁五六八。
31 〔晉〕陳壽撰；〔宋〕裴松之注：《三國志》，頁八九六。

九年春，丞相（諸葛）亮復出圍祁山。始以木牛運。參軍王平守南圍。司馬宣王拒亮，張郃拒平。亮慮糧運不繼，設三策告都護李平曰：「上計斷其後道。中計與之持久。下計還住黃土。」時宣王等糧亦盡，盛夏雨水。平恐漕運不給，書白亮宜振旅。夏六月，亮承平指引退。張郃至青封交戰，為亮所殺。秋八月，亮還漢中。平懼亮以運不辨見責，欲殺督運領岑述。驚問亮何故來還。又表後主言亮偽退。亮怒，表廢平為民，徙梓潼。[32]

這條史料清楚的記載諸葛亮北伐時規劃的「三策」，已經未雨綢繆的預見了蜀漢、曹魏可能要進行持久戰。倘若李平（嚴）（？－二三四）按規劃盡力於漕運，蜀漢軍隊則可能無需糧盡撤軍。再從「時宣王等糧亦盡」的敘述，或許在己方有糧、對方糧盡的狀況下，蜀漢大軍或有重大斬獲也未可知。常璩還較細部的敘述諸葛亮致力於協調同僚的事蹟，《華陽國志．劉後主志》：「鎮西大將軍魏延與長史楊儀素不和，（諸葛）亮既恃延勇猛，又惜儀籌畫，不能偏有所廢，常恨恨之，為作《甘戚論》。」[33]《三國志．蜀書．楊儀傳》：「（諸葛）亮深惜儀之才幹，憑魏延之驍勇，常恨二人之不平，不忍有所偏廢也。」[34]除同樣記載諸葛亮相當珍惜猛將魏延（？－二三

32 〔晉〕常璩著；任乃強校注：《華陽國志補圖注》，頁三九八。
33 同前註，頁三九八－三九九。
34 〔晉〕陳壽撰；〔宋〕裴松之注：《三國志》，頁一〇〇五。

四）、能臣楊儀（？－二三五）各自的才幹，常璩更敘述諸葛亮還十分重視該事至特別撰寫〈甘戚論〉一文，希望藉此曉悟兩人。

前文茲引《華陽國志》收錄的諸葛亮相關事蹟，「七擒孟獲」一事遠比後來習鑿齒（？－三八四？）《漢晉春秋》更早提及該事，其他的記載則皆首見於《華陽國志》，又或者是較《三國志》詳細完整。而且無論就「為相」還是「為將」的能力，信然皆有正面型塑的效用。常璩過份溢美譙周、十分推崇陳壽，還有筆下諸葛亮的歷史圖像，這些案例不能孤立視之，實是史家欲誇詡巴蜀地域、用心保存鄉賢優秀事蹟心態的展現[35]。

35 甚為有趣的是，常璩《華陽國志》記載蜀漢英雄人物，未發現有如習鑿齒史著存在著土著、「寓賢」親疏有別的「等差結構」，即當土著與外地前來寓居的「寓賢」衝突時態度傾向前者，反而表現出更多包容性。該現象應與王師文進所言吻合：「本文以為酈道元《水經注》的撰述與成書深受常璩《華陽國志》的啟發，常璩雖致力於保存巴蜀文化的工作，但卻未形成狹隘封閉的川蜀地域觀念／地方文化意識，反而能夠對於外來文化的刺激與影響給予比較正面價值的評價而盡可能地避免負面的批評。」見氏：〈北魏文士對南朝文化的兩種態度——以《洛陽伽藍記》與《水經注》為中心的初探〉，《臺大中文學報》第二四期（二〇〇六年六月），頁一四二。林盈翔曾經指出，習鑿齒反對諸葛亮斬殺馬謖，甚至不惜為維護這一位襄陽土著，批評原本相當尊崇的「寓賢」諸葛亮，見氏：〈習鑿齒《襄陽記》與臥龍、鳳雛並稱的源起——兼論《三國志演義》中龐統角色的成敗〉，《雲漢學刊》第一八期（二〇〇九年六月），第貳章〈地方意識對習鑿齒《襄陽記》的影響〉，頁二八－三六。

第二節　孫盛對蜀漢「臨終託孤」的解讀

一、否定蜀漢「臨終託孤」君臣佳話

相較於被稱作地方志典範的《華陽國志》[36]，研究孫盛史學的成果歷來關注較少，但是仔細觀察佚文則頗多值得探討之處。主要的兩部著作《魏氏春秋》、《晉陽秋》，《裴注》分別徵引五十五、二十條；再配合撰寫《魏氏春秋》的副產品《魏氏春秋異同》[37]及其餘古籍蒐集的佚

36 劉重來，徐適端：「常璩對史學最大的貢獻，是拓展了地方志體例，使地方志體例更加完備。清代學者廖寅曾說，常璩以後有編修滇蜀方志的，視常璩《華志》為典範。不僅如此，以後幾乎所有的地方志，都以《華志》為藍本。」劉重來，徐適端主編：《《華陽國志》研究》，頁九七。張世昌則歸納《華陽國志》之三方面價值：一、中國方志體制之濫觴；二、史籍之校補與輔翼；三、蜀地人物軼事之薈萃。見氏：《《華陽國志》研究》，（臺北：花木蘭文化出版社，二〇〇八年三月（原高雄：高雄師範大學國文學系碩士論文，林晉士先生指導，二〇〇七年七月）），第六章〈《華陽國志》之價值〉，頁一三七－一四五。

37 孫盛《魏陽秋異同》（《魏氏春秋異同》）與《魏氏春秋》之關係，喬治忠：「同述一事往往相互歧異，對這些資料的鑒別取捨，乃是撰史中不可避免的工作。孫盛則將這種鑒別史料的依據和見解編撰成《魏陽秋異同》一書。按《魏氏春秋》原名恐亦稱『魏陽秋』，《史通．模擬》篇稱孫盛著『魏晉二陽秋』，清沈濤《同熨斗齋隨筆》指出：『盛避晉鄭太后諱，改「春秋」為「陽秋」』……因此，從書名上看，《魏陽秋異同》即是《魏氏春秋》的副產品。……裴松之在《三國志注》引述本書時或稱『異同評』，或稱『異同雜語』，『雜記』、『異同記』等

文，確實保有一定的數量、內容，今僅就其對諸葛亮抱持的態度為探討中心。

孫盛負面解讀諸葛亮的生平事蹟，應以反對劉備「臨終託孤」予諸葛亮的君臣佳話一事最具代表性，該事詳見《三國志・蜀書・諸葛亮傳》：

> 章武三年春，先主於永安病篤，召（諸葛）亮於成都，屬以後事，謂亮曰：「君才十倍曹丕，必能安國，終定大事。若嗣子可輔，輔之；如其不才，君可自取。」亮涕泣曰：「臣敢竭股肱之力，效忠貞之節，繼之以死！」先主又為詔敕後主曰：「汝與丞相從事，事之如父。」[38]

諸葛亮執政蜀漢十二年的表現，確實符合其所言「敢竭股肱之力，效忠貞之節，繼之以死」的回覆。這一鞠躬盡瘁的忠臣典範，後世往往將之與「臨終託孤」歷史事件連結，呈現劉備、諸葛亮的正面形象效果卓著，例如清代黃中堅：「託國孔明，敕其子事之如父，故孔明得以行其志而

等。」而且該書實分兩大內容：「一是羅列不同的記載而隨之加以孰是孰非、孰實孰虛的判斷，是為『異同評』；二是僅錄各種不同記載或傳聞，尚未能作出是否屬實的判斷，即稱為『異同雜語』或『異同記』，亦簡稱『雜語』、『雜記』等等。」見氏：〈孫盛史學發微〉，《中國官方史學與私家史學》（北京：北京圖書館出版社，二〇〇八年五月），頁三六一—三六二、三六二。

38 〔晉〕陳壽撰；〔宋〕裴松之注：《三國志》，頁九一八。

延漢祚者四十餘年。知人得士之效，豈不亦遠哉！」[39]讚賞劉備信賴諸葛亮一事之明智；西晉袁準：「（諸葛亮）受六尺之孤，攝一國之政，事凡庸之君，專權而不失禮，行君事而國人不疑，如此即以為君臣百姓之心欣戴之矣。」[40]交代諸葛亮接受委託後，雖然職權甚高，卻始終遵守臣節，終使舉國上下皆信服之、愛戴之。

劉備、諸葛亮這一君臣佳話，對持孫吳、曹魏立場的史家而言恐怕產生一定的壓力。仕宦西晉的孫吳舊臣胡沖[41]，在《吳歷》記載一場孫吳版本的「臨終託孤」：「（孫）策謂（張）昭曰：『若仲謀不任事者，君便自取之。正復不克捷，緩步西歸，亦無所慮。』」[42]這條史料《三國志》不載，很可能是吳人按照蜀漢「臨終託孤」故事杜撰的史料[43]。魚豢《魏略》一書則收錄

39 〔清〕黃中堅著：《擬更季漢書昭烈皇帝本紀》（臺北：新文豐出版公司，一九八九年，叢書集成續編影印昭代叢書），頁四九五。元代（一二七一－一三六八）胡三省（一二三〇－一三〇二）：「自古託孤之主，無如昭烈之明白洞達者。」〔宋〕司馬光編著；〔元〕胡三省音注：《資治通鑑》，頁二二一三。

40 《三國志．蜀書．諸葛亮傳》注引。〔晉〕陳壽撰；〔宋〕裴松之注：《三國志》，頁九三四。

41 《三國志．吳書．胡綜傳》：「（胡綜）赤烏六年卒，子沖嗣。沖平和有文幹，天紀中為中書令。」注引《吳錄》：「（胡）沖後仕晉尚書郎、吳郡太守。」同前註，頁一四一八。

42 《三國志．吳書．張昭傳》注引。同前註，頁一二二〇。

43 清代梁章鉅（一七七五－一八四九）：「此與昭烈付託後主之言如出一轍。然阿斗昏稚，先主自不失知人之明，而仲謀英勇蓋世，乃兄亦作此語，將誰欺乎？」〔清〕梁章鉅撰：《三國志旁證（清道光三十年刻本影印）》，〔清〕趙一清等撰：《三國志注補：外四種》（上海：上海古籍出版社，二〇〇七年五月），頁七六一。《吳歷》目前留存史料雖不多，然而不難察見該書有「黨吳」傾向。

曹魏官方文宣〈露布天下并班告益州〉：「劉備背恩，自竄巴蜀。諸葛亮棄父母之國，阿殘賊之黨，神人被毒，惡積身滅。亮外慕立孤之名，而內貪專擅之實。劉升之兄弟守空城而已。」[44]企圖使得該次君臣佳話質變，詆毀諸葛亮實是自私專擅的權臣，並非一心一意奉獻予國。考量《魏略》撰成時，已經經歷過魏文帝曹丕（一八七—二二六，二二〇—二二六在位）、魏明帝曹叡（二〇四—二三九，二二六—二三九在位）託孤予司馬懿（一七九—二五一）[45]，最終發生「高平陵」事件（二四九），大權旁落至司馬氏之手等歷史事件。魚豢收錄該文更可謂之饒富興味。

同魚豢持曹魏立場的孫盛，亦頗不以劉備「臨終託孤」予臣下為然：

> 夫杖道扶義，體存信順，然後能匡主濟功，終定大業。語曰弈者舉棊不定猶不勝其偶，況量君之才否而二三其節，可以摧服強鄰囊括四海者乎？（劉）備之命（諸葛）亮，亂孰甚焉！世或有謂備欲以固委付之誠，且以一蜀人之志。君子曰，不然；苟所寄忠賢，則不須

---

44 《三國志．魏書．明帝紀》注引。〔晉〕陳壽撰；〔宋〕裴松之注：《三國志》，頁九四—九五。

45 《三國志．魏書．文帝紀》：「（黃初七年）夏五月丙辰，（魏文）帝疾篤，召中軍大將軍曹真、鎮軍大將軍陳羣、征東大將軍曹休、撫軍大將軍司馬宣王，並受遺詔輔嗣主。」《三國志．魏書．明帝紀》：「（景初）三年春正月丁亥，太尉宣王還至河內，（魏明）帝驛馬召到，引入臥內，執其手謂曰：『吾疾甚，以後事屬君，君其與（曹）爽輔少子。吾得見君，無所恨！』宣王頓首流涕，即日，帝崩於嘉福殿，時年三十六。」同前註，頁八六、一一四。

> 若斯之誨，如非其人，不宜啟簒逆之塗。是以古之顧命，必貽話言；詭偽之辭，非託孤之謂。幸值劉禪闇弱，無猜險之性，諸葛威略，足以檢衛異端，故使異同之心無由自起耳。不然，殆生疑隙不逞之釁。謂之為權，不亦惑哉！[46]

孫盛認為劉備該舉未免過於犯險，最終沒有發生變故係帶有些僥倖的意味。強調該次歷史事件不足以為法，甚至言劉備臨終之語是「詭偽之辭」，有開啟「簒逆之塗」的危險。所指稱的「苟所寄忠賢，則不須若斯之誨」，言下之意似有諸葛亮並非忠賢才需要如是託孤之意。而且諸葛亮能使國人信服，是藉由「威略」、「檢衛異端」，即使用威權法術的手段，省略箇中有道德信義的成份。如是認知，孫盛在《魏氏春秋》即羅列諸葛亮嚴威切法的證據：「（諸葛）亮作八務、七戒、六恐、五懼，皆有條章，以訓厲臣子。」[47]又「恐」又「懼」又「訓厲」，將諸葛亮之行政概況朝向控勒蜀人的面相詮釋；這些篇目皆未見於陳壽《諸葛氏集》或《三國志》，不知孫盛有何根據？後世亦有目無書，諸葛亮是否真有撰寫過這些條章，還是後人附會之，實是疑點重重[48]。有趣的是，孫盛對素來崇仰的魏明帝未能妥善處理後事，曾經發出惋惜之嘆，只是身為晉

46 《三國志．蜀書．諸葛亮傳》注引。同前註，頁九一八。

47 《三國志．蜀書．諸葛亮傳》注引。同前註，頁九二八。

48 明代吳南灝就發現箇中有問題存焉：「張敬夫作《武侯傳》，亦別有《八務》、《七戒》、《五恐》、《六懼》等

臣而於言語之間有所保留：

聞之長老，魏明帝天姿秀出，立髮垂地，口吃少言，而沉毅好斷。初，諸公受遺輔導，帝皆以方任處之，政自己出。而優禮大臣，開容善直，雖犯顏極諫，無所摧戮，其君人之量如此之偉也。然不思建德垂風，不固維城之基，至使大權偏據，社稷無衛，悲夫！[49]

相信孫盛如是否定蜀漢的君臣佳話，或多或少有比較過曹魏、蜀漢兩國的託孤情況後，頗有不欲使蜀漢政權專美於前的用意存焉。

二、解讀「臨終託孤」的岐出

今人雷家驥則將孫盛對「臨終託孤」一事的獨特觀點，與東晉權臣桓溫（三一二—三七三）專擅連結：「自陳壽以來，大家公認劉備託孤為『君臣之至公，古今之盛軌』者，而孫盛則以防

篇，皆出陳壽所進之外，豈皆眉山（蘇子瞻）之所未見，抑有其目、亡其書歟？又豈猶後世占緯、星遁、相地諸家，借諸葛名書，宏覽君子概斥不道歟？」〔明〕吳南灝撰：〈《諸葛忠武侯全書》敘〉，轉引自王瑞功：《諸葛亮研究集成》，冊上，頁八一五。

49 《三國志．魏書．明帝紀》注引。〔晉〕陳壽撰；〔宋〕裴松之注：《三國志》，頁一一五。

微杜漸的異常意念，嚴加批評，蓋針對桓溫而言也。」[50]當時史家往往於史籍中反映來自權臣，尤其是桓溫於永和十年（三五四）廢黜殷浩（三〇五－？）而破壞當朝權力平衡後的影響。永和十年在東晉政局的特殊意義，田餘慶：

> 桓溫出督荊州，在永和元年（三四五）；桓溫廢黜殷浩，總攬北伐之任，在永和十年。此後桓溫逐漸坐大，以致專擅朝廷。在永和安定局面的表象之下，複雜的政爭還在繼續進行。桓溫的興起，給建康的小康朝廷投下一層陰影。[51]

---

50 雷家驥：《中古史學觀念史》（臺北：臺灣學生書局，一九九〇年十月），頁三四〇。考諸《魏氏春秋》之材料基礎與副產品《魏陽秋異同》中，尚見東晉永和三年（三四七）與常璩會晤一事，該書至少是在這一時間點後撰寫的作品，《三國志．蜀書．諸葛亮傳》注引《異同記》：「晉永和三年，蜀史常璩說蜀長老云：『陳壽嘗為（諸葛）瞻吏，為瞻所辱，故因此事歸惡黃皓，而云瞻不能匡矯也。』」〔晉〕陳壽撰；〔宋〕裴松之注：《三國志》，頁九三三。通常研究者將《魏氏春秋》的著述年代與桓溫權勢逐步發展連結，並視作與袁宏《後漢紀》、習鑿齒《漢晉春秋》相同歷史背景下問世的史著，應當是合理的判斷。

51 見氏：〈桓溫的先世和桓溫北伐問題〉，《東晉門閥政治》（北京：北京大學出版社，二〇〇五年六月），頁一三七。王仲犖對於桓溫三次北伐與南北政治局勢有簡扼的說明，見氏：《魏晉南北朝史》（北京：中華書局，二〇〇七年十一月），頁三三二－三三九。

桓溫在永和元年（三四五）都督荊州、永和三年（三四七）吞併成漢，權力聲勢逐步上昇，終於坐大至足夠專擅朝政。這一現實處境，或多或少在史家的心靈上留下印記。

但是諸葛亮畢生公忠體國、死而後已，始終維持君臣分際的賢臣典範；對想要篡位的權臣而言，恐怕不是一個有利的定位。《晉書．桓溫傳》：

遺詔家國事一稟之於公，如諸葛武侯、王丞相故事。（桓）溫初望簡文臨終禪位於己，不爾便為周公居攝。事既不副所望，故甚憤怨，與弟沖書曰：「『遺詔使吾依武侯、王公故事耳。』王、謝處大事之際，日憒憒少懷。」[52]

劉宋（四二〇—四七九）王韶之（三八〇—四三五）《晉安帝紀》：

簡文晏駕，遺詔桓溫依諸葛亮、王導故事。溫大怒，以為黜其權，謝安、王坦之所建也。入赴山陵，百官拜於道側，在位望者，戰慄失色。或云自此欲殺王、謝。[53]

52 〔唐〕房玄齡等撰：《晉書》（北京：中華書局，二〇〇八年二月），頁二五七九。

53 見《世說新語．雅量篇》第二九條劉孝標（四六二—五二一）注引。〔南朝宋〕劉義慶編；〔南朝梁〕劉孝標注；余嘉錫撰；周祖謨，余淑宜整理：《世說新語箋疏》（臺北：華正書局，二〇〇三年十一月），頁三六九。

桓溫真正的目標是要篡位，底限則是周公居攝故事。效法周公輔佐幼主、代居君位而最終還政的前例，在當時的意義實與諸葛亮、王導故事不同。除了替天子執行君位的權力之崇高，更因為王莽建立新朝（九－二三）前，正是使用周公居攝為階段目的，行天子之制後方才完成所謂的禪讓[54]。王、謝等世族在簡文帝司馬昱（三二〇－三七二，三七一－三七二在位）過世後修改遺詔，實有防範桓溫移鼎的用心考量[55]。

倘若只是要避免權臣篡位，實能在認同劉備、諸葛亮的君臣佳話之前提下，再指明如是君臣之深相信賴是千古難遇，不可視作常法。孫盛如是「防微杜漸」，實際與之對劉備、諸葛亮君臣持有成見相關[56]。兩宋之際的胡寅（一〇九八－一一五六）：「（諸葛亮）握國魁柄，總御六師，而無專意恣行毫末可指者，非盛德孰能臻此！使曹操而聞孔明事幼主之規，得不羞愧而入地乎！」[57]諸葛亮的人臣典範，正好與起始為人臣，終至篡逆建國的曹魏、西晉政權，形成一個對

54 《漢書．王莽傳上》：「於是羣臣奏言：『太后聖德昭然，深見天意，詔令安漢公（王莽）居攝。……臣請安漢公居攝踐祚，服天子韍冕，背斧依于戶牖之間，南面朝羣臣，聽政事。車服出入警蹕，民臣稱臣妾，皆如天子之制。……』太后詔曰：『可。』明年，改元曰居攝。」〔漢〕班固著；〔唐〕顏師古注：《漢書》（北京：中華書局，二〇〇七年十月），頁四〇八〇－四〇八一。

55 相關研究詳見田餘慶：〈桓溫的先世和桓溫北伐問題〉，第五節〈簡文帝遺詔問題〉，頁一五二－一六二。

56 《三國志．蜀書．諸葛亮傳》盧弼引或曰即反駁：「先主於孔明投分，何如於臨終反欲以詐牢籠之乎？且豈不度孔明之為人與？」〔晉〕陳壽撰；〔南朝宋〕裴松之注；盧弼集解；錢劍夫整理：《三國志集解》，頁二四五五。

57 〔宋〕胡寅撰：〈孔明事幼主靡不盡道〉，引自王瑞功：《諸葛亮研究集成》，冊上，頁四二六。

照組；映照出北方要臣無法終身抱持臣節的事實，亦容易挑動持曹魏立場史家的敏感神經。

孫盛的議論成為東晉以後的一種異端說法，前文第四章第三節論及袁宏（三二八－三七六）的諸葛亮評價時，徵引其〈三國名臣頌〉論「臨終託孤」一事：「臨終顧託，受遺作相，劉后授之無疑心，武侯受之無懼色，繼體納之無貳情，百姓信之無異辭，君臣之際，良可詠矣！」[58]基本承續陳壽：「及其（劉備）舉國託孤於諸葛亮，而心神無貳，誠君臣之至公，古今之盛軌也。」[59]袁氏該文撰述時間點，據《晉書．文苑傳．袁宏傳》：

> （謝）尚為安西將軍、豫州刺史，引宏參與軍事。累遷大司馬桓溫府記室。溫重其文筆，專綜書記。後為〈東征賦〉，賦末列稱過江諸名德，而獨不載桓彝。……後為〈三國名臣頌〉曰：……從桓溫北伐，作〈北征賦〉，皆其文之高者。嘗與王珣（三四九－四○○）、伏滔同在溫坐……[60]

《晉書》敘述的兩個「後」字，替後世標明該文撰寫的上限。張師蓓蓓考證袁宏任職大司馬桓溫

58 《晉書．文苑傳．袁宏傳》。〔唐〕房玄齡等撰：《晉書》，頁二三九四。

59 《三國志．蜀書．先主傳》「評曰」。〔晉〕陳壽撰；〔宋〕裴松之注：《三國志》，頁八九二。

60 〔唐〕房玄齡等撰：《晉書》，頁二三九一－二三九八。

記室、擔任文書職分的時間點：「據《晉書．哀帝紀》，桓溫由征西大將軍進位大司馬正就在哀帝興寧元年五月（三六三），所以袁宏入為大司馬記室參軍決然是在此年之後了。」[61]該文應當在興寧元年（三六三）後撰寫，屬於桓溫權勢高漲後的作品[62]。《後漢紀》一書中屢屢有裁抑權臣舉措的袁宏，顯然不認為「臨終託孤」一事有任何瑕疵、或有值得批評之處。常璩認同陳壽之意見已見前文，王隱（二八四？－三五四？）則於《蜀記》收錄蜀漢舊臣李密（二二四－二八七）之子李興，代劉弘於西晉永興（三〇四－三〇六）年間撰寫的諸葛亮祭文中亦言「臨終受寄，讓過許由，負扆莅事，民言不流」[63]，強調著諸葛亮接受託孤後的謙沖姿態與深受國人信賴，從中應有表達王隱對該事、對諸葛亮的態度。孫盛解讀「臨終受寄」一事，明顯與東晉其他史家格格不入。

61 見氏：〈袁宏新論〉，《魏晉學術人物新研》（臺北：大安出版社，二〇〇一年十二月），頁一六一。

62 曹道衡判斷袁宏撰寫〈三國名臣頌〉的時間似乎在西元三五六之前，其論證本書認為未竟完善，未能察見桓溫北伐除前兩次在西元三五四、三五六年，還有第三次在西元三六九年。是故不採取其說法，讀者可比較之，見氏：〈論袁宏的創作及其《後漢紀》〉，《中古文學史論文集續集》（臺北：文津出版社，一九九四年七月），頁一〇四。《晉書》在記載〈三國名臣頌〉之後接續即是袁宏在太和四年（三六九）左右作〈北征賦〉一事，據《世說新語．文學篇》第九二條注引劉宋檀道鸞《續晉陽秋》：「（袁）宏從溫征鮮卑，故作北征賦，宏文之高者。」條疏程炎震云：「慕容恪死，（桓）溫乃伐燕，在太和四年。」〔南朝宋〕劉義慶編；〔南朝梁〕劉孝標注；余嘉錫撰；周祖謨，余淑宜整理：《世說新語箋疏》，頁二七〇、二七一。則〈三國名臣頌〉之著述時間點下限應在東晉太和四年（三六九）以前。

63 《三國志．蜀書．諸葛亮傳》。〔晉〕陳壽撰；〔宋〕裴松之注：《三國志》，頁九三七。

晚至明、清兩代，同時論及陳壽、孫盛兩線評價脈絡，並且批判孫盛說法者實不在少數，明代楊時偉：「陳壽稱其『心神無貳』、『君臣之至公，古今之盛軌』，斯知言哉！而孫盛謂為『詭偽』，其謬甚矣！」[64]清代陳廷敬（一六三九－一七一二）即批評孫盛無法體會古人的用心：

（孫）盛此論，可謂不知昭烈、亦不知孔明者也。嘗觀古者堯、舜之與賢，以公天下為心；而昭烈之量子，以安國家為念。雖其所志不同，不可謂昭烈之心非出于至誠也。夫昭烈于孔明，其君臣相遇，即三代之隆亦鮮可匹，是以成王之賢猶致疑于公旦也。惟湯之于伊尹、伊尹之于太甲、昭烈之君臣，可以同類而觀焉。昭烈之任諸葛，其智不愧成湯；諸葛之不負昭烈，其忠可比伊尹。伊尹放太甲，而天下不以為嫌，諸葛亮其人也。非昭烈不能為此言，非孔明亦不足以當之。君臣之際，豈有所謂詭偽者哉？如盛之論，可謂不得古人之用心者矣！[65]

盛大士亦相當強調劉備臨終之言實是光明磊落之舉：

64 〔明〕楊時偉撰：《諸葛忠武書》，卷二，葉一〇下。

65 〔清〕陳廷敬撰：〈昭烈托孤諸葛亮論〉，轉引自王瑞功：《諸葛亮研究集成》，冊上，頁六〇四－六〇五。

先主逆知嗣子不足有為，漢祚之不可復延，而以神器之重屬之于（諸葛）亮，光明磊落，無固無我。故陳承祚評曰：「此君臣之至公，古今之盛軌也。」彼孫盛者，何足以知之！[66]

孫盛著史時抱持的意識型態，本就較親附於曹魏政權立場。如是心態檢視劉、葛交誼，自然較不容易對這一令人動容的君臣佳話產生認同感。從而使其對該次歷史事件之解讀，成為後世三國文化史中的異端。

第三節　孫盛對諸葛亮人物形象的負面型塑

一、「識治良才」的解構

孫盛解構諸葛亮佳話的案例，除了「臨終託孤」一事，還有針對諸葛亮足堪與管、蕭等賢相匹敵（陳壽評語）的「識治良才」面相。案例可見其評價《三國志．蜀書．法正傳》的一段記

[66]〔清〕盛大士撰：〈蜀先主托孤論〉，同前註，頁六八三。

載，本事如下：

> （法）正為蜀郡太守、揚武將軍，外統都畿，內為謀主。一飡之德，睚眦之怨，無不報復，擅殺毀傷己者數人。或謂諸葛亮曰：「法正於蜀郡太縱橫，將軍宜啟主公，抑其威福。」亮答曰：「主公之在公安也，北畏曹公之彊，東憚孫權之逼，近則懼孫夫人生變於肘腋之下；當斯之時，進退狼跋，法孝直為之輔翼，令翻然翱翔，不可復制，如何禁止法正使不得行其意邪！」初，孫權以妹妻先主，妹才捷剛猛，有諸兄之風，侍婢百餘人，皆親執刀侍立，先主每入，衷心常凜凜；亮又知先主雅愛信正，故言如此。[67]

根據法正（一七六－二二〇）本傳記載這次事件的時間點，應是建安十九年（二一四）劉備接受劉璋的投降，正式成為益州之主後，而於建安二十二年（二一七）前。當時劉備陣營佔據益州時日尚淺，內部有賴於法正等劉璋舊屬的協助。兼之法正取蜀過程功績卓越又深受劉備信賴。諸葛亮考量大勢後，希望法正持續衷心效力於劉備陣營，避免君臣間有所嫌隙、從而影響復興漢室大業，方才決定不要啟秉該事[68]。宋代真德秀（一一七八－一二三五）對此權宜裁度表示贊同：

67 〔晉〕陳壽撰；〔宋〕裴松之注：《三國志》，頁九六〇。

68 宋代唐庚（一〇七〇－一一二〇）：「秦昭王以范雎之故，至質平原君，移書趙王，以購魏齊之首。李廣誅霸陵

「孔明不抑法正，孫盛譏其非。……然當草昧之時，須才以濟，則固不得而遽廢也。故孔明權其重輕，姑略其過使展盡其才，此執經守文之士所不識也。」[69]然而孫盛則對這一「權其重輕」之舉頗不以為然：

夫威福自下，亡家害國之道，刑縱於寵，毀政亂理之源，安可以功臣而極其陵肆，嬖幸而藉其國柄者哉？故顛頡雖勤，不免違命之刑，楊干雖親，猶加亂行之戮，夫豈不愛，王憲故也。諸葛氏之言，於是乎失政刑矣。[70]

暫且不論用「嬖幸」二字形容法正是否適宜，孫盛明顯係使用較嚴格的道德標準進行檢視，沒有體會諸葛亮的用心。而且相較於陳壽在指出諸葛亮的缺失時往往有「為尊者諱」的跡象，孫盛則是在一番批判後就直接表示諸葛亮的言論有「失政刑矣」。

尉，上書自劾。武帝曰：報恩復讐，朕之所望於將軍也，復何疑哉！國家郭進為西山巡檢，民訴進掠奪其女。太祖怒曰：汝小民配女，當得小民，今得吾貴臣，顧不可邪！驅出之。而三人者，卒皆有以報國。古之英主，所以役使豪傑，彼自有意義。孫盛所見者少矣！」〔宋〕唐庚撰：《三國雜事》（臺北：藝文印書館，一九六六年，百部叢書集成據清曹溶輯陶越增訂六安晁氏排印本影印），葉一一。

69　〔南宋〕真德秀撰：〈孔明不抑法正論〉，轉引自王瑞功：《諸葛亮研究集成》，冊上，頁四五九。

70　《三國志．蜀書．法正傳》注引。〔晉〕陳壽撰；〔宋〕裴松之注：《三國志》，頁九六一。

除此之外，關於蜀漢處理南中地區動亂的具體施政措施，孫盛還記載了一條對型塑諸葛亮「識治」形象而言非常負面的史料。《三國志．蜀書．後主傳》：「建興元年（二二三）夏，牂牁太守朱褒擁郡反。」[71]注引孫盛《魏氏春秋》：

> 初，益州從事常房行部，聞（朱）褒將有異志，收其主簿案問，殺之。褒怒，攻殺房，誣以謀反。諸葛亮誅房諸子，徙其四弟於越嶲，欲以安之。褒猶不悛改，遂以郡叛應雍闓。[72]

這條記載係說明諸葛亮欲平息南方動亂，不惜殺害無辜以息事寧人，而且最終依然成效不彰。裴松之：「臣松之案：以為（常）房為（朱）褒所誣，執政所宜澄察，安有妄殺不辜以悅姦慝？斯殆妄矣！」[73]言下之意，似認為一般執政者處理的方式不應至此，何況是諸葛亮的理政措施，明顯與陳壽筆下那位慎刑、慎賞的賢相形象極具差異。

孫盛負面型塑諸葛亮的「識治良才」面相案例，還可從其與習鑿齒在記載建興十二年（二三

71 同前註，頁八九四。
72 同前註。
73 同前註。

四）諸葛亮、司馬懿兩軍對壘一事上的敘述偏重察見。該次歷史事件，《三國志‧蜀書‧諸葛亮傳》：

（諸葛）亮悉大眾由斜谷出，以流馬運，據武功五丈原，與司馬宣王對於渭南。亮每患糧不繼，使己志不申，是以分兵屯田，為久駐之基。耕者雜於渭濱居民之間，而百姓安堵，軍無私焉。相持百餘日。[74]

裴松之徵引習鑿齒《漢晉春秋》：

（諸葛）亮自至，數挑戰。宣王亦表固請戰。使衛尉辛毗持節以制之。姜維謂亮曰：「辛佐治仗節而到，賊不復出矣。」亮曰：「彼本無戰情，所以固請戰者，以示武於其眾耳。將在軍，君命有所不受，苟能制吾，豈千里而請戰邪！」[75]

裴松之徵引孫盛《魏氏春秋》：

74 同前註，頁九二五。
75 同前註，頁九二六。

宣王見（諸葛）亮使，唯問其寢食及其事之煩簡，不問戎事。使對曰：「諸葛公夙興夜寐，罰二十已上，皆親覽焉；所噉食不過數升。」宣王曰：「亮體斃矣，其能久乎？」[76]

《裴注》偶有「重複不檢」[77]的問題，裴松之在《三國志．魏書．明帝紀》重複徵引孫盛對該次歷史事件的記載，不過內容則更形完整，該傳注引《魏氏春秋》：

（諸葛）亮既屢遣使交書，又致巾幗婦人之飾，以怒宣王。宣王將出戰，辛毗杖節奉詔，勒宣王及軍吏已下，乃止。宣王見亮使，唯問其寢食及其事之煩簡，不問戎事。使對曰：「諸葛公夙興夜寐，罰二十已上，皆親覽焉；所噉食不過數升。」宣王曰：「亮體斃矣，其能久乎？」[78]

76 同前註。

77 清代潘眉對《三國志．魏書．文帝紀》注引胡沖《吳歷》：「注引《吳厤》曰：『（魏文）帝以素書所著《典論》及詩賦餉（孫）權。』於〈孫權傳〉又引之。蜀〈先主傳〉兩引《江表傳》（劉）備立營於油江口，改名公安。〈明帝紀〉、〈關羽傳〉兩載（關）羽乞娶秦宜祿妻。皆是重複不檢之病。」〔清〕潘眉著：《三國志考證》，徐蜀編：《魏晉南北朝正史訂補文獻彙編》（北京：北京圖書館出版社，二〇〇四年四月），第一冊，頁一五五。

78 〔晉〕陳壽撰；〔宋〕裴松之注：《三國志》，頁一〇三。

大致而言，習鑿齒的敘述較突顯諸葛亮的睿智，洞悉司馬懿一舉一動的緣由；推敲出「辛毗持節以制之」的舉動，不過是司馬懿安排的一齣戲劇。司馬懿企圖藉此安撫軍心，透過「請戰」之舉表示並非主帥有意迴避挑戰，而是遵奉魏明帝的聖意。但是孫盛《魏氏春秋》史料中相應的前半部份敘述，就沒有突顯諸葛亮「深得老賊之情」[79]的段落。

關於辛毗奉詔持節阻止司馬懿出征一事，孫盛於《晉陽秋》則更流露出對於司馬懿的推崇：

> 諸葛亮寇于郿，據渭水南原，詔使高祖拒之。亮善撫御，又戎政嚴明，且僑軍遠征，糧運艱澀，利在野戰。朝廷每聞其出，欲以不戰屈之，高祖亦以為然。而擁大軍禦侮於外，不宜遠露怯弱之形以虧大勢，故秣馬坐甲，每見呑併之威。亮雖挑戰，或遺高祖巾幗，婦女之飾，欲以激怒，冀獲曹咎之利。朝廷慮高祖不勝忿憤，而衛尉辛毗骨鯁之臣，帝乃使毗仗節為高祖軍司馬。亮果復挑戰，高祖乃奮怒，將出應之，毗仗節中門而立，高祖乃止。**將士聞見者益加勇銳。識者以人臣雖擁千萬而屈於王人，大略深長，皆如此之類也。**[80]

79 《世說新語．方正篇》第五條余嘉錫自注。〔南朝宋〕劉義慶編；〔南朝梁〕劉孝標注；余嘉錫撰；周祖謨，余淑宜整理：《世說新語箋疏》，頁二八四。

80 同前註，頁二八三－二八四。陳壽對該事的記載較簡略，不似習鑿齒突顯諸葛亮，亦不似孫盛在《魏氏春秋》、

文末敘述司馬懿「大略深長」，正透露出自身的著述立場，今人喬治忠就指出：「孫盛的這段敘述，實為曲筆。」[81]這是因為孫盛將該次歷史事件的敘述重點，聚焦於司馬懿縱然擁眾千萬卻依然遵守臣節的部份[82]，明顯與《漢晉春秋》關注的焦點不同。而且，相較於《晉陽秋》僅止於「褒司馬」，前引的《魏氏春秋》記載司馬懿與蜀漢使者交談一事，更是增添了「抑諸葛」、「貶蜀漢」的痕跡。裴松之在〈明帝紀〉徵引的《魏氏春秋》，表面上似乎留下諸葛亮「夙興夜寐」、勤於政事的一次紀錄，實際則隱射其「不諳政體」[83]、不明宰相與參佐職份的差異，最終「自隕其軀」[84]恐怕只能算是自作自受[85]。

《晉陽秋》突顯司馬懿，《三國志．魏書．辛毗傳》：「青龍二年，諸葛亮率眾出渭南。先是，大將軍司馬宣王數請與亮戰，明帝終不聽。是歲恐不能禁，乃以（辛）毗為大將軍軍師，使持節；六軍皆肅，準毗節度，莫敢犯違。」〔晉〕陳壽撰；〔宋〕裴松之注：《三國志》，頁六九九。

81 〔清〕湯球、黃奭輯；喬治忠校注：《眾家編年體晉史》（天津：天津古籍出版社，一九八九年八月），頁九二。

82 《三國志．魏書．辛毗傳》注引魚豢《魏略》亦是強調司馬懿「雖能行意」，但依然遵奉聖上節度：「宣王數數欲進攻，（辛）毗禁不聽。宣王雖能行意，而每屈於毗。」〔晉〕陳壽撰；〔宋〕裴松之注：《三國志》，頁六九九。

83 清代何義門（一六六一—一七二二）：「罰二十以上。豈無參佐可以平之。孔明雖蹇蹇夙夜。不若是之不諳政體也。」〔清〕何焯著；崔高維點校：《義門讀書記》（北京：中華書局，二〇〇六年六月），頁四六三。

84 明代賀詳亦批駁：「孔明身當軍國之務，罰二十以上皆親之。以勞瘁致斃。此真兒童之論也。……況以孔明之明達，豈不能量事之大小、身之勞逸、而顧弊精瑣瑣，自隕其軀，此決無之理也。」〔明〕賀詳撰：《留餘堂史取》（濟南：齊魯書社，一九九六年八月，四庫全書存目叢書影印北京大學圖書館藏明末刻本），頁九六—九七。

85 《太平御覽》卷第六百五十引孫盛《晉陽秋》：「諸葛武侯杖十以上親決，宣王聞之喜曰：『吾無患矣。』」從「罰二十」與「杖十」相較下，更突顯諸葛亮處理軍事之職份不分；而「宣王曰：『亮體斃矣，其能久乎？』」與

唐代（六一八－九〇七）杜黃裳回應唐憲宗李純（七七八－八二〇，八〇五－八二〇在位）「前代帝王，或怠于聽政，或躬決繁務，其道如何」[86]的問題時，引用《魏氏春秋》的記載也對諸葛亮稍事批判，《舊唐書．憲宗本紀上》：

杜黃裳對曰：「帝王之務，在於修己簡易，擇賢委任，宵旰以求民瘼，捨己從人以厚下，固不宜怠肆安逸。然事有綱領小大，當務知其遠者大者；至如簿書訟獄，百吏能否，本非人主所自任也。昔秦始皇自程決事，見嗤前代；**諸葛亮王霸之佐，二十罰以上皆自省之，亦為敵國所誚，知不久堪**；魏明帝欲省尚書擬事，陳矯言其不可；隋文帝日旰聽政，令衛士傳餐，文皇帝亦笑其煩察。為人主之體固不可代下司職，但擇人委任，責其成効，賞罰必信，誰不盡心。傳稱帝舜之德曰：『夫何為哉？恭己南面而已！』誠以能舉十六相，去四兇也。豈與勞神疲體自任耳目之主同年而語哉！但人主常勢，患在不能推誠，人臣之弊，患在不能自竭。由是上疑下詐，禮貌或虧，欲求致理，自然難致。苟無此弊，何患不

「宣王聞之喜曰：『吾無患矣。』」更突顯司馬懿預測諸葛亮將死之自信。〔宋〕李昉編纂；夏劍欽校點：《太平御覽》（石家莊：河北教育出版社，二〇〇〇年三月），第六冊，頁一一一一－一一一二。

86 《舊唐書．憲宗本紀上》。〔後晉〕劉昫等撰：《舊唐書》，頁四一五。

> 至於理。」上稱善久之。以京兆尹李鄘為尚書右丞，以金吾大將軍鄭雲逵為京兆尹。[87]

唐憲宗這位唐代中興名主，深切地贊同臣下的應對。從中不難發現孫盛記載「罰二十已上，皆親覽焉」云云，對諸葛亮「識治良才」的型塑而言應當歸屬於負面的史料。再來，則突顯曹魏主帥善知醫理[88]，之後果然「其年八月，（諸葛）亮疾病，卒于軍，時年五十四。」[89]強調著司馬懿具有旁敲側擊就能洞悉敵方軍情的智慧，同時突顯出蜀漢使者洩漏軍情之愚蠢[90]。

諸葛亮固然很可能曾經逾越過其職份，代行處理過下屬的事務，習鑿齒《襄陽記》：

> 楊顒字子昭，楊儀宗人也。入蜀，為巴郡太守，丞相諸葛亮主簿。亮嘗自校簿書，顒直入諫曰：「為治有體，上下不可相侵，請為明公以作家譬之。今有人使奴執耕稼，婢典炊

87 同前註，頁四一五—四一六。

88 《醫方類聚．養性門三》輯錄元代李鵬飛《三元延壽書》「思慮」條：「書云：謀為過當，食飲不敵，養生之大患也。」〔朝鮮〕金禮蒙等匯編，浙江省中醫研究所、湖州中醫院校：《醫方類聚》（北京：人民衛生出版社，一九八一年四月），第九分冊，頁四〇六。

89 《三國志．蜀書．諸葛亮傳》。〔晉〕陳壽撰；〔宋〕裴松之注：《三國志》，頁九二五。

90 關於孫盛筆下的諸葛亮，王師文進於研究習鑿齒的諸葛亮型塑時略為觸及，本書踵步增華，更細部整體地進行探討，見氏：〈習鑿齒與諸葛亮神話之建構〉，《臺大中文學報》第三八期（二〇一二年九月），頁九七、一〇〇—一〇一。

> 爨，雞主司晨，犬主吠盜，牛負重載，馬涉遠路，私業無曠，所求皆足，雍容高枕，飲食而已，忽一旦盡欲以身親其役，不復付任，勞其體力，為此碎務，形疲神困，終無一成。豈其智之不如奴婢雞狗哉？失為家主之法也。是故古人稱坐而論道謂之三公，作而行之謂之士大夫。故邴吉不問橫道死人而憂牛喘，陳平不肯知錢穀之數，云自有主者，彼誠達於位分之體也。今明公為治，乃躬自校簿書，流汗竟日，不亦勞乎！」亮謝之。後為東曹屬典選舉。顒死，亮垂泣三日。[91]

唯獨這情況應當不是常態，請注意習鑿齒使用的字眼乃是「『嘗』自校簿書」，而非孫盛敘述的「『皆』親覽焉」。而且從孔明聽到諫言後「謝之」，楊顒死後又對之「垂泣三日」，應當明曉楊顒之諫係屬達政善言，是否還會屢屢犯之？後來清代周士儀面對《魏氏春秋》的說辭，只好解釋成是諸葛亮習性慣於勤奮使然，未必不曉得「為治有體」：「（楊）顒之諫（諸葛）亮，不獨為亮之藥石，誠達于位分之體。……楊顒死，亮為垂涕三日，非不深感其言，無如性習勤勤莫能改也。」[92]然而考量到孫盛解讀三國史往往有貶抑敵國的跡象，而且對諸葛亮態度不佳。其筆下

91　《三國志．蜀書．楊戲傳》注引。同前註，頁一〇八二。

92　（清）周士儀撰：《史貫》（北京：北京出版社，二〇〇〇年，四庫禁毀書叢刊影印清康熙十七年自刻本），頁六五四。

記載的諸葛亮相關事蹟能否一概信賴之，恐怕是需要再三考慮。

但是該條孫盛《魏氏春秋》的記載，歷來則不乏將之誤讀成是正面表現諸葛亮的史料觀看。例如元代胡三省：「（司馬）懿所憚者（諸葛）亮也，問其寢食及事之煩簡，以覘壽命之久近耳，戎事何必問邪！」[93]實際上兩軍對壘時本來就不能直接詢問軍事，否則必然提高蜀漢使者的戒心[94]，偏偏詢問一些生活細節，更顯得老謀深算，未必是司馬懿憚懼對手。今人陳翔華恐怕也犯了這項錯誤，其言：「而且還寫司馬懿對來使只問諸葛亮的食少事煩，不敢談爭戰之事，表明他根本不是對方的敵手。」[95]陳氏詮釋的觀點正好與杜黃裳、唐憲宗等人的相左，而同胡三省誤判了該條史料。

二、神化諸葛亮一事辨析

陳翔華在〈魏晉南北朝時期的諸葛亮故事傳說〉這篇研究諸葛亮的名篇中，指出東晉南北朝時期諸葛亮故事傳說，除彰顯主角從政憂勤之外的兩樣特色：戰勝強敵的傑出軍事才能與帶有奇

93 〔宋〕司馬光編著；〔元〕胡三省音注：《資治通鑑》，頁二二九五。

94 盧弼：「（司馬）懿問戎事，使者必不見答，惟問寢食及事之煩簡，以覘其動靜，非謂覘其壽命也。」〔晉〕陳壽撰；〔南朝宋〕裴松之注；盧弼集解；錢劍夫整理：《三國志集解》，頁三九六。

95 見氏：〈魏晉南北朝時期的諸葛亮故事傳說〉，頁二五九。

譎和怪異的色彩[96]。其中第二項陳氏引用孫盛《晉陽秋》的史料作為論據。出處見《三國志・蜀書・諸葛亮傳》注引《晉陽秋》：「有星赤而芒角，自東北西南流，投于（諸葛）亮營，三投再還，往大還小。**俄而亮卒**。」[97]陳氏詮釋該條史料：

> 由於傳說中的諸葛亮作用越來越被誇大，**就使他從一個活生生的凡間人物而變成幻想世界中的神祇**……這已有把它當作不同於凡夫的天上星辰之意了。神化諸葛亮的結果，使他具有凜然不可侵犯的威嚴。[98]

但是孫盛這條史料當真是要神化諸葛亮嗎？術業有專攻，若從星占學的角度解讀該次天文事件的含意，情況未必如此。唐代李淳風（六〇二－六七〇）《乙巳占》卷第七「流星占」：

> 流星者，天皇之使，五行之散精也。飛行列宿，告示休咎。若星大使大，星小使小。星大則事大而害深，星小則事小而禍淺。有尾迹光為流星，無尾迹者為飛星，至地者為墜星；

96 同前註，頁二五六。
97 〔晉〕陳壽撰；〔宋〕裴松之注：《三國志》，頁九二六。
98 見氏：〈魏晉南北朝時期的諸葛亮故事傳說〉，頁二六四。

出則使出，入則使入，干犯滅，則為誅罰之象，墜星之所，其下流血破軍殺將，為咎最深。[99]

投於諸葛亮軍營的流星其實是一種天文類的災異，預告將有重大禍害發生；該條史料純粹只是在傳統天人對應的思維背景下，天象預告貴為一國之相的諸葛亮即將過世而已。江曉原：「當時蜀軍統帥正是諸葛亮，那顆要『破軍殺將』的星竟三次投向他營裡，自然是『上天弗佑』，非薨逝不可了。」[100]如是詮釋《晉陽秋》的天文現象應是較平實的說法，「神化」云云不免有詮釋過度之嫌。

《晉陽秋》記載的該次天文異象，沈約（四四一－五一三）在《宋書・天文志一》已經進行解釋，說法同後來李淳風《乙巳占》的歸納：

蜀後主建興十二年，諸葛亮帥大眾伐魏，屯于渭南，有長星赤而芒角，自東北，西南流投亮營，三投再還，往大還小。占曰：「兩軍相當，有大流星來走軍上及墜軍中者，皆破敗

99 〔唐〕李淳風著；李零主編；伊世同點校；何琳儀復校：《中國方術概觀（占星卷）・乙巳占》（北京：人民中國出版社，一九九三年十二月），冊上，頁一〇七。

100 見氏：《中國星占學類型分析》（上海：上海書店出版社，二〇〇九年三月），頁一二三。

之徵也。」九月，亮卒于軍，焚營而退。群帥交惡，多相誅殘。[101]

「占曰」解釋得很清楚，兩軍對峙之時若有大流星來走軍隊之上甚至墜落者，代表該軍隊即將破敗[102]。又，《晉書．宣帝紀》同樣記載該事：「會有長星墜（諸葛）亮之壘，帝知其必敗，遣奇兵掎亮之後，斬五百餘級，獲生口千餘，降者六百餘人。」[103]顯然司馬懿只是將該星象視作一次預兆而已。使用人有不祥之兆的「妖星」[104]來神化歷史人物，道理上也是相當奇怪的事情[105]。同期另外一次歷史事件可做參照，亦是流星墜地處者死的案例，《三國志．魏書．公孫淵傳》：

101 〔梁〕沈約撰：《宋書》（北京：中華書局，二〇〇八年十二月），頁六八四。《晉書．天文志下》「星流隕」條下亦記載該事，見〔唐〕房玄齡等撰：《晉書》，頁三九六。

102 關於諸葛亮死後，蜀漢軍隊內部即有魏延、楊儀奪權之爭，詳見〔晉〕陳壽撰；〔宋〕裴松之注：《三國志》，頁一〇〇三－一〇〇四。呂思勉、天行健對於兩人之爭皆有簡略的概述，見氏：〈替魏延辨誣〉，《呂著三國史話》（北京：中華書局，二〇〇六年九月），頁一一五－一二三；見氏：《正品三國》（石家莊：花山文藝出版社，二〇〇六年八月），第九四則〈魏延事件只是一次內鬨〉，頁二六六－二六九。

103 〔唐〕房玄齡等撰：《晉書》，頁八。

104 《晉陽秋》所載的天象，不但是「流星」、「隕星」亦是「妖星」，誠如江曉原：「前面談到的那顆與諸葛孔明之死有關的星，也可以列入妖星範圍。」見氏：《中國星占學類型分析》，頁一二八。

105 陳翔華注意到沈約的記載，然而其認為沈約所徵引的「占曰」與之後的蜀軍破敗乃是「增益」之文。言下之意，似有暗指沈約將原本正面型塑諸葛亮的史料扭轉成負面。然而，沈約引用「占曰」純粹是從星占學的角度解釋該事。

> （景初二年）宣王令軍穿圍，引兵東南向，而急東北，即趨襄平。（卑）衍恐襄平無守，夜走。諸軍進至首山，（公孫）淵復遣衍等迎軍殊死戰。……八月丙寅夜，大流星數十丈，從首山東北墜襄平城東南。壬午，淵眾潰，與其子脩將數百騎圖圍東南走，大兵急擊之，當流星所墜處，斬淵父子。城破，斬相國以下首級以千數，傳淵首洛陽，遼東、帶方、樂浪、玄菟悉平。[106]

「流星所墜處」正是公孫淵（？—二三八）亡故處，難不成公孫淵也受到後人「神化」的待遇，成為「不同於凡夫的天上星辰」。流星只是作為預兆而已，交代襄平城的主帥、軍隊必然破

反而裴松之徵引史料時有隨文補充、修改的情況，或許是裴松之配合傳主是諸葛亮，故在「有星赤而芒角，自東北西南流，投于亮營，三投再還，往大還小」之後再行補充「俄而亮卒」而不涉及蜀漢軍隊，或者是將「九月，亮卒于軍，焚營而退。羣帥交惡，多相誅殘」凝縮成「俄而亮卒」一句。

106 〔晉〕陳壽撰；〔宋〕裴松之注：《三國志》，頁二五四。

敗[107]。沈約《宋書・天文志》的內容多是天文現象與重要人物、事件的對應[108]，豈凡間的帝后將相皆變成了幻想世界的神祇。

關於孫盛筆下的諸葛亮、司馬懿對壘，除了前文徵引的《裴注》諸條史料，尚能於《水經注》見及。酈道元（？—五二七）《水經注・渭水上》注《魏氏春秋》：「諸葛亮據渭水南原，司馬懿謂諸將曰：亮若出武功，依山東轉者，是其勇也。若西上五丈原，諸君無事矣。亮果屯此原，與懿相禦。」[109]這條史料不見魏晉間其他史籍記載，後來唐初史臣修撰《晉書・宣帝紀》記

107 《宋書・天文志一》：「景初二年，司馬懿圍公孫淵於襄平。八月丙寅夜，有大流星長數十丈，白色有芒鬣，從首山東北流墜襄平城東南。占曰：『圍城而有流星來走城上及墜城中者破。』又曰：『星墜，當其下有戰場。』又曰：『凡星所墜，國易姓。』九月，淵突圍走，至星墜所被斬，屠城，坑其眾。」〔梁〕沈約撰：《宋書》，頁六八六。關於中古時期之天文星占與軍事作戰的研究，可詳見鄭志敏：《中國中古時期天文星占與政、軍關係之研究》（臺北：國立臺灣師範大學歷史研究所博士學位論文，邱添生先生指導，二〇〇一年一月），第四章〈天文星占與軍事作戰〉，頁一〇九—一三七。

108 又例如《宋書・天文志一》：「景元四年六月，大流星二，並如斗，見西方，分流南北，光照隆隆有聲。案占，流星為貴使，大者使大。是年，鍾、鄧克蜀，二星蓋二帥之象。二帥相背，又分流南北之應。鍾會既叛，三軍憤怒，隆隆有聲，兵將怒之徵也。」豈是叛將鍾會（二二五—二六四）與鄧艾（？—二六四）、曹魏軍隊亦是受到後人「神化」成天上星辰？純是天人感應思維下，星辰與重要人物、事件相對應而已。本節徵引的三例，亦是前引李淳風列於《乙巳占》解釋「流星占」意涵的三條實例。〔梁〕沈約撰：《宋書》，頁六九二。

109 〔北魏〕酈道元注；楊守敬，熊會貞疏；段熙仲點校；陳橋驛復校：《水經注疏》（南京：江蘇古籍出版社，一九八九年八月），頁一五一七。

載傳主司馬懿生平事蹟時則採錄之[110]。該事除表現司馬懿掌握戰局的能力，還有說明諸葛亮乃是無勇之人，蜀漢該次軍事作戰已經不足造成危害。

孫盛當然還是有稱讚諸葛亮的案例，該事見其抨擊蜀漢譙周勸降後主劉禪時，就引用諸葛亮的言辭。本事見《三國志．蜀書．譙周傳》：「後主猶疑於入南，周上疏曰……於是遂從周策。劉氏無虞，一邦蒙賴，周之謀也。」[111]注引孫盛：

> 《春秋》之義，國君死社稷，卿大夫死位，況稱天子而可辱於人乎！（譙）周謂萬乘之君偷生苟免，亡禮希利，要冀微榮，惑矣。且以事勢言之，理有未盡。何者？（劉）禪雖庸主，實無桀、紂之酷，戰雖屢北，未有土崩之亂，縱不能君臣固守，背城借一，自可退次東鄙以思後圖。是時羅憲以重兵據白帝，霍弋以強卒鎮夜郎。蜀土險狹，山水峻隔，絕巘激湍，非步卒所涉。若悉取舟楫，保據江州，徵兵南中，乞師東國，如此則姜、廖五將自然雲從，吳之三師承命電赴，何投寄之無所而慮於必亡邪？魏師之來，褰國大舉，欲追則舟楫靡資，欲留則師老多虞。且屈伸有會，情勢代起，徐因思奮之民，以攻驕惰之卒，

110 《晉書．宣帝紀》：「因謂諸將曰：『（諸葛）亮若勇者，當出武功，依山而東。若西上五丈原，則諸軍無事矣。』亮果上原，將北渡渭，帝遣將軍周當屯陽遂以餌之。」〔唐〕房玄齡等撰：《晉書》，頁八。

111 〔晉〕陳壽撰；〔宋〕裴松之注：《三國志》，頁一〇三一。

> 此越王所以敗闔閭，田單所以摧騎劫也，何為匆匆遽自囚虜，下堅壁於敵人，致斫石之至恨哉？**葛生有云：「事之不濟則已耳，安能復為之下！」壯哉斯言，可以立懦夫之志矣。**覩古燕、齊、荊、越之敗，或國覆主滅，或魚縣鳥竄，終能建功立事，康復社稷，豈曰天助，抑亦人謀也。向使懷苟存之計，納譙周之言，何邦基之能構，令名之可獲哉？禪既闇主，周實駑臣，方之申包、田單、范蠡、大夫種，不亦遠乎！[112]

暫且擱置孫盛言「乞師東國」、「吳之三師承命電赴」云云，實是忽略了孫吳當時早已有心要趁機併吞蜀漢，不可能將之視作援軍[113]。這段長篇議論中的「葛生有云：『事之不濟則已耳，安能復為之下！』」一句，出處應該就是《三國志．蜀書．諸葛亮傳》記載諸葛亮勸說孫權（一八二—二五二）與劉備結盟時言：「田橫，齊之壯士耳，猶守義不辱，況劉豫州王室之胄，英才蓋

112 同前註，頁一〇三一—一〇三二。其實孫盛評價譙周處亦有未公之處，關於歷來對於譙周之誤解與陳壽對其師譙周的維護，可詳見侯建州：〈譙周勸降評議探賾〉，《文與哲》第一一期（二〇〇七年十二月），頁一六三—一八二。

113 《三國志．吳書．三嗣主傳．孫休傳》：「（永安）七年（二六四）春正月，大赦。二月，鎮軍〔將軍〕陸抗、撫軍〔將軍〕步協、征西將軍留平、建平太守盛曼，率眾圍蜀巴東守將羅憲。」〔晉〕陳壽撰；〔宋〕裴松之注：《三國志》，頁一一六一。清代林國贊：「吳人唯利是視如此，如（孫）盛說，仍與開門延盜何異。」〔清〕林國贊著：《三國志裴注述》，徐蜀編：《魏晉南北朝正史訂補文獻彙編》，第一冊，頁八七八。

世，眾士慕仰，若水之歸海，**若事之不濟，此乃天也，安能復為之下乎！**」[114]但是諸葛亮這位十分精采的歷史人物，孫盛僅僅於非以諸葛亮為主角的議論中稱讚其言，並藉之攻擊蜀漢君臣而已。檢視孫盛網羅的史料、評論的方向，基本偏向於負面。有些史料表面看上看是稱賞諸葛亮而受到後世學者的關注（例如「妖星」的天文事件、諸葛亮「夙興夜寐」等），但其實都不能算是正面敘述的史料，甚至於還暗藏玄機。這一著述情況，追根究底難免與史家個人撰述立場息息相關。

第四節　裴松之命題：王隱、習鑿齒的諸葛亮記載再議

一、諸葛亮治國舉措的推崇

裴松之在辨析「郭沖五事」之五的議論中，有一段話語：「孫盛、習鑿齒搜求異同，罔有所遺，而並不載（郭）沖言，知其乖刺久矣。」[115]裴松之意欲交代《蜀記》記載的「郭沖五事」為非，因而列舉被認為在搜求史料上相當用心的孫盛、習鑿齒兩位史家為權威，藉之佐證自己的論

114 〔晉〕陳壽撰；〔宋〕裴松之注：《三國志》，頁九一五。

115 《三國志·蜀書·諸葛亮傳》注引。同前註，頁九二六。

點。但是裴松之或許沒有注意到，袁宏《後漢紀》已採用「郭沖五事」的第一事。這三位當代重要史家，面對同一史料的態度顯係不同。「郭沖五事」的內容本就偏袒諸葛亮，並被向來頗為推崇諸葛亮的袁宏採納其中的第一事，這點已見第四章第三節。袁宏選擇修飾後再接受之，已經意識到史料的真實性是有疑慮的。除史家考核真偽的當行考量，孫盛對諸葛亮本就態度不佳，沒有收錄「郭沖五事」的任何一條史料本就不足為奇。比較讓人在意的是，向來十分推崇諸葛亮的習鑿齒何故不願採信其中任何一條記載，或者如同袁宏一般批判地接受，原因何在？

回顧王隱記載「郭沖五事」的語境，可以明白郭沖列舉的諸葛亮事蹟，其實正是要反詰、駁斥北方地區貶抑諸葛亮的常論：

> 晉初扶風王（司馬）駿鎮關中，司馬高平劉寶、長史滎陽桓隰諸官屬士大夫共論諸葛亮，于時譚者多譏亮託身非所，勞困蜀民，力小謀大，不能度德量力。金城郭沖以為亮權智英略，有踰管、晏，功業未濟，論者惑焉，條亮五事隱沒不聞於世者，寶等亦不能復難。扶風王慨然善沖之言。[116]

---

116 《三國志．蜀書．諸葛亮傳》注引。同前註，頁九一七。

扶風王司馬駿（二三二？—二八六）鎮守關中地區時，與劉寶、桓隰等官屬士大夫論及諸葛亮；當時談者普遍認定諸葛亮「託身非所」，即效力於邊陲的蜀漢政權是不智之舉，明顯流露出北人身處中原的優越感。郭沖則是認為不能以成敗論英雄，列舉出諸葛亮五件隱沒不聞於世的事蹟，藉之與眾抗衡；最後再安排西晉宗室親王出場，藉之權威的身份肯定郭沖列舉五事的真實性。

關於習鑿齒、王隱的諸葛亮書寫，近來成果已經進行了較完整的研究[117]。本節即建立在前行成果上，目標有二：（一）針對裴松之指出習鑿齒否定《蜀記》記載的「郭沖五事」之語進行探討，嘗試探索原因是否為習氏不願意呈現諸葛亮的特定面相之事蹟？考量裴松之將習鑿齒、孫盛並舉以駁斥《蜀記》的記載，又孫盛之諸葛亮歷史圖像研究已見本章第三節，筆者即以孫盛對諸葛亮的負面型塑為線索擬出兩項。探討過程也是省思自身研究的詮釋方式，亦即固然能從史家擇取史料的成果察見其意識型態，但是史家本身亦有追求歷史真相的職志；因而即使習氏非常喜愛

117 除前文徵引的林盈翔、王師文進的文章探討過習鑿齒史著，筆者也已探討過王隱，詳見拙著：〈東晉王隱的諸葛亮歷史圖像〉，《有鳳初鳴年刊》第八期（二〇一二年七月），頁四一一—四三二。還有田中靖彥曾經簡扼地指出《漢晉春秋》記述的四項特色：（一）司馬氏的讚賞（二）曹魏王族的批判（三）蜀漢的讚美（四）襄陽地區的相關記載。第三、四項特色（蜀漢擁有三國時期非常多的襄陽前賢），更見習鑿齒不僅將「地域意識」落實於《襄陽記》而已。〔日〕田中靖彥：〈《漢晉春秋》に見る三國正統觀の展開〉，《東方學》第一一〇輯（二〇〇五年七月），頁五三。

諸葛亮，相信依然會考量史料的真偽問題。（二）奠基於前一項成果之基礎，還可以概述本書尚未專論，卻是東晉時期相當關注諸葛亮的兩位史家王隱、習鑿齒，讓讀者更易於感受到孫盛的諸葛亮書寫在這一時期的「與眾不同」。

孫盛筆下的諸葛亮未能盡知治國之道，這點不僅與袁宏、常璩兩位史家的認識大相逕庭，亦與王隱、習鑿齒的型塑差距甚遠。《蜀記》記載「郭沖五事」的第一事，第四章第三節已經交代袁宏於《後漢紀》載錄之，該事實有彰顯諸葛亮十分善於治國的形象，而且《蜀記》對該事原本的記載誠如南宋王楙（一一五一－一二一三）：「縱懲劉璋暗弱之敝，不無振作，不應刻剝之甚，而使君子小人皆至怨歎之理，此言恐過耳。」[118]該條史料本就有值得懷疑之處，王隱不辨之而袁宏略辨之，說明兩位史家雖然都相當信服諸葛亮，但是撰史時的嚴謹度顯然不同。如是讚賞諸葛亮的「識治良才」，在源自習鑿齒的議論與記載中相當容易發現，例如《三國志．蜀書．李嚴傳》注引習氏誇獎諸葛亮之「用刑」，將其視作秦漢以來第一人物：

> 昔管仲奪伯氏駢邑三百，沒齒而無怨言，聖人以為難。諸葛亮之使廖立垂泣，李平致死，豈徒無怨言而已哉！夫水至平而邪者取法，鏡至明而醜者無怒，水鏡之所以能窮物而無怨

118 〔宋〕王楙撰：《野客叢書》（北京：中華書局，二〇〇七年四月），頁四五。

者，以其無私也。水鏡無私，猶以免謗，況大人君子懷樂生之心，流矜恕之德，法行於不可不用，刑加乎自犯之罪，爵之而非私，誅之而不怒，天下有不服者乎！諸葛亮於是可謂能用刑矣，自秦、漢以來未之有也。[119]

推崇諸葛亮身為相國，用刑之無私讓受罰者皆「沒齒而無怨言」，甚至心悅誠服；廖立、李嚴在遭到廢黜後，皆深深懷念之就是兩次著名實例[120]。能夠做到「聖人以為難」之事，甚至進一步超越之，這位賢相無疑擁有古今難得的卓越才能。

習鑿齒還特載諸葛亮平定南中地區的正面事蹟，包括「七擒七縱」與戰後安頓地區的政策。周一良專文探討諸葛亮時，雖然認同諸葛亮統治少數民族時採取的手段是較曹魏、孫吳溫和；卻依舊認為《漢晉春秋》誇飾「七擒七縱」的效用，同時批判司馬光沒有進一步辨偽之，於《資治通鑑》採信習鑿齒的敘述[121]。該條史料正好說明了習鑿齒意欲表現諸葛亮之能征善戰，以及洞悉民情的「識治良才」，《漢晉春秋》：

119 〔晉〕陳壽撰；〔宋〕裴松之注：《三國志》，頁一〇〇一。

120 《三國志．蜀書．廖立傳》：「（諸葛亮）廢（廖）立為民，徙汶山郡。立躬率妻子耕殖自守，聞諸葛亮卒，垂泣歎曰：『吾終為左衽矣！』」《三國志．蜀書．李嚴傳》：「（諸葛亮）廢（李）平為民，徙梓潼郡。十二年，平聞亮卒，發病死。平常冀亮當自補復，策後人不能，故以激憤也。」同前註，頁九九八、一〇〇〇。

121 見氏：〈論諸葛亮〉，《魏晉南北朝史論集》（北京：北京大學出版社，二〇一〇年六月），頁二七九—二九〇。

（諸葛）亮至南中，所在戰捷。聞孟獲者，為夷、漢所服，募生致之。既得，使觀於營陣之間，曰：「此軍何如？」獲對曰：「向者不知虛實，故敗。今蒙賜觀看營陣，若祇如此，即定易勝耳。」亮笑，縱使更戰，七縱七禽，而亮猶遣獲。獲止不去，曰：「公，天威也，南人不復反矣。」遂至滇池。[122]

南中平，皆即其渠率而用之。或以諫（諸葛）亮，亮曰：「若留外人，則當留兵，兵留則無所食，一不易也；加夷新傷破，父兄死喪，留外人而無兵者，必成禍患，二不易也；又夷累有廢殺之罪，自嫌釁重，若留外人，終不相信，三不易也；今吾欲使不留兵，不運糧，而綱紀粗定，夷、漢粗安故耳。」[123]

敘述諸葛亮於戰場談笑用兵，絲毫不畏懼對手已經明白己方虛實。雖然沒有娓娓道出實際交戰的內容，卻也不難感受到諸葛亮是位曉暢軍事的主帥，或多或少對其「應變將略」能力之瑕疵產生一定修飾的效果。「七擒七縱」一事常壉最先記載，往後習鑿齒承襲之。然而檢索《三國志》其他個傳的記載，可以發現諸葛亮該次征戰是帶有著征服者性質，是故除了平息動亂這一目標，還

122 《三國志．蜀書．諸葛亮傳》注引。〔晉〕陳壽撰；〔宋〕裴松之注：《三國志》，頁九二一。
123 《三國志．蜀書．諸葛亮傳》注引。同前註。

需要南中地區提供人力、物力來支持蜀漢軍隊北伐。往後南方依然屢屢有動亂發生，並非是「南人不復反矣」[124]。

相較「郭沖五事」屢屢受到質疑，採用者如袁宏、司馬光都隱約意識到記載有待商榷。習鑿齒南征的諸條史料反而歷來頗為豔稱，雖然反省者有之，但是許多史家還是直接將之視作信史。除常璩、習鑿齒兩位已收錄於史著之中，裴松之本人也沒有指責該事為虛謬之辭，司馬光在《資治通鑑》亦信服其「南人不復反矣」[125]。尤其值得注意的是，盧弼於《三國志・蜀書・諸葛亮傳》雖然引用《通鑑輯覽》的辨析，應當已經明曉《漢晉春秋》記載的諸葛亮南征一事有問題存焉，但是依舊讚嘆諸葛亮能使南中「夷不復反」：

漢代西南夷反覆無常，最為難治。葛相數月之閒，平定今日數省之地，恩威並用，純為王

124 《三國志・蜀書・譙周傳》：「後主猶疑於入南，（譙）周上疏曰：『……南方遠夷之地，平常無所供為，猶數反叛，自丞相（諸葛）亮南征，兵勢逼之，窮乃幸從，是後供出官賦，取以給兵，以為愁怨，此患國之人也。』」《三國志・蜀書・李恢傳》：「南土平定，（李）恢軍功居多。封漢興亭侯，加安漢將軍。後軍還，南夷復叛，殺害守將。」同前註，頁一〇三〇－一〇三一、一〇四六。

125 〔宋〕司馬光編著；〔元〕胡三省音注：《資治通鑑》，頁二二二四－二二二五。

者之師。後路無虞，國用饒足，終（諸葛）亮之世，夷不復反，遠謀碩畫，敻乎不可及已。[126]

檢視後代學者的接受史概況，應能說明習鑿齒選用的史料，本身就較容易被視作信史；至於王隱收錄的「郭沖五事」，則易於被辨認出有虛妄之嫌。習鑿齒、袁宏、王隱雖然都在史籍中型塑諸葛亮卓越的治國才幹；但是習鑿齒、袁宏欣賞之餘，對史料的審核似乎比起王隱更嚴謹。

二、諸葛亮與司馬懿的戰場表現優劣

孫盛筆下的諸葛亮、司馬懿之戰場對壘，似乎總是後者技高一籌。常璩於諸葛亮北伐事蹟的記載上基本承襲陳壽，袁宏《後漢紀》則受限於該書限斷而不與焉，較適宜與孫盛進行比較的史家就是王隱、習鑿齒兩位。王隱筆下關於諸葛亮北伐時與司馬懿交手過程的記載，則見其《蜀記》收錄「郭沖五事」的第三事、第五事，依序如下：

（諸葛）亮屯于陽平，遣魏延諸軍并兵東下，亮惟留萬人守城。晉宣帝率二十萬眾拒亮，

126 〔晉〕陳壽撰；〔南朝宋〕裴松之注；盧弼集解；錢劍夫整理：《三國志集解》，頁二三九九。

> 而與延軍錯道，徑至前，當亮六十里所，偵候白宣帝說亮在城中兵少力弱。亮亦知宣帝垂至，已與相偪，欲前赴延軍，相去又遠，回迹反追，勢不相及，將士失色，莫知其計。亮意氣自若，敕軍中皆臥旗息鼓，不得妄出菴幔，又令大開四城門，埽地卻洒。宣帝常謂亮持重，而猥見勢弱，疑其有伏兵，於是引軍北趣山。明日食時，亮謂參佐拊手大笑曰：「司馬懿必謂吾怯，將有彊伏，循山走矣。」候邏還白，如亮所言。宣帝後知，深以為恨。[127]

「郭沖五事」之三顯然就是後來《三國志演義》中，諸葛亮「空城計」故事的史料原型。諸葛亮驟然間面臨敵我軍勢懸殊的險境，依然不慌不忙、意氣自若，反而利用司馬懿的謹慎心理以成功撤退，可說是戰場上急中生智的典範。顯然這位向來領兵持重的諸葛亮，其實亦是懂得臨機應變、不墨守陳規的將領，這點應當對修飾「應變將略」的瑕疵而言相當具備效益。第五事的內容則如下：

> 魏明帝自征蜀，幸長安，遣宣王督張郃諸軍，雍、涼勁卒三十餘萬，潛軍密進，規向劍閣。（諸葛）亮時在祁山，旌旗利器，守在險要，十二更下，在者八萬。時魏軍始陳，幡

127 《三國志．蜀書．諸葛亮傳》注引。〔晉〕陳壽撰；〔宋〕裴松之注：《三國志》，頁九二一。

兵適交，參佐咸以賊眾彊盛，非力不制，宜權停下兵一月，以并聲勢。亮曰：「吾統武行師，以大信為本，得原失信，古人所惜；去者束裝以待期，妻子鶴望而計日，雖臨征難，義所不廢。」皆催遣令去。於是去者感悅，願留一戰，住者憤踊，思致死命。相謂曰：「諸葛公之恩，死猶不報也。」臨戰之日，莫不拔刃爭先，以一當十，殺張郃，卻宣王，一戰大剋，此信之由也。[128]

曹魏軍隊來勢洶洶，魏明帝就近於長安提振軍心，司馬懿則率領名將張郃（？－二三一）以及三十餘萬大軍潛軍密進。諸葛亮面對敵方規模浩大的軍隊進擊，沒有採納參佐提出要取消士兵更替以合併聲勢的建議，而是洞悉將士思歸心切的心理，選擇以信義為準，「原其情而憫其勞，懷以仁而勵以義」[129]，結果全軍「去者感激，愿留一戰；往者憤怒，人百其勇」[130]。蜀漢將士臨戰當日皆奮勇殺敵、以寡擊眾，退敗了遠較己方人數眾多的曹魏大軍，再添一筆挫敗司馬懿的戰場實績。

128 同前註，頁九二六。
129 〔北宋〕李廌撰：《濟南集》（臺北：臺灣商務，一九七〇年，四庫全書珍本別輯），卷六，葉二六下。
130 同前註。

《蜀記》收錄的這兩次戰場勝績，相信具有修飾諸葛亮較不善於征戰的印象之效果。尤其是諸葛亮於戰場技勝司馬懿一籌的記載，與孫盛敘述司馬懿料事如神、更勝諸葛剛好相反。至於習鑿齒《漢晉春秋》，則近乎王隱，其中最讓人印象深刻的一條史料應該就是「建興九年大敗曹魏」的記載：

（諸葛）亮圍祁山，招鮮卑軻比能，比能等至故北地石城以應亮。於是魏大司馬曹真有疾，司馬宣王自荊州入朝，魏明帝曰：「西方事重，非君莫可付者。」乃使西屯長安，督張郃、費曜、戴陵、郭淮等。宣王使曜、陵留精兵四千守上邽，餘眾悉出，西救祁山。郃欲分兵駐雍、郿，宣王曰：「料前軍能獨當之者，將軍言是也；若不能當而分為前後，此楚之三軍所以為黥布禽也。」遂進。亮分兵留攻，自逆宣王于上邽。郭淮、費曜等徼亮，亮破之，因大芟刈其麥，與宣王遇于上邽之東，斂兵依險，軍不得交，亮引而還。宣王尋亮至于鹵城。張郃曰：「彼遠來逆我，請戰不得，謂我利在不戰，欲以長計制之也。且祁山知大軍以在近，人情自固，可止屯於此，分為奇兵，示出其後，不宜進前而不敢偪，坐失民望也。今亮縣軍食少，亦行去矣。」宣王不從，故尋亮。既至，又登山掘營，不肯戰。賈栩、魏平數請戰，因曰：「公畏蜀如虎，奈天下笑何！」宣王病之。諸將咸請戰。五月辛巳，乃使張郃攻無當監何平於南圍，自案中道向亮。亮使魏延、高翔、吳班赴拒，大破之，獲甲首三千級，玄鎧五千領，角弩三千一百張，宣王還保營。131

該次戰役處處交代司馬懿十分忌憚諸葛亮，則諸葛亮究竟如何善於用兵作戰也就可想而知了。還紀錄下蜀漢軍隊在諸葛亮的指揮下成功大破曹魏軍隊，並獲取了敵方大量的軍用器具。《漢晉春秋》這條史料，顯然亦有平反陳壽言諸葛亮較不善於征戰這點評價的效果。

習鑿齒並不畏懼於彰顯司馬懿的敗績，或者是吝於強調諸葛亮之用兵如神。其何故沒有選用「郭沖五事」之三、之五，恐怕還是僅能從兩人擇用史料的嚴謹程度著手。裴松之即對「郭沖五事」之三的真實性發出責難，透過考核史料中人物行跡、作為，說明該條史料係屬虛妄之言：

> 案陽平在漢中。（諸葛）亮初屯陽平，宣帝尚為荊州都督，鎮宛城，至曹真死後，始與亮於關中相抗禦耳。魏嘗遣宣帝自宛由西城伐蜀，值霖雨，不果。此之前後，無復有於陽平交兵事。就如（郭）沖言，宣帝既舉二十萬眾，已知亮兵少力弱，若疑其有伏兵，正可設防持重，何至便走乎？案魏延傳云：「延每隨亮出，輒欲請精兵萬人，與亮異道會于潼關，亮制而不許；延常謂亮為怯，歎己才用之不盡也。」亮尚不以延為萬人別統，豈得如

131 《三國志‧蜀書‧諸葛亮傳》注引。〔晉〕陳壽撰；〔宋〕裴松之注：《三國志》，頁九二五—九二六。

沖言，頓使將重兵在前，而以輕弱自守乎？且沖與扶風王言，顯彰宣帝之短，對子毀父，理所不容，而云「扶風王慨然善沖之言」，故知此書舉引皆虛。[132]

司馬懿開始成為抵抗蜀漢軍隊的總指揮其實是在曹真（？－二三一）死後[133]，諸葛亮率領軍隊初屯漢中陽平（二二七）時的對手，不應是司馬懿。再次，誠如清代陸以湉（一八〇二－一八六五）：

司馬懿智謀素優，使為嘗試之計，分二十萬眾之二三以擊之，則陽平之城可得矣，豈孔明之謹慎而敢出此？此事見郭沖三事，而陳壽《蜀志》不載，得毋傳之不實歟？[134]

就當時曹魏軍隊的數量，其實僅需要嘗試用少數軍隊攻城就可以改寫歷史；按照常理推測，司馬懿的智謀應當不至於直接退走。再從魏延曾向諸葛亮索求更多軍隊指揮權尚且不遂的案例，諸葛

132 《三國志．蜀書．諸葛亮傳》注引。同前註，頁九二一－九二二。

133 《三國志．魏書．明帝紀》：「（太和五年）三月，大司馬曹真薨。諸葛亮寇天水，詔大將軍司馬宣王拒之。」同前註，頁九八。

134 〔清〕陸以湉撰；崔凡芝點校：《冷廬雜識》（北京：中華書局，一九八四年一月），頁四八。

亮基本上是不會製造出自己「輕弱自守」的危境。

從辨別真偽的角度檢視「空城計」，處處可以見到破綻；同樣的，裴松之頗不以「郭沖五事」之五的真實性為然：

> （諸葛）亮前出祁山，魏明帝身至長安耳，此年不復自來。且亮大軍在關、隴，魏人何由得越亮經向劍閣？亮既在戰場，本無久住之規，而方休兵還蜀，皆非經通之言。[135]

考諸行跡，並無資料顯示魏明帝那年有遠道前往長安的紀錄，辨別真偽並不困難。而且無論是「郭沖五事」的第三事或第五事，對扶風王來說正是屬於「對子毀父」之辭。在「孝」之價值非常受到重視的西晉時期，以孝行聞名的司馬駿[136]，就算沒有維護自己的父親，亦不應當「慨然善沖之言」。反而讓人感覺到，這是王隱有意虛構出「為人子」認同父親事蹟所產生的權威性，藉此抬高自己記載的可信度。

135 《三國志．蜀書．諸葛亮傳》注引。〔晉〕陳壽撰；〔宋〕裴松之注：《三國志》，頁九二六。

136 東晉虞預《晉書》：「扶風王駿字子臧，宣帝第十七子，好學至孝。」〔清〕湯球輯；楊家駱主編：《新校本晉書並附編六種：九家舊晉書輯本及晉諸公別傳輯本四十三卷》（臺北：鼎文書局，一九九五年），頁三六四。《晉書．宣五王．扶風王駿傳》：「（司馬）駿有孝行，母伏太妃隨兄亮在官，駿常涕泣思慕，若聞有疾，輒憂懼不食，或時委官定省。」〔唐〕房玄齡等撰：《晉書》，頁一一二五。

倘若真如裴松之所言，習鑿齒即使搜索史料甚為用心卻依然不採信王隱《蜀記》之「郭沖五事」。原因應非習鑿齒忌諱於收錄司馬懿的敗績，或者是對諸葛亮人物形象的理解距離王隱太遠，較可能是史家求真的態度導致；畢竟兩位史家皆可以於史著內，敘述諸葛亮卓越的治國表現，以及退敗司馬懿的戰場實績，態度相當友善。東晉時期十分推崇諸葛亮的四位史家，較早期的王隱、常璩與較晚期的袁宏、習鑿齒之史著；除袁宏《後漢紀》無法記載諸葛亮「臨終託孤」後南征或北伐的戰場實蹟，而僅能突顯其「為相」的表現，基本皆俱備正面抬升諸葛亮「為將」、「為相」之優秀才能的效果。將一本一本史籍的佚文抽捻出來檢視，無疑更顯得孫盛史著實與當時潮流違逆、脫節。

第六章　「三國正統觀」的轉移動機研議

第一節　習鑿齒與蜀漢正統的曲折定位

一、東晉時期「三國正統觀」議題的疑問提出

本書雖然屢屢引用前人肯定袁宏（三二八－三七六）、習鑿齒（？－三八四？）扭轉「三國正統觀」貢獻的說法。但是筆者行文論述之時始終幾費斟酌，盡量用表彰扶漢之心，來交代兩位史家青睞諸葛亮（一八一－二三四）等的緣由之一。這是因為，無論袁宏或者習鑿齒，皆始終沒有確切、直接宣佈要將三國時期的正統定位給予蜀漢（二二一－二六三）政權。袁宏雖然在史論之中直斥曹魏（二二〇－二六五）政權，亦未確切、直接地說明要將蜀漢政權視作三國時期的唯一正統，而是採取間接的方式指涉，譬如《後漢紀》該書之尾聲餘音嫋嫋。今人白壽彝言道袁宏在《後漢紀》特寫劉備（一六一－二二三）稱帝之事的安排：「這似有以蜀繼漢統的意思，這也

是跟陳壽不同的。」[1]不忘用「似有」一詞而有語帶保留之意，行文謹慎之餘亦說明其已經意識到袁宏是採用較間接的方式進行表述。

袁宏為什麼不願明言呢？東晉（三一七－四二〇）時期君權低落，桓溫（三一二－三七三）等權臣覬覦神鼎之心相當明顯，許多知識份子開始以古喻今以扶正世風。但是身為晉臣自然無法譏刺司馬氏篡奪曹魏王權，甚至於還需要幫司馬氏美化之[2]，因而通常是往前批判曹魏代漢之不義。除了袁宏、習鑿齒等史家，本書第二章第四節引用孫盛（三〇七－三七八）之族弟孫綽（三一四－三七一），以及袁宏之族弟袁山松（？－四〇一）皆予以篡逆之臣誅伐之筆，但是依然沒有直言蜀漢政權具有正統地位。從中可以擬出一個假設，即是將蜀漢政權挪移至正統的位置，對當時東晉臣民而言尚未能稱得上是一個被普遍接受的概念。檢視習鑿齒的正統論，相信能佐證本段的推測。

北宋（九六〇－一一二七）、西晉（二六五－三一六）結束分裂的政局，且透過禪讓的方式取得政權；南宋（一一二七－一二七九）與東晉皆偏安江左，並以宗室身份承續北宋、西晉。似

1 見氏：〈陳壽與袁宏〉，《中國史學史論集》（北京：中華書局，二〇〇一年十月），頁一七二。

2 龔鵬程：「（習鑿齒）以晉承漢統，為我史學上正統論中一大文獻，歷來討論者甚多，但大抵摸不著要領，不知此文其實要處理的，就是司馬炎做為魏的臣子而竟篡位的不忠的問題。」見氏：〈東晉名教論〉，收錄於國立成功大學中文系編輯：《魏晉南北朝文學與思想學術研討會論文集．第五輯》（臺北：里仁書局，二〇〇四年十一月），頁九七七。

乎理所當然的，對「三國正統觀」之認定應是兩兩基本一致，清代（一六四四－一九一一）章學誠（一七三八－一八〇一）在《文史通義．文德》將正統認定與南北地域之處境連結：

陳壽《三國志》，紀魏而傳吳、蜀，習鑿齒為《漢晉春秋》，正其統矣。司馬《通鑑》仍陳氏之說，朱子《綱目》又起而正之。「是非之心，人皆有之。」不應陳氏誤於先，而司馬再誤於其後，而習氏與朱子之識力，偏居於優也。而古今之譏《國志》與《通鑑》者，殆於肆口而罵詈，則不知起古人於九原，肯吾心服否邪？陳氏生於西晉，司馬生於北宋，苟黜曹魏之禪讓，將置君父於何地？而習與朱子，則固江東南渡之人也，惟恐中原之爭天統也。諸賢易地則皆然，未必識遜今之學究也。[3]

章氏呼籲學者要抱持著「同情的理解」，不宜過度苛刻、「肆口而罵詈」，這點固然是學術研究的金玉良言。然而其體貼古人的方式則有再議的空間。習鑿齒是否因「恐中原之爭天統」而「帝蜀」？「帝蜀」與「偏安」是否必然劃上等號？這就成為本書探討的重點。即使如是慣性判定有其合理處存焉，也要考量到簡略類比的做法往往隱沒箇中的一些差異性。

3 〔清〕章學誠著；葉瑛校注：《文史通義校注》（北京：中華書局，二〇〇八年三月），頁二七八。

近來研究已經有較以往細緻的進展，指出習鑿齒並非完全將正統的位置給予蜀漢政權[4]，但是尚有餘義待細部詮釋。這裡即先檢視習鑿齒所以否定曹魏俱備正統資格的理由，據習氏臨終上疏東晉官方的〈晉承漢統論〉：

今若以魏有代王之德，則其道不足；有靜亂之功，則孫劉鼎立。道不足則不可謂制當年，當年不制於魏，則魏未曾為天下之主；王道不足於曹，則曹未始為一日之王矣。昔共工伯有九州，秦政奄平區夏，鞭撻華戎，專總六合，猶不見序於帝王，淪沒於戰國，何況暫制數州之人，威行境內而已，便可推為一代者乎！[5]

4 詳見莊瓊逸：〈司馬光《資治通鑑》帝魏疏論〉，《中國文化月刊》第二五八期（二〇〇一年九月），頁一〇六－一二六；王師文進：〈習鑿齒與諸葛亮神話之建構〉，《臺大中文學報》第三八期（二〇一二年九月），第二章〈三國正統觀的揭竿逆起〉，頁七八－八六。汪榮祖亦敏銳地察覺到問題：「若習（鑿齒）說可通，則漢晉之間若亡若存也乎？若以蜀承漢，則蜀漢之功德又比魏若何？可以『為天下之主』乎？」〔美〕汪榮祖：《史傳通說：中西史學之比較》（北京：中華書局，二〇〇三年十二月），頁一一四；早期錢鍾書亦意識到習鑿齒正統論述的一些問題，見氏：《管錐編：補訂重排本》（北京：生活．讀書．新知三聯書店，二〇〇一年一月），第四冊，頁四八－四九。

5 《晉書．習鑿齒傳》。〔唐〕房玄齡等撰：《晉書》（北京：中華書局，二〇〇八年二月），頁二一五五－二一五六。

習鑿齒指出一統海內者猶未必能列於帝王之序，況且曹魏政權只是暫制數州、威行境內者，豈可推為一代之正統？習氏採用一項要求不低的標準進行評斷，該評斷下的曹魏政權因為未能制服孫吳（二二九－二八〇）、蜀漢而缺乏資格。言下之意，意指往後制服孫吳、蜀漢的司馬氏才是真正的「天命」攸歸。

根據該標準，習氏其實亦同時否定了孫吳、蜀漢具有正統資格。三國時期既無正統王朝存在，則臨終上疏之「晉承漢統」指稱的「漢」顯係不是蜀漢，而是東漢或兩漢。該上疏又言：

> 夫成業者係於所為，不係所藉；立功者言其所濟，不言所起。是故漢高稟命於懷王，劉氏乘斃於亡秦，超二偽以遠嗣，不論近而計功，考五德於帝典，不疑道於力政，季無承楚之號，漢有繼周之業，取之既美，而己德亦重故也。[6]
>
> 今子不疑共工之不得列於帝王，不嫌漢之係周而不係秦，何至於一魏猶疑滯而不化哉！夫欲尊其君而不知推之於堯舜之道，欲重其國而反厝之於不勝之地，豈君子之高義！若猶未悟，請於是止矣。[7]

6 《晉書．習鑿齒傳》。同前註，頁二一五六。
7 《晉書．習鑿齒傳》。同前註，頁二一五七－二一五八。

習鑿齒顯係是希望晉室跨越三國時期而繼承東漢（二五－二二〇）、兩漢，如同漢室直接越過秦朝（二二一－二〇七B.C.）、楚懷王（？－二〇五B.C.）而繼承周代（一〇四六－二五六B.C.）。既然已有漢室「係周」而「不係秦」的前例，眼下晉室當然可以選擇「係」東漢、兩漢而「不係」曹魏。朱子彥、王光乾言之直截：「實際上習氏最終是否定了整個三國時代，而將晉朝直接嫁接到漢朝身上。」[8]倘若習氏皆不視三國時期任何一方政權為正統王朝，那麼何故歷來論者時常指出習鑿齒「帝蜀」？這個疑問就成為本節接續處理的部份。

二、《漢晉春秋》的扶漢之心表彰

後人在理解習鑿齒的「三國正統觀」時，往往受到唐初史臣在《晉書》歸納《漢晉春秋》一書的心得影響，從而忽略了史臣的心得與習氏〈晉承漢統論〉一文主旨的差距。史臣們在《晉書・習鑿齒傳》：

> 是時（桓）溫覬覦非望，（習）鑿齒在郡，著《漢晉春秋》以裁正之。起漢光武，終於晉愍帝。於三國之時，蜀以宗室為正，魏武雖受漢禪晉，尚為篡逆，至文帝平蜀，乃為漢亡

[8] 見氏：〈曹魏代漢後的正統化運作——兼論漢魏禪代對蜀漢立國和三分歸晉的影響〉，《中國史研究》第一期（二〇一一年二月），頁一三八。

而晉始興焉。引世祖諱炎興而為禪受，明天心不可以勢力強也。[9]

南宋周必大（一一二六－一二〇四）亦明顯承續唐初史臣們的心得，標舉蜀漢是正統王朝而曹魏是篡逆之徒：「習鑿齒作《漢晉春秋》，起漢光武帝，終晉愍帝。以蜀為正，魏為篡，謂漢亡僅一二年則已為晉。炎興之名，天實命之。」[10]周必大顯然沒有懷疑〈晉承漢統論〉之內容，與唐初史臣的理解可能有落差。史臣們認為「至（晉）文帝平蜀，乃為漢亡而晉始興焉」、「引世祖諱炎興而為禪受」云云，應是將蜀漢視作漢室，並指出蜀漢擁有漢王朝宗室資格且為三國時期的

9 〔唐〕房玄齡等撰：《晉書》，頁二一五四。「諱炎興而為禪受」云云見《三國志．蜀書．向朗傳》注引《襄陽記》：「魏咸熙元年六月，鎮西將軍衛瓘至於成都，得璧玉印各一枚，文似『成信』字，魏人宣示百官，藏于相國府。（向）充聞之曰：『吾聞譙周之言，先帝諱備，其訓具也，後主諱禪，其訓授也，如言劉已具矣，當授與人也。今中撫軍名炎，而漢年極於炎興，瑞出成都，而藏之於相國府，此殆天意也。』是歲，拜充為梓潼太守，明年十二月而晉武帝即尊位，炎興於是乎徵焉。」習鑿齒筆下明言晉室崛起乃是「天命」有徵的記載，《三國志．魏書．明帝紀》注引《漢晉春秋》：「氐池縣大柳谷口夜激波涌溢，其聲如雷，曉而有蒼石立水中，長一丈六尺，高八尺，白石畫之，為十三馬，一牛，一鳥，八卦玉玦之象，皆隆起，其文曰『大討曹，適水中，甲寅』。帝惡其『討』也，使鑿去為『計』，以蒼石窒之，宿昔而白石滿焉。至晉初，其文愈明，馬象皆煥徹如玉焉。」〔晉〕陳壽撰；〔宋〕裴松之注：《三國志》（北京：中華書局，二〇〇七年五月），頁一〇一一、一〇七。

10 〔南宋〕周必大撰：〈續後漢書序〉，《文忠集》（臺北：臺灣商務，一九七〇年，四庫全書珍本二集），第六冊，卷五三，葉一一。

正統政權[11]，而晉室續之。或許是該篇專論文句較長，加上全篇諸多辨析概念略顯得複雜的緣故，才使學者直接接受唐初史臣那段簡潔的論述吧[12]？

前段如是假設，自然需要指出〈晉承漢統論〉較易讓人誤解的字句部份，這點亦涉及習鑿齒對蜀漢政權抱持的態度。習鑿齒該文又有言：「自漢末鼎沸五六十年，吳魏犯順而強，蜀人杖正而弱，三家不能相一，萬姓曠而無主。」[13]既然認定當時「萬姓無主」，則天下顯然沒有正統王朝存焉。然而這段論述又透露著，習鑿齒抱持著較同情的態度觀看蜀漢政權，終究認定蜀漢君臣們擁有曹魏、孫吳無可比擬的道義色彩。蜀漢政權的整體實力雖弱，卻孜孜念念於道義，而可謂

11 現今部份學者雖然皆顧及要閱讀〈晉承漢統論〉，卻依然認為習鑿齒「帝蜀」，或許也是受到唐初史臣的影響。最具代表性的研究詳見雷家驥：《中古史學觀念史》（臺北：臺灣學生書局，一九九〇年十月），第七章第三節〈世變與東晉初期的批判史學〉、第四節〈批判制裁下的東晉史學〉，頁三二一－三五六。另外，雷氏指出習鑿齒一面要「帝蜀」、一面又交代「能一天下」方是正統，兩者間是有矛盾的，見該書第十章第一節〈正統論與國史的正統性及其違心發展〉。習鑿齒「帝蜀」乃是唐初史臣的認定，習鑿齒對於蜀漢是同情之，但不列於三國的正統王朝。饒宗頤在論及習鑿齒正統論與〈晉承漢統論〉時，則無明確析論兩漢、蜀漢的差異性，蓋未正視習氏所指之「漢」有清楚定義的需要，或持疑而僅做簡略說明，見氏：《中國史學上之正統論》（上海：上海遠東出版社，一九九六年八月），頁九－一〇。

12 例如近來馬鐵浩論及《漢晉春秋》一書，亦僅徵引史臣之說而未使用〈晉承漢統論〉，見氏：《《史通》與先唐典籍》（北京：人民出版社，二〇一〇年十二月），頁一六〇－一六一。（按作者後記，該書主體係原二〇〇八年博士學位論文改修）

13 《晉書．習鑿齒傳》。〔唐〕房玄齡等撰：《晉書》，頁二一五七。

之「杖正」。這裡的「正」不應直逕解讀成蜀漢政權擁有正統地位，較適宜解釋成蜀漢較有扶持漢室之心、所作所為正是為人臣匡復君國的職責之事，只是該語難免較容易讓人誤讀成是直接判定成正統。劉備、諸葛亮等蜀漢君臣畢生致力於復興漢室，自然較經得起儒家思想的檢驗；至於盜竊漢鼎的曹魏、懷抱異心的孫吳，都是禁不住道義尺量的「犯順」之國。蜀漢政權雖然未能取得正統資格，也不是其餘兩家政權足堪媲美的。

〈晉承漢統論〉乃是習鑿齒臨終前一生思想之結晶，亦是該位史家唯一專門負責探討「三國正統觀」議題的文章。且該篇不僅是《漢晉春秋》之總綱[14]，也是研究習氏之正統論述最具代表性的核心資料；縱然其餘非專論的言語中有游移出該篇思想主旨處，亦應視之為史家拿捏尺度失準，並且以該篇專論為詮釋依歸。行文自此，本書則繼續探討習鑿齒於其較早年撰寫的《漢晉春秋》、《襄陽記》等史著之散論，藉之輔佐前段的說法。習鑿齒於《漢晉春秋》記載羊祜（二二一－二七八）、陸抗（二二六－二七四）的君子之交，並發表議論：

> 自今三家鼎足四十有餘年矣，吳人不能越淮、沔而進取中國，中國不能陵長江以爭利者，力均而智侔，道不足以相傾也。夫殘彼而利我，未若利我而無殘；振武以懼物，未若德廣

14　龔鵬程：「習鑿齒有《漢晉春秋》四十七卷，今不存。《晉書》本傳載其〈晉承漢統論〉殆為其中之一。」見氏：〈東晉名教論〉，頁九七七。

> 而民懷。匹夫猶不可以力服，而況一國乎？力服猶不如以德來，而況不制乎？[15]

解釋為何孫吳無法跨越淮、沔以吞併曹魏，還有曹魏為何無力佔據江南，還涉及到政權之間的實力與道德高下的抗衡問題，基本與〈晉承漢統論〉所言，「三家不能相一，萬姓曠而無主」的概念互相發明。從「三家鼎足四十有餘年矣」一句研判，蜀漢也屬於「力均而智侔，道不足以相傾」的政權；言下之意，一統三國的晉王朝才是真正完全無愧於「德廣而民懷」者。

習鑿齒雖然於《漢晉春秋》的史論，指出蜀漢政權於「力」、「智」、「德」等尚且不足。但是誠如〈晉承漢統論〉中視蜀漢政權係屬「杖正」的仁義王道之師，習鑿齒當然不會吝於表彰蜀漢君臣的扶漢之心。例如費詩勸戒劉備勿稱尊號一事，習鑿齒就有段值得玩味的議論，該次歷史事件見《三國志．蜀書．費詩傳》：

> 後群臣議欲推漢中王稱尊號，（費）詩上疏曰：「殿下以曹操父子偪主篡位，故乃羇旅萬里，糾合士眾，將以討賊。今大敵未克，而先自立，恐人心疑惑。昔高祖與楚約，先破秦者王。及屠咸陽，獲子嬰，猶懷推讓，況今殿下未出門庭，便欲自立邪！愚臣誠不為殿下

15 《三國志．吳書．陸抗傳》注引。〔晉〕陳壽撰；〔宋〕裴松之注：《三國志》，頁一三五七—一三五八。

取也。」由是忤指，左遷部永昌從事。[16]

該條下裴松之（三七〇－四四九）徵引習鑿齒的觀點，差不多就是站在蜀漢政權的立場體會該舉之深意：

> 夫創本之君，須大定而後正己，纂統之主，俟速建以係眾心，是故惠公朝虜而子圉夕立，更始尚存而光武舉號，夫豈忘主徼利，社稷之故也。今先主糾合義兵，將以討賊。賊彊禍大，主沒國喪，二祖之廟，絕而不祀，苟非親賢，孰能紹此？嗣祖配天，非咸陽之譬，杖正討逆，何推讓之有？於此時也，不知速尊有德以奉大統，使民欣反正，世睹舊物，杖順者齊心，附逆者同懼，可謂闇惑矣。其黜降也宜哉！[17]

關於劉備稱尊號一事究竟是否合宜的看法，後世支持習鑿齒者有之[18]，支持費詩者亦有之[19]。暫

16 同前註，頁一〇一六。
17 同前註，頁一〇一六－一〇一七。
18 《三國志．蜀書．費詩傳》注引裴松之：「臣松之以為（習）鑿齒論議，惟此論最善。」同前註，頁一〇一七。
19 《三國志．蜀書．費詩傳》盧弼注引或曰：「縞素犒師，故爵統眾，三軍之氣，或更倍也。大義既申，人自戴之，何不足以繫眾心乎？光武攜貳更始，豈可引喻；子圉固守本國，未聞即尊。苟漢帝既亡，吾業漸立，徐踐大位，未

且撇開識見優劣的問題，習氏該次議論的言下之意，若配合前文所論；應能指出習鑿齒雖然未將蜀漢視作三國時期的正統王朝，卻又同意蜀漢政權係屬兩漢王朝的延續。蜀漢既是「紹」漢，該政權北伐曹魏又是「杖正討逆」之舉，是持道義的「杖順者」討伐「附逆者」，卻又不是三國時期的正統王朝。此義頗為費解。但是從本節前文徵引、闡述習鑿齒的著作，恐怕應是如是拗折。習鑿齒的反詰，幾近與〈周魯通諸葛論〉中視劉備具帝胄資格以延續漢室是非常類似的，所謂「二祖之廟，絕而不祀，苟非親賢，孰能紹此」，無疑是承認劉備之崛起彷彿當年東漢光武帝具有繼承漢室資格。

《漢晉春秋》一書中，所以出現採用蜀漢年號作為紀年的敘述，例如：「景耀五年，姜維率眾出狄道」[20]，使用後主劉禪（二〇七－二七一，二二三－二六三在位）的年號「景耀」（二五八－二六三），原因誠如莊瑲逸的推測，是憐憫蜀漢而斥責曹魏、孫吳的安排：

便後也。不然，與人同行，而目之為賊，誰能服焉？習氏目為闇惑，松之復善其識，不知果何見也。」〔晉〕陳壽撰；〔南朝宋〕裴松之注；盧弼集解；錢劍夫整理：《三國志集解》（上海：上海古籍出版社，二〇〇九年六月），頁二六六七。

[20] 《三國志．蜀書．廖化傳》注引。〔晉〕陳壽撰；〔宋〕裴松之注：《三國志》，頁一〇七七。

縱觀習〈論〉，習氏認為晉之天下實由司馬懿、司馬炎祖孫三代四人經營而來，魏蜀吳三分天下為萬姓曠而無主之時，是晉人可以仿效漢儒之繫周不繫秦，大可以晉承漢（越魏繼漢），其所承之「漢」顯係指後漢，而非蜀漢，此與習氏作《漢晉春秋》於三國時採蜀漢紀年不同，本傳「漢（蜀）亡晉興」之說實有乖習氏之原意。易言之，習氏在正統論上其實係認為三國為無主之期，其作史採蜀漢年號之原因，今日吾人已不可考，或係習氏惡魏吳犯順而強，或為習氏愍蜀人杖正而弱，故於萬姓曠而無主之時權以蜀漢紀年。[21]

莊氏解釋得非常清楚，並認為習鑿齒係抱持著表彰蜀漢君臣扶漢之志的同情心理。如是說來，習鑿齒、袁宏的「三國正統觀」之共通點，與其說是將正統地位歸予蜀漢，不如說是兩位史家皆認同劉備、諸葛亮君臣等的扶漢之心。

21 見氏：〈司馬光《資治通鑑》帝魏疏論〉，頁一一一。

第二節　孫盛對曹魏正統觀的宣揚與捍衛

一、曹魏本位視野下的敵國英雄人物解讀

東晉時期史家雖然有一「帝蜀」或「準帝蜀」的風潮，但是還必須考量到依然有遵奉西晉官方「三國正統觀」論述的史家，代表性者即是孫盛。除了諸葛亮書寫的部份，孫盛在議論其他敵國人物時，往往帶有偏見存焉，《晉陽秋》：

（孫）盛以永和初從安西將軍平蜀，見諸故老，及姜維既降之後密與劉禪表疏，說欲偽服事鍾會，因殺之以復蜀土，會事不捷，遂至泯滅，蜀人於今傷之。盛以為古人云，非所困而困焉名必辱，非所據而據焉身必危，既辱且危，死其將至，其姜維之謂乎！鄧艾之入江由，士眾鮮少，維進不能奮節綿竹之下，退不能總帥五將，擁衛蜀主，思後圖之計，而乃反覆於逆順之間，希違情於難冀之會，以衰弱之國，而屢觀兵於三秦，已滅之邦，冀理外

之奇舉，不亦闇哉！[22]

孫盛指責姜維（二〇二－二六四）在蜀漢滅亡前後未能審時度勢，尤其是亡國後進退失宜，選擇「反覆於逆順之間」（偽降於不久後反叛的曹魏鍾會（二二五－二六四））之舉措，更僅能算是下下之策。裴松之則駁斥：

臣松之以為（孫）盛之譏（姜）維，又為不當。于時鍾會大衆既造劍閣，維與諸將列營守險，會不得進，已議還計，全蜀之功，幾乎立矣。但鄧艾詭道傍入，出於其後，諸葛瞻既敗，成都自潰。維若回軍救內，則會乘其背。當時之勢，焉得兩濟？而責維不能奮節綿竹，擁衛蜀主，非其理也。會欲盡坑魏將以舉大事，授維重兵，使為前驅。若令魏將皆死，兵事在維手，殺會復蜀，不為難矣。夫功成理外，然後為奇，不可以事有差牙，而抑謂不然。設使田單之計，邂逅不會，復可謂之愚闇哉！[23]

裴松之畢竟距離三國時期較遠，較能客觀地面對三國恩怨往事。姜維將一線曹魏大軍阻擋在劍閣

22 《三國志．蜀書．姜維傳》注引。〔晉〕陳壽撰；〔宋〕裴松之注：《三國志》，頁一〇六七－一〇六八。

23 《三國志．蜀書．姜維傳》注引。同前註，頁一〇六八。

已經是盡力了，倘若當時回師救援成都，實是要冒著遭受鍾會追擊、甚至全軍覆沒的危險。又，姜維最後企圖先利用鍾會坑殺魏將、再誅殺鍾會復國的計謀，在當時曹魏師軍遠來、民未忘義的情況下，或許還有一搏的機會。裴松之強調不應該以成敗論英雄，從而否定孫盛疑似過於苛刻的指責[24]。

同樣的案例，又可見孫盛批評劉備接受法正（一七六－二二〇）的建議，而禮遇許靖（？－二二二）一事之議論，本事於《三國志．蜀書．法正傳》：

（建安）十九年，進圍成都，（劉）璋蜀郡太守許靖將踰城降，事覺，不果。璋以危亡在近，故不誅靖。璋既稽服，先主以此薄靖不用也。（法）正說曰：「天下有獲虛譽而無其實者，許靖是也。然今主公始創大業，天下之人不可戶說，靖之浮稱，播流四海，若其不禮，天下之人以是謂主公為賤賢也。宜加敬重，以眩遠近，追昔燕王之待郭隗。」先主於是乃厚待靖。[25]

24 王定璋意識到孫盛在批評姜維時往往無視歷史事實妄加褒貶：「作為東晉的史學家，孫盛審視歷史的眼光與是非標準自然會以魏晉的利益為出發點。倒是裴松之距三國時代稍遠一些，可以超脫前朝恩怨，議論公正客觀」。見氏：〈論姜維是非功過〉，《學海蠡測——文史思辨錄》（成都：巴蜀書社，二〇〇九年十月），頁六四五。

25 〔晉〕陳壽撰；〔宋〕裴松之注：《三國志》，頁九五九－九六〇。

南宋葉適（一一五〇－一二二三）對法正的諫言大表讚賞，甚至推導成難怪諸葛亮會與法正親厚的因素之一：「法正薄夫，乃知（許）靖為當敬，發悟劉備用賢之機。諸葛亮之親厚正。有以哉！」[26]孫盛則是高談闊論的指出不妥之處與箇中緣由，進而認定法正的建議只能隸屬「眩惑之術」：

夫禮賢崇德，為邦之要道，封墓式閭，先王之令軌，故必以體行英邈，高義蓋世，然後可以延視四海，振服群黎。苟非其人，道不虛行。（許）靖處室則友于不穆，出身則受位非所，語信則夷險易心，論識則殆為釁首，安在其可寵先而有以感致者乎？若乃浮虛是崇，偷薄斯榮，則秉直仗義之士，將何以禮之？（法）正務眩惑之術，違貴尚之風，譬之郭隗，非其倫矣。[27]

裴松之則對孫盛沒有體會法正的權宜用心，以及列舉許多許靖的缺失等等：

26　〔南宋〕葉適著：《習學記言》（上海：上海古籍出版社，一九九二年一月），頁二五〇。

27　《三國志．蜀書．法正傳》注引。〔晉〕陳壽撰；〔宋〕裴松之注：《三國志》，頁九六〇。

松之以為郭隗非賢，猶以權計蒙寵，況（許）文休名聲夙著，天下謂之英偉，雖末年有瑕，而事不彰徹，若不加禮，何以釋遠近之惑乎？法正以靖方隗，未為不當，而（孫）盛以封墓式閭為難，何其迂哉！然則燕昭亦非，豈唯劉翁？至於友于不穆，失由子將，尋蔣濟之論，知非文休之尤。盛又譏其受〔位〕非所，將謂仕於董卓。卓初秉政，顯擢賢俊，受其策爵者森然皆是。文休為選官，在卓未至之前，後遷中丞，不為超越。以此為貶，則荀爽、陳紀之儔皆應擯棄於世矣。[28]

孫盛評價蜀漢人物評價的嚴苛尺度，反而使其自身及其議論遭到後來裴松之的屢屢責難。類似案例還可見之批判郤正（？－二七八）〈姜維論〉的內容一事[29]，不再贅論，這些案例恐怕皆與史

28 《三國志．蜀書．法正傳》注引。同前註。

29 《三國志．蜀書．姜維傳》陳壽收錄郤正〈姜維論〉：「姜伯約據上將之重，處羣臣之右，宅舍弊薄，資財無餘，側室無妾媵之褻，後庭無聲樂之娛，衣服取供，輿馬取備，飲食節制，不奢不約，官給費用，隨手消盡；察其所以然者，非以激貪厲濁，抑情自割也，直謂如是為足，不在多求。凡人之談，常譽成毀敗，扶高抑下，咸以姜維投厝無所，身死宗滅，以是貶削，不復料擿，異乎春秋褒貶之義矣。如姜維之樂學不倦，清素節約，自一時之儀表也。」孫盛則反對郤正所論，言曰：「異哉郤氏之論也！夫士雖百行，操業萬殊，至於忠孝義節，百行之冠冕也。姜維策名魏室，而外奔蜀朝，違君徇利，不可謂忠；捐親苟免，不可謂孝；害加舊邦，不可謂義；敗不死難，不可謂節；且德政未敷而疲民以逞，居禦侮之任而致敵喪守，於夫智勇，莫可云也：凡斯六者，維無一焉。實有魏之逋臣，亡國之亂相，而云人之儀表，斯亦惑矣。縱維好書而微自藻潔，豈異夫盜者分財之義，而程、鄭降階之善也？」裴松之則已察見孫盛持論未免苛刻，言道：「臣松之以為郤正此論，取其可稱，不謂維始終行事皆可準則

家持偏黨曹魏政權的政治立場相關。

更值得玩味的是，即使於批判曹魏名臣的議論中，依舊可以發現孫盛對敵國政權持有的敵意，例如《三國志．魏書．華歆傳》注引胡沖《吳歷》：

孫策擊豫章，先遣虞翻說（華）歆。歆答曰：「歆久在江表，常欲北歸；孫會稽來，吾便去也。」翻還報策，策乃進軍。歆葛巾迎策，策謂歆曰：「府君年德名望，遠近所歸；策年幼稚，宜脩子弟之禮。」便向歆拜。[30]

孫盛：

夫大雅之處世也，必先審隱顯之期，以定出處之分，否則括囊以保其身，泰則行義以達其道。（華）歆既無夷、皓韜邈之風，又失王臣匪躬之操，故撓心於邪儒之說，交臂於陵肆

也。所云『一時儀表』，止在好學與儉素耳。本傳及《魏略》皆云維本無叛心，以急逼歸蜀。（孫）盛相譏貶，惟可責其背母。餘既過苦，又非所以難郤正也。」同前註，頁一〇六八、一〇六八—一〇六九、一〇六九。

30 同前註，頁四〇二。該事裴松之亦注引西晉華嶠（？—二九三）《譜敘》、虞溥《江表傳》的記載，不影響探討的情況下僅引胡沖《吳歷》，避免耗費篇幅。

之徒，位奪於一豎，節墮於當時。昔許、蔡失位，不得列於諸侯；州公實來，魯人以為賤恥。方之於歆，咎孰大焉！[31]

孫盛不滿華歆（一五七－二三二）接受了孫吳陣營虞翻（一六四－二三三）的諫言，將城池拱手奉給孫策（一七五－二〇〇）[32]。文中言開創孫吳基業的領袖、亦是陳壽評之為「英氣傑濟，猛銳冠世」[33]的孫策係屬「陵肆之徒」，明顯是貶抑敘述[34]；連同進行勸說工作的江東大儒虞翻[35]，皆詆毀成「邪儒」、「一豎」，在在反映出孫盛的偏見。

31 《三國志．魏書．華歆傳》注引。同前註，頁四〇三。

32 從「南北文化衝突與相爭」的視角檢視孫盛對於華歆的批判，時常能夠解讀到一些絃外之音。例如《三國志．魏書．華歆傳》：「（華）歆素清貧，祿賜以振施親戚故人，家無擔石之儲。公卿嘗並賜沒入生口，唯歆出而嫁之。（魏文）帝歎息」，條下注引孫盛：「（華）歆居股肱之任，同元首之重，則當公言皇朝，以彰天澤，而默受嘉賜，獨為君子，既犯作福之嫌，又違必去之義，可謂匹夫之仁，蹈道則未也。」雖然是批判北方人物，但是論述之中直接稱曹魏係屬「皇朝」，所賜則為「天澤」。顯然孫盛的不滿中，有一部份是從捍衛曹魏王朝的心理指責華歆「獨為君子」，而不彰顯皇恩浩蕩。同前註，頁四〇三、四〇四。

33 《三國志．吳書．孫破虜討逆傳》「評曰」。同前註，頁一一一二－一一一三。

34 潘英：「（孫）策亦一世之雄也，豈可輕易陵之哉？」見氏：《《資治通鑑》司馬光史論之研究——《資治通鑑》之中心思想》（臺北：明文書局，一九八七年六月），頁一一二。

35 《三國志．吳書．虞翻傳》：「（虞翻）又為《老子》、《論語》、《國語》訓注，皆傳於世。」〔晉〕陳壽撰；〔宋〕裴松之注：《三國志》，頁一三二一－一三二二。

又或者批評曹操不應在攻克鄴城（二〇四）後「臨祀（袁）紹墓，哭之流涕；慰勞紹妻，還其家人寶物，賜雜繒絮，廩食之」[36]，也就是祭奠過世的敵人袁紹（？—二〇二）且禮遇其家人，其言：

> 昔者先王之為誅賞也，將以懲惡勸善，永彰鑒戒。（袁）紹因世艱危，遂懷逆謀，上議神器，下干國紀。荐社污宅，古之制也，而乃盡哀于逆臣之家，加恩于饕餮之室，為政之道，于斯躓矣。夫匿怨友人，前哲所恥，稅驂舊館，義無虛涕，苟道乖好絕，何哭之有！昔漢高祖失之于項氏，魏武遵謬于此舉，豈非百慮之一失也？[37]

這段議論雖然在批評曹操，卻也是「愛之深，責之切」，強調智者百慮必有一失。固然批判袁紹「因世艱危，遂懷逆謀，上議神器，下干國紀」係屬合理之言，但試問曹操比諸袁紹，不臣之心、不臣之舉又豈少焉？孫盛僅僅斥責其敵手，而沒有攻擊曹操，背後恐怕是將曹操視作忠漢之臣，流露出史家親附曹魏政權的心理。

這種評論敵方時流露出自身意識型態的案例，還可於其讚揚敵國君主時的話語中察見，孫盛：

36　《三國志．魏書．武帝紀》。同前註，頁二五。
37　《三國志．魏書．武帝紀》注引。同前註，頁二五—二六。

> 觀孫權之養士也，傾心竭思，以求其死力，泣周泰之夷，殉陳武之妾，請呂蒙之命，育凌統之孤，卑曲苦志，如此之勤也。是故雖令德無聞，仁澤〔罔〕著，而能屈彊荊吳，僭擬年歲者，抑有由也。然霸王之道，期於大者遠者，是以先王建德義之基，恢信順之宇，制經略之綱，明貴賤之序，易簡而其親可久，體全而其功可大，豈委瑣近務，邀利於當年哉？語曰「雖小道，必有可觀者焉，致遠恐泥」，其是之謂乎！[38]

指出孫權（一八二－二五二）所以經營政權可以有一定成就，是因為個人養士之勤。然而，稱讚之餘立馬話鋒一轉，強調該舉不過是「致遠恐泥」的「小道」，再交代建立道德信義之基才是「霸王之道」的大本。「令德無聞，仁澤罔著」的孫權，只是位未能通曉「經略之綱」、「貴賤之序」的領導者。尤其值得注意的是，該文之中「屈彊荊吳」、「僭擬年歲」等句，無疑是在攻擊孫吳佔據的地域是偏僻之地，孫吳政權是僭偽政權而已！批判曹魏人物之餘不忘攻擊敵國，讚賞敵國之餘亦不忘再攻擊敵國，史家個人的偏袒對象已經昭然若揭。

38 《三國志．吳書．凌統傳》注引。同前註，頁一二九七－一二九八。

二、「魏承漢緒」的標榜

孫盛對蜀漢、孫吳政權的偏見，還可從其如何解讀一次歷史事件中察見，本事見內容較袒護孫吳的《江表傳》：

> （孫）權群臣議，以為宜稱上將軍九州伯，不應受魏封。權曰：「九州伯，於古未聞也。昔沛公亦受項羽拜為漢王，此蓋時宜耳，復何損邪？」遂受之。[39]

該條史料多少有將孫權比擬漢高祖之能屈能伸的用意，條下裴松之徵引孫盛：

> 昔伯夷、叔齊不屈有周，魯仲連不為秦民。夫以匹夫之志，猶義不辱，況列國之君三分天下，而可二三其節，或世或否乎？余觀吳、蜀，咸稱奉漢，至於漢代，莫能固秉臣節，君子是以知其不能克昌厥後，卒見吞於大國也。向使（孫）權從群臣之議，終身稱漢將，豈不義悲六合，仁感百世哉！[40]

39　《三國志・吳書・吳主傳》注引。同前註，頁一一二三。
40　同前註。

這段議論倘若僅止於批判孫權「二三其節」云云，所言或可。但是孫盛於「余觀吳、蜀，咸稱奉漢」一語之後，就流露出自身偏愛曹魏政權的心理，清代林國贊：「案吳、蜀見否皆關天命，初不因秉節不秉節。不然，使吳、蜀秉節，豈遂不見否耶？且魏亦不能秉節者，何不見否吳、蜀耶？」[41]「咸稱奉漢」的蜀漢、孫吳在易代後未能「固秉臣節」即遭受孫盛批判，那麼原為漢臣而且還是假「奉漢」之名、挾天子命諸侯的曹氏父子，其以臣篡君的舉動不是更應該痛斥之嗎？說明孫盛已經根深柢固地認同曹魏政權。林國贊在該段質疑後還嘗試同情孫盛：「要之，吳蜀建號，（孫）盛皆以為非，又不盡以曹篡為是，而又不能不黨於魏。其時習氏《漢晉春秋》亦未出，故其持論輒如此。」[42]《漢晉春秋》與孫盛史著孰先孰後的問題已經無法判定，暫且擱置不論。林氏之語指出孫盛反對吳、蜀建號的解讀部份固然相當正確，但是認定孫盛頗有偏袒曹魏之無奈則恐怕未必。孫盛究竟是「不能不黨於魏」，還是有心捍衛、維護曹魏政權，規撫前文徵引的諸條史料，後者可能性明顯居高。

孫盛在史論中，屢屢標榜曹魏政權乃是漢室後「天命」攸歸者，例如《三國志・魏書・吳範劉惇趙達傳》「評曰」之下，裴松之注引孫盛：

41 〔清〕林國贊著：《三國志裴注述》，徐蜀編：《魏晉南北朝正史訂補文獻彙編》（北京：北京圖書館出版社，二〇〇四年四月），第一冊，頁八七八。

42 同前註。

夫玄覽未然，逆鑒來事，雖裨竈、梓慎其猶病諸，況術之下此者乎？《吳史》書（趙）達知東南當有王氣，故輕舉濟江。魏承漢緒，受命中畿，達不能豫睹兆萌，而流竄吳越。又不知吝術之鄙，見薄於時，安在其能逆睹天道而審帝王之符瑞哉？昔聖王觀天地之文，以畫八卦之象，故亹亹成於蓍策，變化形乎六爻，是以三《易》雖殊，卦繇理一，安有迴轉一籌，可以鉤深測隱，意對逆占，而能遂知來物者乎？流俗好異，妄設神奇，不幸之中，仲尼所棄，是以君子志其大者，無所取諸。[43]

對孫吳趙達指出「東南有王氣」[44]一事相當反感，而「魏承漢緒，受命中畿」一語，表明史家認定「天命」歸屬於佔據中原的曹魏政權。至於「流竄吳越」一語的口吻，顯然夾帶著濃厚的中原霸權色彩。裴松之緊接著駁斥：

臣松之以為（孫）盛云「君子志其大者，無所取諸」，故評家之旨，非新聲也。其餘所譏，則皆為非理。自中原酷亂，至于建安，數十年間，生民殆盡，比至小康，皆百死之餘

---

43 〔晉〕陳壽撰；〔宋〕裴松之注：《三國志》，頁一四二六。

44 《三國志．吳書．趙達傳》：「趙達，河南人也。少從漢侍中單甫受學，用思精密，謂東南有王者氣，可以避難，故脫身渡江。」同前註，頁一四二四。

> 耳。江左雖有兵革，不能如中國之甚也，焉知達不算其安危，知禍有多少，利在東南，以全其身乎？而責不知魏氏將興，流播吳越，在京房之籌，猶不能自免刑戮，況（趙）達但以祕術見薄，在悔吝之間乎！古之道術，蓋非一方，探賾之功，豈惟六爻，苟得其要，則可以易而知之矣，迴轉一籌，胡足怪哉？達之推算，窮其要妙以知幽測隱，何愧于古！而以裨、梓限之，謂達為妄，非篤論也。[45]

僅就漢末動亂概況的部份檢視，孫盛顯係無法平心靜氣地同情、理解歷史人物的身家安全考量[46]；忽略了漢末時期北方地區群雄逐鹿、戰禍連連的事實。

如是鄙夷非身處中原地域、非曹魏政權者的做法，甚至是東晉時期同樣持正統在北方的史家常璩、王隱（二八四？—三五四？）[47]等史家鮮為的。類似前段的案例，又可見孫盛評論胡沖

---

45 〔晉〕陳壽撰；〔宋〕裴松之注：《三國志》，頁一四二六—一四二七。

46 魏斌曾敏銳察覺到孫盛無法站在孫吳立場同情、理解之：「他對趙達的批評，很大程度上是由於立場的差異，也由於對孫權崇尚術士的作法感到不解。」見氏：〈孫吳年號與符瑞問題〉，《漢學研究》第二七卷第一期（二〇〇九年三月），頁四二。

47 例如《蜀記》書名「蜀」、而不言及國號「漢」，也沒有將蜀漢推崇成正統的跡象，以及《蜀記》曾有一段宣揚北方正統的記載：「魏明帝問（黃）權：『天下鼎立，當以何地為正？』權對曰：『當以天文為正。往者熒惑守心而文皇帝崩，吳、蜀二主平安，此其徵也。』」〔晉〕陳壽撰；〔宋〕裴松之注：《三國志》，頁一〇四五。今人黃一農推算該次天文現象係屬捏造，見氏：〈星占、事應與偽造天象——以「熒惑守心」為例〉，《自然科學史研

《吳歷》的一條史料，本事：

> （宗）預臨別，謂孫權曰：「蜀土僻小，雖云鄰國，東西相賴，吳不可無蜀，蜀不可無吳，君臣憑恃，唯陛下重垂神慮。」又自說「年老多病，恐不復得奉聖顏」。[48]

這條敘述宗預（？—二六四）、孫權之間對話的史料，頗有偏黨孫吳之嫌。陳壽則是記載：「（宗）預復東聘吳，孫權捉預手，涕泣而別曰：『君每銜命結二國之好。今君年長，孤亦衰老，恐不復相見！』遺預大珠一斛，乃還。」[49]兩相對照，胡沖較突顯孫權、陳壽較突顯宗預。倘若考核虛實，應當還是《三國志》較足徵信；畢竟，身具使臣身份的宗預，諒不至於說出「蜀土僻小」這類貶損國家、有違職份的話語。大概是胡沖意欲彰顯孫權之美而忽略情理。然而孫盛批判《吳歷》的著眼處並非在真假虛實的問題：

究》第一〇卷第二期（一九九一年），頁一二四。

48 《三國志・蜀書・宗預傳》注引。〔晉〕陳壽撰；〔宋〕裴松之注：《三國志》，頁一〇七六。

49 《三國志・蜀書・宗預傳》。同前註。

夫帝王之保，唯道與義，道義既建，雖小可大，殷、周是也。苟任詐力，雖彊必敗，秦、項是也。況乎居偏鄙之城，恃山水之固，而欲連橫萬里，永相資賴哉？昔九國建合從之計，而秦人卒併六合；囂、述營輔車之謀，而光武終兼隴、蜀。夫以九國之彊，隴、漢之大，莫能相救，坐觀屠覆。何者？道德之基不固，而彊弱之心難一故也。而云「吳不可無蜀，蜀不可無吳」，豈不諂哉！[50]

這段標舉「道」、「義」的議論，屢屢將蜀漢、孫吳視作缺乏「道德之基」的政權。又所謂「居偏鄙之城」的「邊鄙」兩字，表露出史家從中原地域睥睨非中原地域的優越感。今人李中華就認為，孫盛指責《吳歷》記載的宗預之言，以及否定郤正〈姜維論〉等皆值得商榷：「孫盛對上述史實及人物的評價未必恰當，但他所持的儒家立場和儒學觀點則表現得十分鮮明。」[51]兩晉史家於史論寄寓的核心思想主要是儒家思想[52]，但是不同史家使用時的情況往往有別，在孫盛手上則成為揚己抑彼的最佳利器。

50 《三國志．蜀書．宗預傳》注引。同前註，頁一〇七六—一〇七七。
51 見氏：〈孫盛儒學思想述評〉，《晉陽學刊》第五期（一九九二年），頁五八。
52 龐天佑：「儒家思想在他們的知識結構中同樣處於核心地位。從晉代史家撰史目的來說，撰史是為了宣揚儒家思想。……大量事例表明，儒家思想在晉代史學思想中處於核心地位，多元發展沒有背棄儒家思想這個核心。」見氏：〈論晉代的史學與政治〉，《湖南文理學院學報（社會科學版）》第二九卷第四期（二〇〇四年七月），頁六三。

回顧與孫盛同期的史家習鑿齒，非常推崇諸葛亮除了鄉里因素，還有一層正統論的考量。但是對捍衛曹魏政權正統地位的孫盛而言，漢室之滅亡、曹魏之代興乃是「天命」合理轉移，當然不可能表揚諸葛亮的扶漢之心。倘若漢室未應亡，則孫盛心儀的王朝就喪失其政權建立的合理性、正當性。雖然孫盛、陳壽等史家，在「三國正統觀」的歸屬抉擇方面同樣是認定曹魏政權，然而孫盛標榜正統之餘更是屢屢攻擊蜀漢、孫吳，強化敵國乃是僭偽政權、退居邊陲者的印象。即使與曾生活在西晉時期近三十餘年左右的王隱之史著相較，依然顯得中原霸權色彩濃烈，也難怪劉知幾將之與曹魏官方史家王沈相提並論。

孫盛如是鄙夷蜀漢、孫吳政權，若從地域類比的角度審視，顯係對江南的東晉政權相當不利，這位史家應較不關注當時南北的對立時局。孫盛曾經大肆書寫「枋頭之敗」以觸怒權臣桓溫[53]，又誠如馬鐵浩：

53 《資治通鑑》東晉太和四年（三六九）條下：「大司馬（桓）溫發徐、兗州民築廣陵城，徙鎮之。時征役既頻，加之疫癘，死者什四五，百姓嗟怨。祕書監孫盛作《晉春秋》，直書時事。大司馬溫見之，怒，謂盛子曰：『枋頭誠為失利，何至乃如尊君所言！若此史遂行，自是關君門戶事！』其子遽拜謝請改之。時盛年老家居，性方嚴，有軌度，子孫雖斑白，待之愈峻。至是諸子乃共號泣稽顙，請為百口切計。盛大怒，不許；諸子遂私改之。盛先已寫別本，傳之外國。及孝武帝購求異書，得之於遼東人，與見本不同，遂兩存之。」〔宋〕司馬光編著；〔元〕胡三省音注：《資治通鑑》（北京：中華書局，二〇〇七年六月），頁三二二七。

孫盛之尊魏與習鑿齒之尊蜀，雖然表面上有所分歧，但都是以尊晉為前提的。無論以魏為正還是以蜀為正，司馬氏都被解釋為這一正統的合法承續者。[54]

孫盛是晉室純臣確定無誤，其著作不可能有意與東晉王朝作對。從這一案例不難發現，史家未必會因為晉室偏安的緣故，從而試圖扭轉「三國正統觀」，偏安一事對當時史家的影響需要審慎評估。

第三節　東晉的輿論氛圍與君弱臣強的政局

一、東晉史家「帝蜀」與「爭天統說」反思

何故習鑿齒沒有直逕將蜀漢視作三國時期的正統王朝？為何袁宏不在史論之中明確宣言蜀漢享有正統的地位，而採用間接指涉的手段？最後，為何東晉時期還存在如是揚魏、抑蜀的史家孫盛？這些現象指向一個可能，即是當時將蜀漢視作三國時期唯一正統王朝的概念，還不是一個舉

54 見氏：《《史通》與先唐典籍》，頁一六二。

國認同的共識；傳統視曹魏為正統的觀念，可能還具有相當的影響力。筆者探討袁、習的諸葛亮書寫時，往往以表彰扶漢之心（忠君）交代史家對歷史人物之好感緣由；正是意識到直逕將兩位史家的蜀漢政權定位等同於正統王朝，多少有些犯險。

袁宏在《後漢紀》的下限進行特殊安排，以劉備稱帝一事作為全書結尾而不涉及孫吳政權，顯係有寄寓厚望予蜀漢政權。但是從其還是使用劉備「自稱」天子的書法形容之，是否將蜀漢視作正統王朝似乎又可以商榷。雷家驥曾經嘗試提出解釋：

> 史家就事論事，不虛美，不隱惡的作法；蓋劉備繼漢統是一回事，而劉備不得天子任命以自為者又是另一回事也。……劉備實因義而起，以劉氏之胄而繼統，其理本如光武。然而曹丕廢逆，勤王之師不至；獻帝尚存，備君臣亦因私慾而遽即自君，尋名責實，道未盡者一如光武，袁宏以評論貶光武於前，復以敘述貶昭烈於後，而此一君俱為後世所稱，卻為袁宏其所未正也。[55]

雷家驥認為「不得天子任命以自為者又是另一回事」，還說明袁宏記下劉備「自稱」天子該舉係

55 雷家驥：《中古史學觀念史》，頁三四六—三五〇。

屬有意之批判云云。這樣的說法可以聊備一格。然而，劉備之所以稱帝，據《三國志・蜀書・先主傳》：「（建安）二十五年，魏文帝稱尊號，改年曰黃初。或傳聞漢帝見害，先主乃發喪制服，追謚曰孝愍皇帝。」[56]既然這時候漢獻帝（一八一－二三四，一八九－二二〇在位）已經失去皇位，甚至於見害，那麼如同習鑿齒、裴松之的意見應當「速尊有德以奉大統」，方能使「杖順者齊心，附逆者同懼」。這點可否算是瑕疵還尚待探究[57]。尤其是，袁宏在史論之中已經沒有明言蜀漢政權享有正統地位，倘若真係有心「帝蜀」，又何必在最明顯察見其正統歸屬意圖的全書結尾安排中，採取否定劉備有正統資格的書法？

書法方面厚曹魏、薄蜀漢的現象，應有三項解讀空間。一是袁宏與傳統易代書法的妥協，避免該書之歷史敘述太過「新穎」；二是反映出袁宏深受陳壽《三國志》的影響。汪榮祖指出陳壽與范曄（三九八－四四五）書法的差異處：

（范）蔚宗《後漢》書法，以曹操自領、自立、自進，而（陳）壽修《魏紀》則書天子以公領牧，以公為丞相，以公為魏王，以迴護曹氏之攘奪。類此隱晦，殆亦一時風尚；彥和

56 〔晉〕陳壽撰；〔宋〕裴松之注：《三國志》，頁八八七。

57 常璩則是言道不適宜：「然，必以曹氏替漢，宜扶信順以明至公。還乎名號，為義士所非。」〔晉〕常璩著；任乃強校注：《華陽國志補圖注》（上海：上海古籍出版社，二〇〇九年七月），頁三八四。

所謂「尊賢隱諱固尼父之聖旨」，何況「避諱至晉，漸臻嚴密」。然究有違俾使求實之旨，不免曲筆之譏，以攘奪為酬庸，殊非「無意之偏見」（unconciousbias），實屬「故意之竄改」（deliberate distortion）。[58]

袁宏繼承陳壽的書法，例如《後漢紀》：「夏四月甲午，進魏公爵為王。」[59]范曄則在《後漢書．孝獻帝紀》：「二十一年夏四月甲午，曹操自進號魏王。」[60]陳壽、袁宏筆下不見曹操「自進」之影，范曄則明指曹操自為，兩者書法不同。蓋袁宏史論批判篡逆歸批判，但是仍接受「殆亦一時風尚」[61]的書法，從而與該書的思想主旨矛盾。變成一面書法上曹魏是正統，一面史論與史料安排、修改上曹魏又不是正統。然而前者是原本魏晉士人根深蒂固的傳統認定，陳壽如是書寫而平日喜讀《三國志》的袁宏繼承之，後者應當才是袁宏真正的想法。

58 〔美〕汪榮祖：《史傳通說：中西史學之比較》，頁一一五—一一六。

59 〔晉〕袁宏撰；周天遊校注：《後漢紀校注》，頁八五四。

60 〔南朝宋〕范曄撰；〔唐〕李賢等注：《後漢書》（北京：中華書局，二〇〇六年三月），頁三八八。

61 陳壽使用而袁宏繼承的書法，本易於在持曹魏正統的史家著作中見及，例如《太平御覽》卷六百八十引司馬彪《續漢書》：「建安二十二年命魏王建天子旌旗，出警入蹕。」〔宋〕李昉編纂；夏劍欽校點：《太平御覽》，第六冊，頁三三四。

前兩項都是在認定袁宏乃是「帝蜀」者的預設下進行詮釋，第三項則是袁宏很可能僅僅在強調著始終有一扶漢之陣營存在。特重劉備稱帝一事，只是要說明最堅決扶漢的陣營尚存，交代當時很可能還有很多思念漢室者存在，未必真有替蜀漢爭奪正統地位之意。甚至袁宏在該書替蜀漢政權的象徵者諸葛亮列個傳，該巧妙安排固然有解釋成是史家早已默許蜀漢為正統政權的空間，然而也可以僅解釋成是袁宏景仰諸葛亮畢生的扶漢志業，以及透過諸葛亮之戰略強調漢室可復興。不過，第三項也只是一項嘗試的解釋而已。袁宏有褒劉、貶曹的傾向是無疑的，亦發表過「僭魏」之史論聲明，然而始終沒有明白宣告蜀漢政權就是三國時期的唯一正統王朝。褒劉、貶曹[62]與「帝蜀漢」之間，相信還是有些許距離；習鑿齒同情蜀漢政權，卻不完全將之視作正統政權就是足資參照的例證。只不過，袁宏該書畢竟是採取間接之方式指涉，提供讀者的詮釋空間較寬廣；反而習鑿齒係將蜀漢定位成三國時期的「準」正統政權，明確是「距離」「帝蜀」還有一步之遙。

習鑿齒、袁宏等史家一一嘗試揭起扭轉「三國正統觀」之輿論氛圍，將蜀漢視作「準」正統政權或正統政權的緣由何在，尚有餘義待論。西晉末年永嘉之亂的衝擊，固然多少會刺激人們開

62 關四平：「（東晉）時人不斷創造新的傳說故事來進一步美化他們，以寄寓其理想願望。與此相對，曹魏一方則被醜化了，成為蜀漢集團的反襯者，拉大了二者美醜善惡的距離。於是，褒劉與貶曹遂成為時代社會心裡的共同趨向。」見氏：《三國演義源流研究（修訂三版）》（哈爾濱：黑龍江教育出版社，二〇〇九年一月），頁八五。

始回頭省思過往的正統論述。但是強調習鑿齒等史家係基於與北方胡族政權爭奪「天統」的緣故，才試圖更改正統論述云云則言之過早。該類意見又可見清代四庫館臣言「為偏安者爭正統」一語：

（陳壽）其書以魏為正統。至習鑿齒作《漢晉春秋》，始立異議。自朱子以來，無不是鑿齒而非壽。然以理而論，壽之謬萬萬無辭；以勢而論，則鑿齒帝漢順而易，壽欲帝漢逆而難。**蓋鑿齒時晉已南渡，其事有類乎蜀，為偏安者爭正統，此孚於當代之論者也**。壽則身為晉武之臣，而晉武承魏之統，偽魏是偽晉矣，其能行於當代哉？此猶宋太祖篡立近於魏，而北漢南唐蹟近於蜀。故北宋諸儒，皆有所避，而不偽魏。高宗以後，偏安江左，近於蜀，而中原魏地全入於金。故南宋諸儒，乃紛紛起而帝蜀，此皆當論其世，未可以一格繩也。[63]

館臣之論未必可靠，不應過度強調南北地域分裂的影響力。首先，北方胡族政權其實無力與東晉爭奪正統，東晉史家較無此迫切性；即使往後綜觀整個南北朝，北方開始擁有資本與南方爭奪

63　〔清〕紀昀等纂：《欽定四庫全書總目》（臺北：藝文印書館，一九八九年），第二冊，頁九七二－九七三。

正統，恐怕需遲至北魏（三八六－五三四）孝文帝拓跋宏（四六七－四九九，四七一－四九九在位）在太和十八年（四九四）遷都洛陽，以「歷史文化繼承」[64]之傳承為訴求後。

其次，後來劉宋宋文帝劉義隆（四〇七－四五三，四二四－四五三在位）、裴松之並不以陳壽《三國志》正統歸諸曹魏政權為憾；同期范曄撰寫《後漢書》雖然直筆敘述曹魏的篡位歷程，亦無特別褒揚蜀漢之意，尤其是《後漢紀》的先例已經在前，卻還是沒有踏上袁宏開闢的道路。清代尚鎔曾據習鑿齒、裴松之的議論為根據指出：「晉宋間人，固皆以昭烈為漢宗室，蜀為正統矣。」[65]該言論的準確性，置諸裴松之的全部議論中，置諸晉宋間史家的史觀中，是可以被質疑的。尤其再往後，甚至在北方歷經了漢化運動後，蕭梁（五〇二－五五七）梁武帝（四六四－五四九，五〇二－五四九在位）撰寫《通史》企圖取代舊史時，依然沒有改變三國正統的繫屬。可

64 林郁迢：「東晉時期以北方政局瞬息萬變，未有一長治久安的政權能與南方真正抗衡，是以儘管諸胡強以族源關係爭取漢民認同；以五德終始建構朝代歷運；以坐擁周漢舊都強調地理空間佔有，皆未能真正撼動東晉的正統地位。直到北魏興起，才正式以『歷史文化繼承』作為正統訴求，形成與南朝分庭抗禮的歷史新局。」見氏：《北魏三書的南北文化觀》（臺北：國立政治大學中國文學系研究所博士論文，王文進先生指導，二〇〇八年十一月），頁七八。該著作第二章第二節〈東晉時期的地域文化爭〉，對於東晉、五胡十六國時期的正統觀與民族關係曾進行通盤的研究，詳見該書頁五四－八八。該項議題的研究，龐天佑的成果相當具啟發性，詳見吳懷祺主編；龐天佑著：《中國史學思想通史．魏晉南北朝卷》（合肥：黃山書社，二〇〇三年十一月），第二章〈民族關係與魏晉南北朝時期史學思想〉，頁三七－五九。

65 〔清〕尚鎔著：《三國志辨微》（北京：北京出版社，二〇〇〇年一月，四庫未收書輯刊影印清嘉慶刻本），頁三一三。

以說明南方政權將自身南北對峙的處境連結到蜀漢、曹魏關係的意識相當薄弱，東晉史家未必是因為偏安的緣故才抬昇蜀漢、貶抑曹魏。後文即分疏本段提出的這兩點心得。

二、渡江後南方的「三國正統觀」及其相關問題

五胡十六國前期，版圖誠如清初顧祖禹（一六三一－一六九二）所言，「其地南逾淮、漢，東濱於海，西至河西，北盡燕、代」[66]的後趙政權（三一九－三五一）。開國君王石勒（二七四－三三三，三一九－三三三在位），在兼併了除遼東慕容氏、河西張氏之外的中原地區並改稱皇帝後，曾經告訴臣下徐光：「吳蜀未平，書軌不一，司馬家猶不絕於丹楊，恐後之人將以吾為不應符籙。每一思之，不覺見於神色。」[67]石勒面對紹承西晉的東晉時，流露出其對正統議題始終耿耿於懷卻又自卑的心理。

往後曾與東晉爆發淝水之戰（三八三）的苻秦政權（三五〇－三九四），亦有正朔於「丹楊」的聲音，而且還是出自該政權分別是漢族、胡族的兩位棟樑。《晉書・載記第十四・苻堅傳下附王猛傳》記載一次王猛（景略，三二五－三七五）與苻堅（三三八－三八五，三五七－三八

66 〔清〕顧祖禹撰；賀次君，施和金點校：《讀史方輿紀要》（北京：中華書局，二〇〇五年三月），第一冊，頁一二二。

67 《晉書・載記第五・石勒傳下》。〔唐〕房玄齡等撰：《晉書》，頁二七五三。

五在位）的君臣往來對話，從中除見及兩人的關係彷彿有劉備、諸葛亮君臣的身影[68]，還可察見苻秦政權在正統議題上的內慚：

（王）猛疾甚，因上疏謝恩，并言時政，多所弘益。（苻）堅覽之流涕，悲慟左右。及疾篤，堅親臨省病，問以後事。猛曰：「晉雖僻陋吳越，乃正朔相承。親仁善鄰，國之寶也。臣沒之後，願不以晉為圖。鮮卑、羌虜，我之仇也，終為人患，宜漸除之，以便社稷。」言終而死，時年五十一。[69]

除了王猛，苻融亦勸苻堅打消吞併荊、揚的意圖：「知足不辱，知止不殆，窮兵極武，未有不亡。且國家，戎族也，正朔會不歸人。江東雖不絕如綖，然天之所相，終不可滅。」[70]說明當時北方胡漢兩族的心目中，東晉王朝具有的正統地位是難以撼動的。

倘若連後趙、苻秦等幾盡統一當時北方的政權，面對偏安的東晉王朝時都有所內慚，則東晉史家是否有與北方爭奪正統的急迫性就頗值得懷疑。王猛臨終之時（三七五）尚且遺言如此，東

68 《晉書．載記第十四．苻堅傳下》載苻融對苻堅言「王景略一時奇士，陛下每擬之孔明」。同前註，二九一三。
69 《晉書．載記第十四．苻堅傳下附王猛傳》。同前註，頁二九三三。
70 《晉書．載記第十四．苻堅傳下附苻融傳》。同前註，頁二九三五。

晉史家更應不必早至十餘年前就開始扭轉「三國正統觀」，嘗試撼動讓胡族政權自知不敵的東漢↓曹魏↓西晉↓東晉之傳承。原因還是要歸諸於東晉的內部政局，尤其是桓溫覬覦神鼎的刺激。孫盛不忌諱強調中原優越，又直接於史籍書寫桓溫戰敗之事、與之正面衝突，正說明東晉史家真正在意的是內部權臣問題。

倘若章學誠、四庫館臣等言南方畏懼中原爭奪正統的解釋是準確地，應能在東晉諸位士人之後找到更多證據。但是考諸現今留存的文獻，反證卻更容易發現。首先需要注意的是，習鑿齒該篇〈晉承漢統論〉是其臨終之作品，根據該篇文章：「身微官卑，無由上達，懷抱愚情，三十餘年。」[71]習鑿齒卒年係在西元三八四年左右。但是往後直至晉宋易代之際，官方對習氏之言依然無動於衷；甚至於南朝的劉宋王朝、蕭梁王朝，態度亦同晉室一般沒有給予迴響。

過去曾被視作有「帝魏」或「帝蜀」之嫌疑的裴松之，實是較關懷生民的處境[72]，依然還沒

---

71 《晉書．習鑿齒傳》。同前註，頁二一五四。

72 蔡衍庭：「裴松之的時代已經由東晉轉入南朝。照理說，他作注可以不必像陳壽一般有所顧忌，然而他卻在赤壁一事力挺曹魏，令人誤判裴松之的史觀立場偏頗曹魏；赫然又發現其於漢祚之繼承問題上偏護蜀漢，甚至對習鑿齒申言討賊之說亦許其觀點。如此特殊的正統觀與政治觀點著實令人狐疑費解。不過，若從『有大當於天下』的角度而言，裴松之顯然認為有力者得之，這是可從其『自注』中確信的。依當時天下大勢而言，分明曹魏將有所作為，一統天下的可能性相當大；裴松之於是企盼曹操能夠統一天下，而其中一個主要關懷是不希望看見天下紛擾不定，蒼生受苦。」見氏：〈尊魏？擁蜀？：關於裴松之正統觀的幾點討論〉，《東華中國文學研究》第四期（二〇〇六年九月），頁九一。

有否定曹魏政權的正統地位。范曄在《後漢書》全書末處平等對待三國，不似袁宏之有意安排，明顯對該議題態度較冷淡。說明了南朝時期史家們也沒有因身處南北分裂政局的緣故，進而試圖扭轉「三國正統觀」的認定。最是有利的史料，則見蕭梁官方在中大通二年（五三〇）之後編纂的《通史》之紀傳構思，《史通．內篇．世家》：

> 及魏有中夏，而揚、益不賓，終亦受屈中朝，見稱為主。為史者必題之以紀，則上通帝王；榜之以傳，則下同臣妾。梁主敕撰《通史》，定為吳、蜀世家。持彼僭君，比諸列國，去太去甚，其得折中之規乎！[73]

莊瑲逸據此言：

> 後世論者或有以地域觀念來解釋陳壽帝魏，習鑿齒尊蜀之行，認為壽生西晉故主魏，晉生東晉故主蜀，唯梁武帝時曾撰《通史》，其援陳壽例列魏於本紀，而斥蜀吳於世家，不知

73 〔唐〕劉知幾著；〔清〕浦起龍通釋；王煦華整理：《史通通釋》（上海：上海古籍出版社，二〇〇九年十二月），頁三九。

此復要作何解！[74]

莊氏語氣激切之處，恐怕透露出其對傳統成見之無奈；雖然僅列舉《通史》「帝魏」一例，但確實拋出了相當具有價值的見解。寄予《通史》厚望，意欲使該書一成後眾史可廢的梁武帝[75]，都沒有更改漢晉間的運序，則東晉、劉宋官方與其他史家的不願為之顯係皆非個案而已。實際上，南方政權本就較普遍接受三國時期係屬曹魏政權為正統的認定，按照地域的相似性將自身處境連結三國政權的意識較薄弱。因為桓溫等而掀起的蜀漢道義救贖才是特例。

東晉一朝君臣間實力高下之基調，直到劉宋以後才逐漸改善[76]。東晉史家長期處於反省君弱臣強的現況下，自然很容易產生反對篡位的思潮；正是該思潮與桓溫事件之刺激，習鑿齒、袁宏

---

74 見氏：〈司馬光《資治通鑑》帝魏疏論〉，頁一一一—一一二。

75 《梁書．蕭子顯》：「中大通二年（五三〇），（蕭子顯）遷長兼侍中。……（梁武帝）嘗從容謂子顯曰：『我造《通史》，此書若成，眾史可廢。』子顯對曰：『仲尼讚《易》道，黜《八索》，述職方，除《九丘》，聖製符同，復在茲日。』時以為名對。三年，以本官領國子博士。」〔唐〕姚思廉撰：《梁書》（北京：中華書局，二〇〇六年十二月），頁五一一。

76 周一良論及東晉南朝地理形勢與政治時：「由於世家大族不能在控制荊揚等重要地區，軍事實力大為削弱，政治上之力量亦因之而減。此所以宋齊時地方起兵奪取中央政權者，非復昔時之世家大族，而為宗室諸王，取得皇帝地位之宋齊兩明帝劉彧蕭鸞，即其代表人物。……劉宋以後，北朝人議論南方，不再目為君弱臣強，亦是旁証。」見氏：《魏晉南北朝史札記》（北京：中華書局，二〇〇七年八月），頁八一一。

等才有該類否定曹魏正統資格，發出輕重不同程度支持蜀漢政權的聲音。然而，尚還有一個問題沒有處理，難道無法尋獲史料佐證在東晉南北朝時期，確實有人將當時南北地域的現況與三國政權連結嗎？答案其實是有的。只是這一個危機卻反倒能在次節展開、論證一個新議題，並且對本節的成果產生參照作用。

第四節　地域類比與三國政權

一、北方政權自身擬附曹魏政權的緣由探賾

相較於東晉南朝官方尚未汲汲營營地「帝蜀」，北方政權則孜孜念念於強化曹魏政權在三國時期無可撼動的正統地位。徐光勸服石勒的對話中，即出現將石趙政權擬附成曹魏政權的案例，《晉書．載記第五．石勒傳》：

（徐）光：「臣以陛下為憂腹心之患，而何暇更憂四支乎！何則？魏承漢運，為正朔帝王，劉備雖紹興巴蜀，亦不可謂漢不滅也。吳雖跨江東，豈有虧魏美？陛下既苞括二都，為中國帝王，彼司馬家兒復何異玄德，李氏亦猶孫權。符籙不在陛下，竟欲安

歸？……」[77]

徐光安撫石勒內慚心理時，強調曹魏在三國時期凜然不可犯的正統地位。雖然最終石勒沒有聽從諫言，但是徐光的話語之中確實出現將國家擬附三國政權的做法；嘗試運用歷史知識作為佐證，強調北方政權才是最終的勝利者。擁有長安、洛陽舊都的石趙政權，如同曹魏政權般承受「天命」，是不折不扣的正朔帝王。

將南方擬附成孫吳、蜀漢的做法，往後苻秦帝王苻堅亦對其臣民宣揚這一觀念：

（苻）堅既有意荊揚，時慕容垂、姚萇等常說堅以平吳封禪之事，堅謂江東可平，寢不暇旦。（苻）融每諫曰：「知足不辱，知止不殆，窮兵極武，未有不亡。且國家，戎族也，正朔會不歸人。江東雖不絕如綖，然天之所相，終不可滅。」堅曰：「帝王曆數豈有常哉，惟德之所授耳！汝所以不如吾者，正病此不達變通大運。劉禪可非漢之遺祚，然終為中國之所并。吾將任汝以天下之事，奈何事事折吾，沮壞大謀！汝尚如此，況於眾乎！」[78]

77 〔唐〕房玄齡等撰：《晉書》，頁二七五三。

78 《晉書．載記第十四．苻堅傳下附苻融傳》。同前註，頁二九三五—二九三六。

苻堅將東晉比擬蜀漢，應是從血緣、地域（僻居中原之南）的角度切入。再藉苻秦佔據中原的地理空間優勢，宣示要效法魏末、晉初接連消滅蜀漢、孫吳的案例，南下征伐東晉王朝。

前引皆是在拓跋氏創建北魏政權前的例證，時間點延遲至北魏創建之後，還是可以見及北方士人將自身視作曹魏、西晉，從而睥睨南方成遲早遭到「中國」[79]兼併的苟延殘喘政權。北魏崔浩（？－四五〇）也曾經嘲笑蜀漢、諸葛亮不能逐鹿中原，反而退居於非中原地區，藉之宣揚曹魏（隱約有指涉北魏之意）擁有中原優勢[80]。除了崔浩論學的談話，北魏政權還有兩種案例。第一種是改修三國史，將陳壽原本三書併置的安排，調整成單獨以曹魏為紀年的史著，隱約間更具有強調魏統之意。例如梁祚（四〇二－四八八）合併陳壽《魏志》、《蜀志》、《吳志》三書成《魏國統》；以及張始均（？－五一九）在廣益異聞的情況下，改將陳壽《魏志》編纂成編年體等例[81]。

79 曹魏佔據舊都，客觀事實上係處於中國故地，後世往往稱之為「中國」，詳見黃麗生：〈正史中分裂時代的「中國」〉，夏潮基金會編：《中國意識與台灣意識－一九九九澳門學術研討會論文集》（臺北：海峽學術出版社，一九九九年六月），頁一四六－二〇六。

80 詳見拙著：〈崔浩評價諸葛亮一事探賾〉，收錄於國立臺灣師範大學國文學系主編：《思辨集．第十五集》（臺北：國立臺灣師範大學國文學系，二〇一二年三月），第參章〈北朝的三國正統觀與諸葛亮歷史安頓〉，頁二三一－二三八。

81 李純蛟：「為了滿足政治上的需要，在北魏國內相繼出現了改修《三國志》的情況。一是改《三國志》的紀傳體為編年體，以曹魏繫年統三國史事。據魏收《魏書．張始均傳》附子《張始均傳》載：『始均才幹有美過父，改

第二種作法則是直接於史論中，明明白白地將當時南北形勢擬附成三國時期。曾經仕宦過北魏、東魏（五三四－五五〇）王朝的北齊（五五〇－五七七）魏收（五〇六－五七二）在《魏書·偽晉司馬叡傳》「史臣曰」即展現出極度輕蔑南方的傲慢姿態：「司馬叡之竄江表，竊魁帥之名，無君長之實，跼天蹐地，畏首畏尾，對之李雄，各一方小盜，其孫皓之不若矣。」[82]魏收係自居於泱泱大國的曹魏、西晉，詆毀東晉開國之君晉元帝司馬叡（二七六－三二三，三一七－三二三在位）比起荒淫無道的孫吳孫皓（二四二－二八四，二六四－二八〇在位）還不如。

魏收的「三國正統觀」基本承續五胡十六國時期的符堅、徐光，以及北魏前期崔浩等人的認定。魏收撰史時是在北齊文宣帝高洋（五二九－五五九，五五〇－五五九在位）天保二至五年（五五一－五五四）之間，亦即高洋在位時的興盛期[83]。南方蕭梁王朝則歷經侯景（五〇三－五五二）之亂、諸王內訌、有諸侯王向北齊稱臣，梁元帝蕭繹（五〇八－五五四，五五二－五五四

陳壽《魏志》為編年之體，廣益異聞，為三十卷。』一是改《三國志》魏、蜀、吳獨立為書的格局，合并三書為《（魏）國統》。據魏收《魏書·梁祚傳》載：『梁祚……撰并陳壽《三國志》名曰《國統》。』」見氏：〈一千七百年來《三國志》研究中的若干論爭（上）〉，《三國志研究》（成都：巴蜀書社，二〇〇二年九月），頁一六七－一六八。

82 〔北齊〕魏收撰：《魏書》（北京：中華書局，二〇〇六年十二月），頁二一一三。

83 熊德基：「高洋即位開始的六年中，不僅是北齊的鼎盛時期，而且是北魏末年以來鮮卑繼續漢化的最有希望的時期。」見氏：〈鮮卑漢化與北朝三姓的興亡〉，《六朝史考實》（北京：中華書局，二〇〇〇年七月），頁一三八－一三九。

在位）從東晉王朝正朔相承的建康城遷都至江陵（五五二）[84]，是故魏收撰史時俱備較過往北人更能飛揚跋扈的條件。又例如其另一條史論，《魏書》列傳第八十三：

> 夫帝皇者，配德兩儀，家有四海，所謂天無二日，土無二王者也。三代以往，守在海外，秦吞列國，漢并天下。逮桓靈失政，九州瓦裂，曹武削平寇難，魏文奄有中原，於是偽孫假命於江吳，僭劉盜名於岷蜀。何則？戎方椎髻之帥，夷俗斷髮之魁，世崇凶德，罕聞王道，扇以跋扈，忻從放命。加以中州避地，華士違儺，思託號令之聲，念邀風塵之際。因虞候隙，仍相君長，偷名竊位，脅息一隅。至乃指言井絡，假上帝之祉；妄說黃旗，云人君之氣。論土不出江漢，語地僅接褒斜，而謂握皇符，秉帝籍，三分鼎立，比蹤王者。溺人必笑，其在茲乎？若是鱉靈可擬於周王，夫差容比於漢祖，尉他定黃屋之尊，子陽成綰璽之貴，豈其然哉？及鍾會一將之威，士治偏師之勢，而使騾車西至，侯蓋北首，天人弗許，斷可知焉。[85]

---

84 林郁迢：《北魏三書的南北文化觀》，頁三二一。

85 〔北齊〕魏收撰：《魏書》，頁二〇四一－二〇四二。

「天無二日」、「土無二王」，魏收認定只有佔據中原的政權方是正統王朝。三國史上鍾會、鄧艾（？－二六四）等將領，所以無需耗費太多功夫就征服蜀漢，是因為「天人弗許」這些「論土不出江漢，語地僅接褒斜」的「偷名竊號」之君。「偽孫」、「僭劉」都只是「假命」、「盜名」之徒。甚至還指陳蜀漢、孫吳之地，頗多「世崇凶德，罕聞王道」的蠻夷，行文之間彷彿忘卻了北魏、北齊政權本身係屬胡族政權[86]。魏收在敘述時，幾盡將自身政權與曹魏疊影了；甚至將原本是胡族政權的北魏，視作如同曹魏般是佔據中原的漢族政權了。

時代推移至陳朝（五五七－五八九）、唐初，南人姚察（五三三－六〇六）與北人魏徵（五八〇－六四三）評價陳高祖陳霸先（五〇三－五五九）的思考方式就明顯不同。《陳書．高祖本紀下》：「陳吏部尚書姚察曰：『高祖英略大度，應變無方，蓋漢高、魏武之亞矣。』」[87]《陳書．後主本紀》：「史臣侍中鄭國公魏徵曰：『……（高祖）成此三分，方諸鼎峙之雄，足以無慚（孫）權、（劉）備矣。』」[88]北人思維中，還是慣於從當時南北地域分裂的現況連結三國政權。卞孝萱解讀這兩條史料：「姚察以曹操比陳霸先，旨在尊陳為正統；而魏徵以孫權、劉備比

---

86 林郁迢：「魏收修史期間北齊國力攀升，南朝內亂不止，諸梁王甚至向北齊稱臣納貢。因此，魏收自能以上國之姿對藩屬國品頭論足，嘲斥南朝為『島夷』。相較於過去南朝自居華夏衣冠，《宋書》、《南齊書》動輒呼北魏為『索虜』、『魏虜』的情況，可謂易地而處。」見氏：《北魏三書的南北文化觀》，頁三二一。

87 〔唐〕姚思廉撰：《陳書》（北京：中華書局，二〇〇八年四月），頁四〇。

88 同前註，頁一一八。

陳霸先，意在貶陳為閏位。」[89]並言：「曹魏、孫吳、蜀漢都是漢族政權，可云分裂；而陳朝是對抗北齊、北周（鮮卑貴族政權）和後梁（鮮卑族魁儡政權），性質不一樣。」[90]卞氏如是言論，已經意識到南人的「三國正統觀」主流，以及簡單地域類比的不妥處。

「南冷北熱」[91]的情況，其實與南北士人各自解讀北朝政權身份的認知大相逕庭有關。距離三國時期正式結束已經事隔兩百五十年以上，魏收如是措辭激切的言論，更勝五胡十六國的徐光、苻堅以及北魏前期的崔浩；若與其撰史不久之前蕭梁官方撰寫《通史》一事相較，更顯得其對「三國正統觀」之執著。何故該類將當時南北處境擬附成三國政權的論述，於北方延續得如是之久？其中一項緣由，應當是「三國」之結局係屬北方政權吞併天下，因而苻堅即強調結局的部份：「劉禪可非漢之遺祚，然終為中國之所并。」魏收亦言之：「鍾會一將之威，士治偏師之勢，而使驟車西至，侯蓋北首，天人弗許，斷可知焉。」這些皆是將南方政權比擬成蜀漢，並且聚焦於結局勢必為北方南征告捷、六合歸一的部份。

另一層原因，則對北方胡族政權的族源問題、身份認同而言更具意義。北方一面將自己類比

---

89 見氏：〈陳武帝「漢高、魏武之亞」、「無慚權、備」駁議——宋、齊、梁、陳開國四帝簡論之一〉，《南京曉莊學院學報》第二〇卷第一期（二〇〇四年一月），頁二一。

90 同前註，頁二三。

91 筆者之前已發現這一現象，但是尚未展開並深入探究緣由，詳見拙著：〈崔浩評價諸葛亮一事探賾〉，頁二三五—二三六。

成曹魏政權，將南方視作蜀漢、孫吳政權；一面又將自己視作「大漢王朝」，視北方其他少數民族作「匈奴」。龔詩堯：

大略而言，以正統自居的政權往往通稱其北方外患為「匈奴」。日後，曾被如此蔑稱的北魏也用這個詞語來稱呼柔然；南朝自是以此稱呼北朝，更視柔然為「匈奴之北庭」。[92]

傳統中國歷史上有一普遍現象，即異族政權一旦立足中土，皆迫不及待地要將其他起源或區域相近的民族蔑稱為夷狄，將它們的政治地位歸入藩屬或僭越者，同時與之劃清界線。[93]

民族往往需要根據現實環境調整其「歷史記憶」，因此歷史、特別是民族史，誠如王明珂：「經常成為銓釋自己與他人的過去，來合理化及鞏固現實人群利益的手段。」[94]「歷史記憶」不是不

92 見氏：〈十六國重要政權與同期拓拔鮮卑之漢化概況比較——以官方文教政策為討論核心〉，《淡江中文學報》第二四期（二〇一一年六月），頁二一三。

93 同前註，頁二三四。

94 見氏：《華夏邊緣：歷史記憶與族群認同》（臺北：允晨文化實業股份有限公司，二〇〇五年五月），頁五七。

能改變之，改變之對族群之意義亦非凡。從功利面的需求解釋，想要統治主要是漢族居住的廣大中原地區，亦需要淡化民族的隔閡。佔據中原的胡族政權鄙夷北面為「匈奴」，彷彿就是間接指涉自身就是「大漢王朝」、就是漢族；同理的，北魏、北齊等胡族政權屢屢將自身比附成曹魏政權，亦即是將自己比附成漢族政權。如是屢屢呼喊、號召，無形中產生漸形泯滅種族差異的功效。多少能讓人忽略，東晉以後南北地域之對峙實與曹魏、蜀漢之爭有一關鍵的差距，即是前者帶有漢、胡民族抗衡的性質，後者則純是漢族內部的爭鬥。

二、南北差異之緣由

北方政權將其北面的少數民族視作「匈奴」，乃是從佔有中原舊都的優勢出發，嘗試讓自己往漢族的身份靠攏。但是南方政權則直接視北方政權係做胡族，沒有將之擬附成曹魏政權，南方觀看北朝與北方觀看自己身份的認知不同。

南方士人的思維更是有趣，雖然僅存半壁江山，卻還是彷彿自身擁有中原地區一樣地指涉敵方乃是長城之外的「匈奴」。《南齊書．王融傳》的一條史料能夠簡易的說明：「永明末，世祖欲北伐，使毛惠秀畫《漢武北伐圖》，使（王）融掌其事。」[95]將自身視作漢王朝、漢武帝（一

95 〔梁〕蕭子顯撰：《南齊書》（北京：中華書局，二〇〇七年三月），頁八二〇。「漢武北伐」的意象能時常被提及，或許與南朝的《漢書》研究相當熱烈有關。南北朝的《漢書》研究概況，可詳見李廣健：〈梁代《漢書》研究

五六－八七B.C.，一四一－八七B.C.在位），將北伐對象視作「匈奴」，定義自己的同時亦定義敵方。如是定義敵我身份之所以可能，則是有板塊轉移的空間思維為理論基礎。蕭繹〈丹陽尹傳序〉：

> 自二京版蕩。五馬南渡，固乃上燭天文，下應地理。爾其地勢，可得而言：東以赤山為成皋，南以長、淮為伊、洛，北以鍾山為芒阜。西以大江為黃河。既變淮、海為神州。亦即丹陽為京尹。[96]

這種援引北方時空術語的現象，有別於語意結構上應有適度「今」、「古」互喻的對等準則線[97]，往往隨意取消今古界線而形成一種時空錯置的語調[98]。時空既能錯置，則視長江、淮河之防線為胡、漢分際線的萬里長城，進而將江北政權視作「匈奴」，於理論基礎面也有其可行性。

的興起及其背景〉，收錄於黃清連編：《結網三編》（臺北：稻鄉出版社，二〇〇七年七月），頁六五－八八。

96 〔梁〕蕭繹撰：〈丹陽尹傳序〉，〔清〕嚴可均編纂：《全上古三代秦漢三國六朝文》（河北：河北教育出版社，一九九七年十月），第七冊，頁一八四。

97 梅祖麟、高友工著，黃宣範譯：〈唐詩的語意研究：隱喻與典故〉，《中外文學》第四卷第七期（一九七五年十二月），頁一二三。

98 王師文進：《南朝邊塞詩新論》（臺北：里仁書局，二〇〇〇年十二月），頁七八。

差異：

劉知幾《史通．內篇．六家》曾記載蕭梁政權定位蜀漢、孫吳之位階與對北方胡族政權的差異：

至梁武帝，又敕其群臣，上自太初，下終齊室，撰成《通史》六百二十卷。其書自秦以上，皆以《史記》為本，而別采他說，以廣異聞；至兩漢已還，則全錄當時紀傳，而上下通達，臭味相依；**又吳、蜀二主皆入世家，五胡及拓拔氏列於〈夷狄傳〉**。大抵其體皆如《史記》，其所為異者，唯無表而已。[99]

梁武帝將三國時期的漢族正統王朝給予列諸本紀的位置，將其他漢族政權歸入世家之列；五胡、拓跋氏等西晉逐漸瓦解後建立的北方胡族政權，則被標誌在夷狄的類別，並僅僅予列傳待之。這不僅是待遇高低的問題，也說明著當時南方觀看北方時主要聚焦在「胡漢」差異，標誌北方是胡族，有別於北方強調自己乃是繼承漢族文化的正統[100]。兩者情況不同，需做分疏的處理。

99 〔唐〕劉知幾著；〔清〕浦起龍通釋；王煦華整理：《史通通釋》，頁一七。

100 魏收撰寫《魏書》鄙斥南方為「島夷」，設有《魏書．島夷傳》，意指海島的蠻夷；這類蔑視，是對抗南方定位北方係屬「索虜」的舉措，並標舉自身乃是漢族文化的真正繼承者。從中能夠看出北方對於自我的期許，但不能代表北方觀看南方真是否定對方為漢族政權。長期以來，南方之文化都遠比北方來得優勢，北方對於自己的不足心知肚明。固然站在政權爭勝抑揚的立場，最理想還是將南方定位成「島夷」、「四夷」，但是權衡南方本來的文化優勢

從而應能交代，何故晉室南渡後南北雙方對於將自身政權擬附成三國政權一事的態度，呈現出北熱（積極）、南冷（消極）的情況。或許晉室甫一南渡之後，魏晉北方世族還念念不忘過往先祖的光榮記憶，又或者是對摧毀西晉的漢趙政權（三〇四－三二九）所標榜繼承者（蜀漢）較有疑慮等等[101]。但是往後至蕭梁時期，這一現象依然存在。說明真正貫徹晉隋間，致使南人不願從地域角度將自身政權類比三國政權的根本緣由，應是南人認知中現在的敵我對抗係屬於胡、漢之爭，有別於曹魏、蜀漢係屬漢民族之內鬥。兩者間雖然有地域這一提供類比的橋樑，但是民族隔閡又讓人感覺到不能直逕劃上等號。「地域的連結」與「民族的隔閡」兩種思維之角力，最終是後者影響力較卓著。

東晉袁宏、習鑿齒等，幾盡將蜀漢政權推為正統王朝作法的主要動機，比較安全、妥貼的詮釋方式還是將之與君弱臣強的內部問題連結。後來裴松之一段支持曹操統一天下的言論頗值得參鑒：

101 印象早已深植人心，第一要務還是期許平起平坐，是故較能接受將南方視作漢族政權，將之比擬成蜀漢、孫吳。西晉永興元年（三〇四）劉淵（二五一－三一〇）自封漢王時：「黃巾海沸於九州，群閹毒流於四海，董卓因之肆其猖勃，曹操父子凶逆相尋。故孝愍委棄萬國，昭烈播越岷蜀，冀否終有泰，旋軫舊京。」《晉書・載記第一・劉元海傳》。〔唐〕房玄齡等撰：《晉書》，頁二六四九。

臣松之以為（賈）詡之此謀，未合當時之宜。于時韓、馬之徒尚狼顧關右，魏武不得安坐郢都以威懷吳會，亦已明矣。彼荊州者，孫、劉之所必爭也。荊人服劉主之雄姿，憚孫權之武略，為日既久，誠非曹氏諸將所能抗禦。故曹仁守江陵，敗不旋踵，何撫安之得行，稽服之可期？將此既新平江、漢，威懾揚、越，資劉表水戰之具，藉荊楚檝櫂之手，實震蕩之良會，廓定之大機。不乘此取吳，將安俟哉？至於赤壁之敗，蓋有運數。實由疾疫大興，以損淩厲之鋒，凱風自南，用成焚如之勢。天實為之，豈人事哉？然則魏武之東下，非失算也。詡之此規，為無當矣。魏武後克平張魯，蜀中一日數十驚，劉備雖斬之而不能止，由不用劉曄之計，以失席卷之會，斤石既差，悔無所及，即亦此事之類也。世咸謂劉計為是，即愈見賈言之非也。[102]

裴松之相當贊同曹魏南征，希望北方陣營一次掃定荊楚吳會、威震江漢揚越。倘若劉宋時人將自己比擬成蜀漢、將北方視作曹魏的風氣相當盛行，裴松之的這段議論未免太不合時宜了。裴松之論三國史時顯然不受南北地域包袱的牽累。

行文自此，詮釋魏晉南北朝的資料基本自足，但是有一責任是需要稍事解釋南宋後如是推崇

102 〔晉〕陳壽撰；〔宋〕裴松之注：《三國志》，頁三三〇。

蜀漢政權的情況。這部份應當還有進一步探究的空間，只是囿於研究斷限而僅做簡略交代。南宋王朝處境與東晉南朝類似，北方是胡族政權、南方是漢族政權，但是南宋從朱熹（一一三〇－一二〇〇）、蕭常開始就一直抬升蜀漢政權，往後風氣亦越盛[103]。南宋以後的公論，幾乎皆視蜀漢政權係屬正統王朝，修改的「帝蜀漢」三國史之著作亦絡繹不絕地問世[104]；甚至宋話本《三國志平話》、明代章回小說《三國志演義》等等，皆是「帝蜀漢」之作。吾寧認為，這是歷經了長期儒家倫理的道義救贖[105]後，同情的心理終於在南宋臻至成無可撼動的強勢力量；讓後人不論其他因素，大多欣欣然地認同蜀漢政權吧。

103 除朱熹、蕭常等史家之外，僅就南宋一朝阮廷焯則還列舉高似孫、李杞、鄭雄飛、翁甫、胡從聖等等，皆有改寫三國史而置蜀漢為正統之著作，當見此時改寫風氣之興盛，除此之外認為該改變正統之文章亦屢屢見及。見氏：〈宋代有關正統論之史籍摭佚〉，《香港中文大學中國文化研究所學報》第一五期（一九八四年），頁一〇九－一三七。

104 詳見王德毅：〈蕭常《續後漢書》及其影響〉，《東吳歷史學報》第一七期（二〇〇七年六月），頁一－二三；李純蛟亦有羅列改修三國史予「帝蜀」之作，見氏：〈一千七百年來《三國志》研究中的若干論爭（上）〉，頁一六九－一七七；研究正統觀的重要學者饒宗頤亦羅列宋、元、明以來本正統觀念改撰的史書，見氏：《中國史學上之正統論》，頁六五－七三。

105 汪榮祖：「然後世學者多右習（鑿齒）而左陳（壽），乃儒家倫理之裁判，道其『應然』（Ought to be），未必『實然』（the way it was）。儒者以蜀漢劉姓，故以正閏屬之，此『應然』也。實則『昭烈之于漢，雖云中山靖王之後，而族屬疏遠，不能紀其世數名位』，故溫公不敢使蜀漢『紹劉氏之遺統』，而以『漢傳于魏而晉受之』，與承祚相呼應，此史家『實然』之見也。」〔美〕汪榮祖：《史傳通說：中西史學之比較》，頁一一四。

第七章　結語

所謂「歷史」，某種程度或許如英國後現代主義史學家凱斯．詹京斯（Keith Jenkins）：

在理論的層次，我想提出兩個論點。第一點是歷史是關於世界的論述系列之一。……這些論述並沒有創造這個世界（也就是我們顯然生活在其上的物體），但是卻將它據為己有，並賦予它一切的意義。歷史旨在查究的那一點世界，是「過去」。因此，作為論述的歷史與其論述的對象並不屬於同一範疇，也就是說「過去」和「歷史」是不同的事。再者，「過去」和「歷史」彼此之間的綴連程度，並沒有大到只能有一種對「過去」的解讀是絕對必然的。……讓我由「歷史乃論述過去，但絕不等於過去」的這個想法談起。[1]

從追求歷史真相的角度應不必如此悲觀，透過不同史料的比對相信能逼近之；但這段論述，

[1]〔英〕凱斯．詹京斯（Keith Jenkins）著，賈士蘅譯：《歷史的再思考》（臺北：麥田出版社，二〇〇六年八月），頁八四－八五。

正說明著同一個「過去」往往有不同「歷史」論述試圖賦予它一切的意義。然而，撰史者有別、著述意識有別，建構出來的歷史圖像或多或少都有些差異，甚至反映著各史家的身份。後人往往能從一些蛛絲馬跡，探賾史家的隱微心曲。

第二章主要是環繞著陳壽（二三三－二九七）的著作《三國志》，與其對諸葛亮（一八一－二三四）的態度為焦點，進行一連串的相關研究。交代陳壽《三國志》於三國史史籍中無與倫比的權威性，並說明魏晉時期史家著述的偏黨情況，舉凡政治、地域、家族等等因素都影響著史家筆下的歷史圖像。陳壽在「三國正統觀」的安排，正是對應其西晉（二六五－三一六）臣民的身份，需要依循官方的認定而將本紀的位置給予曹魏（二二〇－二六五）政權。然而這不代表著陳壽在敘述歷史時就必然完全傾向曹魏政權，至少他已經盡其所能，用三書並行的方式較平等地對待蜀漢（二二一－二六三）、孫吳（二二九－二八〇）兩國。尤其在〈諸葛亮傳〉，更容易發現陳壽在敘述這位故國象徵人物時，往往有其獨特的苦心造詣。雖然客觀的指出諸葛亮「應變將略」非所長，而遭到後來崇拜諸葛亮者的屢屢非難。但是從〈諸葛亮傳〉特別夾入其早年上呈西晉王朝的〈《諸葛氏集》表〉中，已經避免稱諸葛亮輔佐「偽」政權；還附帶上《諸葛氏集》的目錄，開史著前所未有之例，在在表現其孜孜念念於諸葛亮相關事蹟的心理。更何況〈諸葛亮傳〉的「評曰」總計達一百五十一字，是陳壽在各卷評價傳主最長的篇幅，而且用最是推崇的語氣讚美諸葛亮之「識治」；其他重要性不亞於諸葛亮的歷史人物，舉凡曹操（一五五－二二〇）、孫權（一八二－二五二）等等之評語字數皆未能破百，與〈諸葛亮傳〉傳文相當的〈陸遜傳〉，「評曰」論及陸遜（一八三－二四五）的字數更不及〈諸葛亮傳〉「評曰」論及諸葛亮的一半。實不難看出陳壽對故國象徵人物抱持著相當景仰的態度，不可能有意貶抑之。除了〈諸葛亮傳〉，〈後主傳〉的「評曰」也相當值得觀察。陳壽雖然指出諸葛亮執政時在修史大業與新國君登基改元的處置方面尚未完善，但是沒有嚴加抨擊。尤其是「國不置史」該事於當代「史不可亡」的國史著述要求下，明顯是執政者之重大疏失，陳壽還是僅用「猶有未周」一語點到為止，顯見其在批評諸葛亮執政缺失時是相當「為賢者諱」的。在指出兩項未能周備之處後，還不忘指出兩項後人遠遠不及的優點，即「赦不妄下」與「年名不易」；但是後者實有過譽的嫌疑，除該項稱譽前所未聞，後來蜀漢政權在年號替換方面之處理也是相當謹慎，實不宜將此項視作後人無法迄及的優點。陳壽對諸葛亮的良好態度，也展現在其刪除相當多來自北方的負面型塑史料，包括魚豢《魏略》、王沈（？－二六六）《魏書》、司馬彪（二四三－三〇六）《九州春秋》、《戰略》等等之相關記載。對比之下，更容易發現陳壽筆下的諸葛亮已經是相當趨於正面。從屢屢關注、維護諸葛亮的舉動，相信陳壽撰史時不僅沒有詆毀諸葛亮，甚至於是有故國之思寄寓其中。既然如此，何故「陳壽仇蜀說」在後世頗有積非成是之感，除了是受到唐初史臣《晉書》「備異」的影響，其實也與後來東晉（三一七－四二〇）史家筆下的諸葛亮歷史圖像，往往記載相當多諸葛亮的「駿功偉烈」相關。其中包括真實性較低的史料，卻依然被史家們收錄，至於沒有記載這些事蹟的陳壽則難免受到責難了。

第三章係發掘東漢斷代史家筆下的「前（朝代）三國時期」書寫，袁宏（三二八－三七六）的部份因為《後漢紀》幾盡全書保存、史料較形完整，是故第四章將持續探討之。就各史家撰寫「前三國時期」歷史時建構的天意論述而言，強調漢室「天命」已絕、德運已移等概念，箇中其實包含著異姓政權對於自身政權合法性、正當性的考量，包括魚豢、孫盛（三〇七－三七八）、張璠等兩晉史家，甚至在孫吳史家薛瑩的史著中，無不宣揚天意或民心皆不再眷顧漢室的概念。獨獨袁宏《後漢紀》堅持漢不應亡，勸告權臣不得擅自篡位；因而否定了漢祚應盡，使其關於漢魏易代的論述在兩晉史家中獨樹一格。理論上，既然撰寫東漢斷代史，難免在敘述權臣篡位歷程時較同情炎劉君王；即使不似袁宏處處宣揚人心猶思漢、貶抑篡位者，起碼也應該如同范曄（三九八－四四五）直書歷史。但是於司馬彪的《續漢書》，反而能看到相當多親附曹魏的敘述；透過「伏皇后事件的迴護之筆與曹操崛起歷程敘述」、「曹操廟號的使用與曹魏先祖的重視」等議題之探討，確定該史家的著述立場，如同其於《九州春秋》、《戰略》貶抑敵國人物的態度一致，同時說明其「三國正統觀」的抉擇。西晉時期公開標榜否定曹魏政權無疑是對官方的挑戰，這種情況下其他西晉史家是否還願意調整正統論述？尤其是一些本來就是北方人的史家？司馬彪《續漢書》可視作足資參照的存在。最後，透過觀察兩晉史家的孔融（一五三－二〇八）歷史圖像，從而發現具有北方立場色彩的史家通常都朝向貶抑、負面的方向型塑，無論是魚豢、孫盛、張璠，甚至連陳壽都不免曲筆；有別於此，著述立場貶抑曹魏的袁宏與較不受政治包袱牽累的范曄，筆下的孔融則相當趨於正面。比較特殊的是，前文屢屢提及「黨魏」情況顯著的司馬彪，現今《續漢書》佚文沒有貶抑、負面敘述的情況，但是於《九州春秋》中卻可謂極盡負面型塑之能事，而與之整體的著述立場對應。

第四章主要是繼續探討袁宏《後漢紀》一書，箇中觸及到其他東漢斷代史著作，接續前一章開啟將「前三國時期」視做單獨對象進行討論的嘗試。先是交代古代學者關注袁宏、習鑿齒（？－三八四？）扭轉「三國正統觀」貢獻之畸輕畸重，尋找過去學者較忽視《後漢紀》「帝蜀」貢獻的箇中緣由，說明古人何故較少提及袁宏的努力成果。應與唐初史臣《晉書》畢竟收錄了習鑿齒大篇幅〈晉承漢統論〉，以及歸納自身閱讀習氏《漢晉春秋》「三國正統觀」的心得相關。相較之下，文名顯赫而歸入〈文苑傳〉的袁宏，難免使人們在究竟東晉史學發展時較容易忽視之；尤其是，史臣們也沒有提及《後漢紀》該書內容之苦心造詣的成果，難怪後世較聚焦在習鑿齒身上。接下來進一步觀察袁宏在擇史、修史處的特別安排，例如採用華嶠（？－二九三）《後漢書》的《譜敘》部份來論證人心猶思漢等命題，較不顧忌《譜敘》本身溢美先祖的特質，反而彰顯了原是相當依附曹魏的華歆（一五七－二三二）猶有故君之思的一面。再來，袁宏在敘述袁術（？－一九九）與孫策（一七五－二〇〇）的書信往來時，就出現了《吳錄》、《典略》未及的記載；突顯袁術自以為天下必然支持其登皇帝位，反而期望落空的窘態。以及於曹魏的創業歷程留下汙點，接續著孫吳史家謝承《後漢書》詆毀曹操成早年乃是袁紹下屬、後來背恩忘義的部份史料。相較之下，終身以復興漢室為職志、具有扶漢之心的諸葛亮，則相當受到袁宏的青睞、重視。不僅長篇幅記載其在漢末時期的事蹟、作為，還透過置列個傳於東漢史、採納王隱（二八四？－三五四？）《蜀記》具有褒揚諸葛亮執政卻較難徵信的「用刑論」、將諸葛亮在劉備諸臣聯名上表的〈立漢中王上表漢帝〉中之排序挪移至首位等等。過程不禁讓人聯想到喬伊絲．艾波比（Joyce Appleby）：「專業歷史家都有的切身經驗是：為了呈現好的一面或教化人心，不免想在真確性的要求上馬虎一點。」[2]史家往往希望告知後人惡有惡報、惡徒終究不得人心，但是也難免因而鬆懈了對真實性的要求。這一著述習性其實是中國史學的傳統，在《後漢紀》一書中有明顯的發用，或多或少亦影響到了後來屢屢採納袁宏「前三國時期」歷史圖像的司馬光（一〇一九－一〇八六）。然而曹魏政權若是竄逆者，並非順天應民崛起之王朝，則袁宏家族的重要祖先、曹魏名臣袁渙該如何定位，便成為需要審慎思量的問題。袁宏不僅讓其享有與諸葛亮同樣列個傳於東漢史的待遇並特寫之。甚至在敘述中盡量讓袁渙與曹魏政權脫鉤，表現袁渙的謙虛、退讓；說明袁渙沒有仕宦曹魏政權官職之心，只是亂世自保之舉而已。反映出袁宏還是有偏黨家族的意識存焉。

[2] 喬伊絲．艾波比（Joyce Appleby）等著、薛絢譯：《歷史的真相》（臺北：正中書局，二〇〇〇年十月），頁二八六。

第五章則是勾勒東晉史家筆下的諸葛亮型塑。本章承續前文論及陳壽、袁宏的史籍，進一步探討常璩、孫盛的著作。常璩（二九一？—三六一？）《華陽國志》在撰寫蜀漢史時，往往接受陳壽《三國志》的影響、尤其主要採用《蜀志》的部份，也決定了該書的歷史敘述往往有利於蜀漢英雄人物。雖然在「三國正統觀」方面，常璩還是依照原本西晉官方的認定；但是扣除掉表明政治態度的論述後，不難發現常璩收錄了相當多陳壽未載的諸葛亮事蹟，其中「七擒孟獲」最是知名，也較往後習鑿齒《漢晉春秋》更早記載該件南征傳聞美事。但是東晉時期並不是每一位史家都像袁宏、王隱、常璩、習鑿齒等相當推崇諸葛亮，持曹魏正統的孫盛即違逆這一潮流。例如解構蜀漢「臨終託孤」的君臣佳話，而與陳壽、袁準、袁宏、裴松之（三七〇—四四九）這一推崇者脈絡大相逕庭。還收錄連陳壽《諸葛氏集》皆未載的諸葛亮嚴威切法、「訓厲臣子」的條規，但是這些記載能否徵信相當可疑；亦有於評論、記載時，有貶抑諸葛亮「識治良才」面相的跡象；戰場的相關事蹟上，則是往往敘述司馬懿（一七九—二五一）比諸葛亮技高一籌。凡諸等等，說明這位史家對諸葛亮的態度不甚友善。相較東晉時期較早期的史家王隱、常璩非常推崇諸葛亮，後來與孫盛同期的史家袁宏、習鑿齒亦不外如是，孫盛明顯處於一個違逆潮流的位置。最後針對裴松之提供的線索，嘗試探討為何相當推崇諸葛亮的習鑿齒，何故不收錄王隱在《蜀記》溢美諸葛亮的「郭沖五事」？原因很可能與該「五事」相當難以置信相關，史家畢竟有其追求歷史真實的職志。探討完裴松之命題後，同時一一說明了魚豢、司馬彪、陳壽、王隱、常璩、袁宏、習鑿齒、孫盛諸位史家如何敘述諸葛亮，呈現兩晉史家心目中的諸葛亮之總總面貌。

第六章先是確定習鑿齒乃是持一準「帝蜀」的正統論述，還未完全將蜀漢視作三國時期的正統王朝。以及檢視袁宏的「三國正統觀」安排，發現《後漢紀》指涉「帝蜀」的部份都是採取間接表述，尚未明確宣言「帝蜀」的概念。從而推論東晉時期「帝蜀」之說恐怕還不是人人都能接受的論述。至少於孫盛的史著，就屢屢顯露出同曹魏政權的意識型態，表明這時期還有捍衛曹魏正統地位的史家存焉。尤其是孫盛的史論往往流露出中原霸權的色彩，正說明了東晉時期將自身南渡的處境，與三國時期政權進行地域連結的意識可能並不強烈。換言之，習鑿齒、袁宏特別青睞蜀漢政權，其實與東晉偏安的處境關係較薄弱，最可能的原因還是東晉時期長期君弱臣強處境下的反思；從而較易於對篡位立國的曹魏政權抱持反感，轉而彰顯始終扶漢的蜀漢政權。這也是為何往後南朝，例如劉宋宋文帝劉義隆（四〇七－四五三，四二四－四五三在位）與裴松之皆無意更改三國正統，後來梁武帝蕭衍（四六四－五四九，五〇二－五四九在位）構思《通史》一書時，依然置曹魏於本紀，而將孫吳、蜀漢列諸世家。顯然皆沒有因當時偏安江南，而將自身政權連結三國時期的蜀漢政權。真正屢屢將自身政權與三國政權進行連結者，主要都是北方胡族政權。該舉一來側重於最終係北方統一天下的焦點。二來則有屢屢運用曹魏政權譬喻己身，多少有意模糊當時南北對立乃是一胡、漢政權抗衡的性質（三國時期是漢族內鬥），有助於北方胡族政權統治中原，並拉近與漢族的距離。

參考書目

一、史著

〔西漢〕司馬遷撰；〔劉宋〕裴駰集解；〔唐〕司馬貞索隱；〔唐〕張守節正義：《史記》（北京：中華書局，二〇〇七年六月）。

〔漢〕班固著；〔唐〕顏師古注：《漢書》（北京：中華書局，二〇〇七年一〇月）。

〔魏〕魚豢撰；張鵬一輯佚：《魏略輯本》（名古屋：采華書林，一九七二年五月）。

〔西晉〕司馬彪撰；嚴一萍輯選：《戰略》（臺北：藝文印書館，一九七二年，叢書集成三編影印黃氏逸書考）。

〔西晉〕司馬彪撰；嚴一萍輯選：《九州春秋》（臺北：藝文印書館，一九七二年，叢書集成三編影印黃氏逸書考）。

〔晉〕常璩著；任乃強校注：《華陽國志補圖注》（上海：上海古籍出版社，二〇〇九年七月）。

〔晉〕袁宏撰；周天遊校注：《後漢紀校注》（天津：天津古籍出版社，一九八七年一二月）。

〔晉〕袁宏著；張烈點校：《後漢紀》（北京：中華書局，二〇〇五年三月）。

〔晉〕袁宏撰；李興和點校：《袁宏《後漢紀》集校》（昆明：雲南大學出版社，二〇〇八年六月）。

〔晉〕傅玄撰；劉治立評注：《《傅子》評注》（天津：天津古籍出版社，二〇一〇年三月）。

〔晉〕陳壽撰；〔宋〕裴松之注：《三國志》（北京：中華書局，二〇〇七年五月）。

〔晉〕陳壽撰；〔南朝宋〕裴松之注；盧弼集解；錢劍夫整理：《三國志集解》（上海：上海古籍出版社，二〇〇九年六月）。

〔東晉〕虞預撰；周樹人輯佚；張壽鏞輯刊：《會稽典錄外七種》（臺北：新文豐出版公司，一九四〇年，四明叢書影印四明張氏約園開雕）。

〔東晉〕習鑿齒撰；黃惠賢校補：《校補襄陽耆舊記》（河南：中州古籍出版社，一九八七年三月）。

〔南朝宋〕范曄撰；〔唐〕李賢等注：《後漢書》（北京：中華書局，二〇〇六年三月）。

〔南朝宋〕范曄撰；〔唐〕李賢等注；〔清〕王先謙集解：《後漢書集解》（北京：中華書局，二〇〇六年一〇月，一九一五年虛受堂刊本影印出版）。

〔梁〕沈約撰：《宋書》（北京：中華書局，二〇〇八年一二月）。

〔梁〕蕭子顯撰：《南齊書》（北京：中華書局，二〇〇七年三月）。

〔北齊〕魏收撰：《魏書》（北京：中華書局，二〇〇六年一二月）。

〔唐〕令狐德棻等撰：《周書》（北京：中華書局，二〇〇九年三月）。

〔唐〕李延壽撰：《南史》（北京：中華書局，二〇〇三年七月）。

〔唐〕房玄齡等撰：《晉書》（北京：中華書局，二〇〇八年二月）。

〔唐〕姚思廉撰：《梁書》（北京：中華書局，二〇〇六年一二月）。

〔唐〕姚思廉撰：《陳書》（北京：中華書局，二〇〇八年四月）。

〔唐〕許嵩撰；張忱石點校：《建康實錄》（北京：中華書局，二〇〇九年二月）。

〔唐〕魏徵等撰：《隋書》（北京：中華書局，二〇一〇年二月）。

〔後晉〕劉昫等撰：《舊唐書》（北京：中華書局，二〇〇七年四月）。

〔宋〕司馬光編著；〔元〕胡三省音注：《資治通鑑》（北京：中華書局，二〇〇七年六月）。

〔南宋〕蕭常撰；嚴一萍輯選：《續後漢書》（臺北：藝文印書館，一九六七年，百部叢書集成據清道光郁松年校刊宜稼堂叢書影印）。

〔清〕黃中堅著：《擬更季漢書昭烈皇帝本紀》（臺北：新文豐出版公司，一九八九年，叢書集成續編影印昭代叢書）。

〔清〕湯球、黃奭輯；喬治忠校注：《眾家編年體晉史》（天津：天津古籍出版社，一九八九年八月）。

〔清〕湯球輯；楊家駱主編：《新校本晉書並附編六種：九家舊晉書輯本及晉諸公別傳輯本四十三卷》（臺北：鼎文書局，一九九五年）。

〔清〕趙作羹撰：《季漢紀》（臺北：文海出版社，一九七四年，清雍正間清稿本）。

吳士鑑、劉承幹撰：《晉書斠注》（北京：中華書局，二〇〇八年九月，續修四庫全書影印上海辭書出版社圖書館藏民國十七年劉氏嘉業堂刻本）。

周天游輯注：《八家後漢書輯注》，（上海：上海古籍出版社，一九八六年一二月）。

二、古籍

〔三國〕諸葛亮著；段熙仲，聞旭初編校：《諸葛亮集》（北京：中華書局，二〇一〇年五月）。

〔晉〕陸雲著；劉運好校注整理：《陸士龍文集校注》（南京：鳳凰出版社，二〇一〇年一二月）。

〔南朝宋〕劉義慶編；〔南朝梁〕劉孝標注；余嘉錫撰；周祖謨，余淑宜整理：《世說新語箋疏》（臺北：華正書局，二〇〇三年一一月）。

〔南朝宋〕劉義慶撰；〔南朝梁〕劉孝標注；劉強會評輯校：《世說新語會評》（南京：鳳凰出版社，二〇〇七年一二月）。

〔北魏〕酈道元注；楊守敬，熊會貞疏；段熙仲點校；陳橋驛復校：《水經注疏》（南京：江蘇古籍出版社，一九八九年八月）。

〔梁〕劉勰撰；詹鍈義證：《文心雕龍義證》（上海：上海古籍出版社，二〇〇八年三月）。

〔梁〕蕭統主編；〔唐〕李善注：《文選（附考異）》（臺北：五南圖書，二〇〇九年四月）。

〔唐〕李白著；瞿蛻園、朱金城校注：《李白集校注》（臺北：里仁書局，一九八一年三月）。

〔唐〕李淳風著；李零主編；伊世同點校；何琳儀復校：《中國方術概觀（占星卷）．乙巳占》（北京：人民中國出版社，一九九三年一二月）。

〔唐〕杜甫著；〔清〕仇兆鰲注：《杜詩詳注》（北京：中華書局，一九八〇年七月）。

〔唐〕陸德明著；吳承仕疏證；秦青點校：《經典釋文序錄疏證》（北京：中華書局，一九八四年三月）。

〔唐〕虞世南撰；〔清〕孔廣陶校註：《北堂書鈔》（臺北：藝文印書館，一九七八年，南海孔氏三十有三萬卷堂校注重刊孫忠愍侯祠堂舊校影宋原本）。

〔唐〕歐陽詢編，汪紹楹校：《藝文類聚》（上海：上海古籍出版社，二〇一〇年六月）。

〔唐〕劉知幾著；〔清〕浦起龍通釋；王煦華整理：《史通通釋》（上海：上海古籍出版社，二〇〇九年一二月）。

〔北宋〕李廌撰：《濟南集》（臺北：臺灣商務，一九七〇年，四庫全書珍本別輯）。

〔宋〕王楙撰：《野客叢書》（北京：中華書局，二〇〇七年四月）。

〔宋〕朱熹撰：《四書章句集注》（北京：中華書局，一九八三年一〇月）。

〔宋〕李昉編纂；夏劍欽校點：《太平御覽》（石家莊：河北教育出版社，二〇〇〇年三月）。

〔宋〕洪邁撰；孔凡禮點校：《容齋隨筆》（北京：中華書局，二〇〇六年一〇月）。

（宋）唐庚撰：《三國雜事》（臺北：藝文印書館，一九六六年，百部叢書集成據清曹溶輯陶越增訂六安晁氏排印本影印）。
（宋）趙彥衛撰；傅根清點校：《雲麓漫鈔》（北京：中華書局，一九九六年八月）。
（宋）晁公武撰；孫猛校證：《郡齋讀書志校證》（上海：上海古籍出版社，二〇〇六年六月）。
（南宋）周必大撰：《文忠集》（臺北：臺灣商務，一九七〇年，四庫全書珍本二集）。
（南宋）葛洪撰：《涉史隨筆》（臺北：藝文印書館，一九六六年，百部叢書集成據清乾隆鮑廷博校刊影印本）。
（南宋）陳亮撰：《三國紀年》（臺北：藝文印書館，一九六八年，百部叢書集成影印涵海）。
（南宋）葉適著：《習學記言》（上海：上海古籍出版社，一九九二年一月）。
（元）黃溍撰；嚴一萍輯選：《金華黃先生文集》（臺北：藝文印書館，一九七二年，叢書集成三編影印續金華叢書）。
（元）蘇天爵著；陳高華，孟繁清點校：《滋溪文稿》（北京：中華書局，二〇〇七年一一月）。
（明）于慎行著；〔清〕黃恩彤參訂：《讀史漫錄》（濟南：齊魯書社，一九九六年八月）。
（明）朱長祚撰；仇正偉點校：《玉鏡新譚》（北京：中華書局，一九九七年一一月）。
（明）宋濂撰：《潛溪邃言》（臺北：藝文印書館，一九六七年，百部叢書集成據明隆慶王文祿輯刊百陵學山本影印）。
（明）林文俊撰：《方齋存稿》（臺北：臺灣商務，一九七〇年，四庫全書珍本四集）。
（明）李贄評纂：《史綱評要》（臺北：里仁書局，一九八三年三月）。
（明）楊時偉撰：《諸葛忠武書》（臺北：臺灣商務，一九七〇年，四庫全書珍本六集）。
（明）郭孔延撰：《史通評釋》（上海：上海古籍出版社，二〇〇六年四月，明萬曆三十二年郭孔陵刻本）。
（明）郎瑛著：《七修類稿．續稿》（上海：上海書店出版社，二〇〇一年八月）。

〔明〕賀詳撰：《留餘堂史取》（濟南：齊魯書社，一九九六年八月，四庫全書存目叢書影印北京大學圖書館藏明末刻本）。
〔明〕羅貫中原著；吳小林校注：《三國演義校注》（臺北：里仁書局，二〇〇六年三月）。
〔清〕于光華編：《評注昭明文選》（高雄：啟聖圖書公司，一九七四年一〇月）。
〔清〕牛運震撰：《空山堂讀史糾謬．三國志糾繆（嘉慶二十三年（一八一八）刻空山堂全集本）》，〔清〕杭世駿、牛運震等撰：《二十二史考論（歷代正史研究文獻叢刊）》（北京：北京圖書館出版社，二〇〇五年三月）。
〔清〕王夫之著；舒士彥整理：《讀通鑑論》（北京：中華書局，二〇〇八年一一月）。
〔清〕王鳴盛撰；陳文和等校點：《十七史商榷》（南京：鳳凰出版社，二〇〇八年一月）。
〔清〕朱彝尊著：《曝書亭集》（臺北：世界書局，一九八九年四月）。
〔清〕沈豫撰：《讀史雜記（清道光十八年（一八三八）刻蛾術堂集本）》，〔清〕杭世駿、牛運震等撰：《二十二史考論（歷代正史研究文獻叢刊）》（北京：北京圖書館出版社，二〇〇五年三月）。
〔清〕沈濤撰：《銅熨斗齋隨筆》（臺北：藝文印書館，一九六八年，百部叢書集成影印式訓堂叢書）。
〔清〕何焯著；崔高維點校：《義門讀書記》（北京：中華書局，二〇〇六年六月）。
〔清〕尚鎔著：《三國志辨微》（北京：北京出版社，二〇〇〇年一月，四庫未收書輯刊影印清嘉慶刻本）。
〔清〕尚鎔著：《三國志辨微續》（北京：北京出版社，二〇〇〇年一月，四庫未收書輯刊影印清嘉慶刻本）。
〔清〕林國贊著：《三國志裴注述（學海堂刻本）》，徐蜀編：《魏晉南北朝正史訂補文獻彙編》（北京：北京圖書館出版社，二〇〇四年四月）。
〔清〕李慈銘撰：《越縵堂讀書記》（北京：中華書局，二〇〇六年九月）。
〔清〕周士儀撰：《史貫》（北京：北京出版社，二〇〇〇年，四庫禁毀書叢刊影印清康熙十七年自刻本）。
〔清〕周中孚撰：《鄭堂讀書記》（北京：北京圖書館出版社，二〇〇七年八月）。

〔清〕周壽昌撰：《三國志注證遺（廣雅書局刊本）》，徐蜀編：《魏晉南北朝正史訂補文獻彙編》（北京：北京圖書館出版社，二〇〇四年四月）。

〔清〕洪亮吉撰：《四史發伏》（北京：北京出版社，二〇〇〇年，四庫未收書輯刊影印清光緒八年小石山房刻本）。

〔清〕杭世駿撰：《諸史然疑（清刻知不足齋叢書本）》，〔清〕杭世駿、牛運震等撰：《二十二史考論（歷代正史研究文獻叢刊）》（北京：北京圖書館出版社，二〇〇五年三月）。

〔清〕俞鴻漸撰：《讀三國志隨筆》（上海：上海古籍出版社，二〇一〇年，清代詩文集彙編影印清道光二十七年萱蔭山房刻本）。

〔清〕章宗源撰：《隋書經籍志考證》，二十五史刊行委員會主編：《二十五史補編》（北京：中華書局，一九八九年七月）。

〔清〕章學誠著；葉瑛校注：《文史通義校注》（北京：中華書局，二〇〇八年三月）。

〔清〕康發祥著：《三國志補義（咸豐十一年泰州康氏家刻本）》，徐蜀編：《魏晉南北朝正史訂補文獻彙編》（北京：北京圖書館出版社，二〇〇四年四月）。

〔清〕陸以湉撰；崔凡芝點校：《冷盧雜識》（北京：中華書局，一九八四年一月）。

〔清〕紀昀等纂：《欽定四庫全書總目》（臺北：藝文印書館，一九八九年）。

〔清〕黃恩彤撰：《鑑評別錄》（北京：北京出版社，二〇〇〇年，四庫未收書輯刊影印清光緒三十一年家塾刻本）。

〔清〕黃恩彤撰：《三國書法》（北京：北京出版社，二〇〇〇年，四庫未收書輯刊影印清光緒三十一年家塾刻本）。

〔清〕梁章鉅撰：《三國志旁證（清道光三十年刻本影印）》，〔清〕趙一清等撰：《三國志注補：外四種》（上海：上海古籍出版社，二〇〇七年五月）。

（清）張廉撰：《季漢書辨異》（北京：北京出版社，二〇〇〇年，四庫未收書輯刊影印清道光九年青山環漪軒刻本）。

（清）趙翼著；王樹民校證：《廿二史箚記校證（訂補本）》（北京：中華書局，二〇〇七年九月）。

（清）趙翼撰：《陔餘叢考》（北京：中華書局，二〇〇六年一〇月）。

（清）潘眉著：《三國志考證（廣雅書局刊本）》，徐蜀編：《魏晉南北朝正史訂補文獻彙編》（北京：北京圖書館出版社，二〇〇四年四月）。

（清）錢大昕撰；陳文和，張連生，曹明升校點：《廿二史考異》（南京：鳳凰出版社，二〇〇八年一月）。

（清）錢大昕撰〈《三國志辨疑》序〉，（清）錢大昭撰：《三國志辨疑（道光二十四年錢氏得自齋刻本）》，（清）趙一清等撰：《三國志注補：外四種》（上海：上海古籍出版社，二〇〇七年五月）。

（清）劉體仁撰：《十七史說（民國間石印本）》，（清）杭世駿、牛運震等撰：《二十二史考論（歷代正史研究文獻叢刊）》（北京：北京圖書館出版社，二〇〇五年）。

（清）嚴可均編纂：《全上古三代秦漢三國六朝文》（河北：河北教育出版社，一九九七年一〇月）。

（清）顧祖禹撰；賀次君，施和金點校：《讀史方輿紀要》（北京：中華書局，二〇〇五年三月）。

（朝鮮）金禮蒙等匯編，浙江省中醫研究所、湖州中醫院校：《醫方類聚》（北京：人民衛生出版社，一九八一年四月）。

李澄宇撰：《讀二十五史蠡述‧讀三國志蠡述》（北京：北京圖書館出版社，二〇〇五年三月）。

俞紹初輯校：《建安七子集》（北京：中華書局，二〇〇六年七月）。

三、專著

于濤：《三國前傳：漢末群雄天子夢》（北京：中華書局，二〇〇六年一月）。

方北辰：《三國志注譯》（西安：陝西人民出版社，一九九五年五月）。

方詩銘：《方詩銘論三國人物》（上海：上海古籍出版社，二〇〇六年一〇月）。

天行健：《正品三國》（石家莊：花山文藝出版社，二〇〇六年八月）。

牛潤珍：《漢至唐初史官制度的演變》（石家莊：河北教育出版社，一九九九年一月）。

王文進：《南朝邊塞詩新論》（臺北：里仁書局，二〇〇〇年一二月）。

王文進：《南朝山水與長城想像》（臺北：里仁書局，二〇〇八年六月）。

王仲犖：《魏晉南北朝史》（北京：中華書局，二〇〇七年一一月）。

王永平：《中古士人遷移與文化交流》（北京：社會科學文獻出版社，二〇〇五年六月）。

王永平：《孫吳政治與文化史論》（上海：上海古籍出版社，二〇〇五年一二月）。

王永平：《漢晉間社會階層升降與歷史變遷》（北京：社會科學文獻出版社，二〇一一年一二月）。

王明珂：《華夏邊緣：歷史記憶與族群認同》（臺北：允晨文化實業股份有限公司，二〇〇五年五月）。

王定璋：《學海蠡測——文史思辨錄》（成都：巴蜀書社，二〇〇九年一〇月）。

王瑞功：《諸葛亮研究集成》（濟南：齊魯書社，一九九七年九月）。

王健文：《奉天承運：古代中國的「國家」概念及其正當性基礎》（臺北：東大圖書，一九九五年六月）。

王盡忠：《干寶研究全書》（鄭州：中州古籍出版社，二〇〇九年七月）。

白壽彝：《中國史學史論集》（北京：中華書局，二〇〇一年一〇月）。

田餘慶：《東晉門閥政治》（北京：北京大學出版社，二〇〇五年六月）。
任軍峰：《地域本位與國族認同：美國政治發展中的區域結構分析》（天津：天津人民出版社，二〇〇四年一月）。
伍野春：《裴松之評傳》（南京：南京大學出版社，二〇〇二年一月）。
江美華：《東晉的儒學》（臺北：五南圖書，二〇〇二年）。
江曉原：《中國星占學類型分析》（上海：上海書店出版社，二〇〇九年三月）
朱東潤：《八代傳敘文學述論》（上海：復旦大學出版社，二〇〇六年一一月）。
余明俠：《諸葛亮評傳》（南京：南京大學出版社，二〇〇六年六月）。
余志挺：《裴松之《三國志注》研究》（臺北：花木蘭文化出版社，二〇〇八年三月，（原臺北：臺灣師範大學國文研究所碩士論文，林礽乾先生指導，二〇〇三年））。
呂思勉：《呂著三國史話》（北京：中華書局，二〇〇六年九月）。
何茲全：《三國史》（北京：人民出版社，二〇一一年三月）。
金毓黻：《中國史學史》（北京：商務印書館，二〇一〇年一二月）。
邱敏：《六朝史學》（南京：南京出版社，二〇〇三年一一月）。
李則芬：《三國歷史論文集》（臺北：黎明文化事業股份有限公司，一九八二年一〇月）。
李則芬：《汎論司馬光資治通鑑》（臺北：臺灣商務印書館，一九八六年三月）。
李祥年：《漢魏六朝傳記文學史稿》（上海：復旦大學出版社，一九九五年四月）。
李景星著；韓兆琦、俞樟華校點：《四史評議》（湖南：岳麓書社，一九八六年一一月）。
李純蛟：《三國志研究》（成都：巴蜀書社，二〇〇二年九月）。
李興寧：《魏晉時期別傳研究》（臺北：花木蘭文化出版社，二〇〇六年九月（原高雄：高雄師範大學國文研究所博士論文，周虎林先生指導，二〇〇三年））。

吳樹平：《秦漢文獻研究》（濟南：齊魯書社，一九八八年一〇月）。
吳懷祺主編；龐天佑著：《中國史學思想通史・魏晉南北朝卷》（合肥：黃山書社，二〇〇三年一一月）。
卓季志：《《後漢紀》與袁宏之史學及思想》（臺北：花木蘭文化出版社，二〇〇九年三月（原臺中：中興大學歷史學系所碩士學位論文，王明蓀先生指導，二〇〇七年））。
周一良：《魏晉南北朝史札記》（北京：中華書局，二〇〇七年八月）。
周一良：《魏晉南北朝史論集》（北京：北京大學出版社，二〇一〇年六月）。
周勛初：《魏晉南北朝文學論叢》（南京：江蘇古籍出版社，一九九九年一一月）。
胡寶國：《漢晉間史學的發展》（北京：商務印書館，二〇〇五年一一月）。
馬鐵浩：《《史通》與先唐典籍》（北京：人民出版社，二〇一〇年一二月）。
馬鐵浩：《《史通》引書考》（北京：學苑出版社，二〇一一年一一月）。
曹道衡：《中古文學史論文集續集》（臺北：文津出版社，一九九四年七月）。
唐長孺著；朱雷，唐剛卯選編：《唐長孺文存》（上海：上海古籍出版社，二〇〇六年一二月）。
唐翼明：《魏晉清談》（臺北：東大圖書股份有限公司，二〇〇二年七月）。
倉修良：《中國古代史學史》（北京：人民出版社，二〇〇九年九月）。
晉宏忠、丁寶齋：《諸葛亮之謎》（北京：新華出版社，二〇〇一年五月）。
梁啟超：《中國歷史研究法》（北京：中華書局，二〇〇九年五月）。
傅樂成：《漢唐史論集》（臺北：聯經出版社，二〇〇二年八月）。
程章燦：《世族與六朝文學》（哈爾濱：黑龍江教育出版社，一九九八年一〇月）。
喬治忠：《中國官方史學與私家史學》（北京：北京圖書館出版社，二〇〇八年五月）。
陳明：《中古士族現象研究：儒學的歷史文化功能初探》（臺北：文津出版社，一九九四年三月）。
陳翔華：《諸葛亮形象史研究》（浙江：浙江古籍出版社，一九九〇年一二月）。

陳翔華：《三國志演義縱論》（臺北：文津出版社，二〇〇六年九月）。
陳橋驛：《酈學札記》（上海：上海書店出版社，二〇〇〇年九月）。
張世昌：《《華陽國志》研究》，（臺北：花木蘭文化出版社，二〇〇八年三月（原高雄：高雄師範大學國文學系碩士論文，林晉士先生指導，二〇〇七年））。
黃文榮：《論清代《三國志》之研究——以校勘、評論、補注為例》（臺北：花木蘭文化出版社，二〇〇七年三月（原臺中：東海大學歷史學系碩士學位論文，呂士朋先生指導，二〇〇三年））。
黃惠賢：《魏晉南北朝隋唐史研究與資料》（武漢：湖北人民出版社，二〇一〇年一月）。
張須：《通鑑學》（上海：開明書店，一九四八年二月）。
張蓓蓓：《中古學術論略》（臺北：大安出版社，一九九一年五月）。
張蓓蓓：《魏晉學術人物新研》（臺北：大安出版社，二〇〇一年一二月）。
楊小平：《《後漢書》語言研究》（成都：巴蜀書社，二〇〇四年一二月）。
楊翼驤：《中國史學史資料編年（第一冊）》（天津：南開大學出版社，一九八七年三月）。
楊翼驤：《學忍堂文集》（北京：中華書局，二〇〇二年一一月）。
楊耀坤：《陳壽評傳》（南京：南京大學出版社，二〇〇二年一月）。
楊權：《新五德理論與兩漢政治：「堯後火德」說考論》（北京：中華書局，二〇〇六年四月）。
雷家驥：《中古史學觀念史》（臺北：臺灣學生書局，一九九〇年一〇月）。
梅家玲：《世說新語的語言與敘事》（臺北：里仁書局，二〇〇四年七月）。
熊德基：《六朝史考實》（北京：中華書局，二〇〇〇年七月）。
潘英：《《資治通鑑》司馬光史論之研究——《資治通鑑》之中心思想》（臺北：明文書局，一九八七年六月）。
逯耀東：《魏晉史學的思想與社會基礎》（臺北：東大圖書股份有限公司，二〇〇〇年二月）。

鄭欣：《魏晉南北朝史探索》（濟南：山東大學出版社，二〇〇九年四月）。
錢穆：《中國學術思想史論叢（三）》（合肥：安徽教育出版社，二〇〇四年六月）。
錢穆：《中國史學名著》（臺北：三民書局，二〇一一年一月）。
錢鍾書：《管錐編：補訂重排本》（北京：生活·讀書·新知三聯書店，二〇〇一年一月）。
劉汝霖：《東晉南北朝學術編年》（上海：華東師範大學出版社，二〇一〇年五月）。
劉咸炘著；黃曙輝編校：《劉咸炘學術論集（史學編）》（桂林：廣西師範大學出版社，二〇〇七年七月）。
劉重來，徐適端主編：《《華陽國志》研究》（成都：巴蜀書社，二〇〇八年六月）。
鍾書林：《《後漢書》文學初探》（北京：中國社會科學出版社，二〇一〇年六月）。
鍾書林：《范曄之人格與風格》（北京：中國社會科學出版社，二〇一〇年六月）。
廖炳惠：《關鍵詞二〇〇：文學與批評研究的通用辭彙編》（臺北：麥田出版社，二〇〇九年一二月）。
瞿林東：《魏晉南北朝隋唐時期·中國古代史學的發展》（上海：上海人民出版社，二〇〇六年一二月）。
魏明安、趙以武：《傅玄評傳》（南京：南京大學出版社，一九九六年三月）。
羅秉英：《治史心裁：羅秉英文集》（昆明：雲南大學出版社，二〇〇五年九月）。
饒宗頤：《中國史學上之正統論》（上海：上海遠東出版社，一九九六年八月）。
繆越：《讀史存稿》（香港：生活·讀書·新知三聯書店香港分店，一九七八年一二月）。
關四平：《三國演義源流研究（修訂三版）》（哈爾濱：黑龍江教育出版社，二〇〇九年一月）。
〔日〕渡邊義浩：《諸葛亮孔明：その虛像と實像》（東京都：新人物往来社，一九九八年二月）。
〔日〕満田剛：《三国志：正史と小説の狭間》（東京都：白帝社，二〇〇六年二月）。
〔美〕汪榮祖：《史傳通說：中西史學之比較》（北京：中華書局，二〇〇三年一二月）。

四、學位論文

方圓：《論習鑿齒之史學》（湖南師範大學歷史文獻學碩士學位論文，柳春新先生指導，二〇〇九年八月）。

田亞瓊：《袁宏《後漢紀》研究》（安徽大學傳世文獻整理與研究所碩士學位論文，張子俠先生指導，二〇一〇年四月）。

宋志英：《晉代史學研究》（南開大學史學理論及史學史博士學位論文，喬治忠先生指導，二〇〇二年六月）。

林郁迢：《北魏三書的南北文化觀》（臺北：國立政治大學中國文學系研究所博士論文，王文進先生指導，二〇〇八年一一月）。

吳心怡：《魏晉太原孫氏的家學與家風》（臺南：國立成功大學中國文學研究所碩士論文，江建俊先生指導，二〇〇三年六月）。

林盈翔：《裴松之與劉孝標史注學比較研究》（花蓮：國立東華大學中國語文學系碩士論文，王文進先生指導，二〇一〇年七月）。

唐燮軍：《魏晉南北朝史學探微》（華東師範大學博士學位論文，王東先生指導，二〇〇八年五月）。

陶玉璞：《謝學史論——試論歷史如何安頓謝靈運》（臺北：淡江大學中國文學研究所碩士論文，李正治先生指導，一九九六年六月）。

葉霞：《范曄《後漢書》與袁宏《後漢紀》之比較研究——以兩者帝紀材料和史論為例》（暨南大學（大陸）碩士學位論文，徐國榮先生指導，二〇〇八年五月）。

閆愛萍：《王沈《魏書》研究》（山西大學中國古代史碩士學位論文，李書吉先生指導，二〇〇四年六月）。

程方勇：《范曄及其史傳文學》（中國社會科學院研究生院博士學位論文，徐公恃先生指導，二〇〇三年五月）。

張谷良：《諸葛亮民間造型之研究》（花蓮：國立東華大學中國語文學系博士論文，鄭清茂、曾永義先生指導，二〇〇六年六月）。

張雅惠：《權力的謊言？——三至九世紀讖緯系統初探》（臺中：中興大學歷史學系所碩士學位論文，宋德熹先生指導，二〇〇八年八月）。

楊曉菁：《袁宏之生平與學術研究》（臺南：國立成功大學中國文學研究所碩士論文，江建俊先生指導，二〇〇〇年六月）。

鄭志敏：《中國中古時期天文星占與政、軍關係之研究》（臺北：國立臺灣師範大學歷史研究所博士學位論文，邱添生先生指導，二〇〇一年一月）。

鄭妹珠：《干寶生平與學術研究》（臺南：國立成功大學中國文學研究所碩士學位論文，江建俊先生指導，二〇〇九年七月）。

嚴紅彥：《《三國志》裴注中所見《魏晉世語》考述》（蘭州大學中國古代文學所碩士學位論文，王勛成先生指導，二〇〇七年五月）。

五、論文集論文

王文進：〈陳壽《三國志》中的「王霸觀」——兼論裴松之《三國志注》中的「統一觀」〉，收錄於國立成功大學中國文學系主編：《魏晉南北朝文學與思想學術研討會論文集．第六輯》（臺北：里仁書局，二〇一〇年七月），頁四五三－四九七。

王文進：〈論王沈《魏書》對三國史的詮釋立場〉，宣讀於淡江大學中國文學學系主辦：「第十四屆社會與文化國際學術研討會」（二〇一二年五月五日）。

王仲鏞：〈陳壽《益部耆舊傳》探微〉，收錄於李大明主編：《巴蜀文學與文化研究》（北京：商務印書館，二〇〇五年八月）。

王瑞功：〈關於陳壽《諸葛亮傳》評價問題的回顧與思考〉，收錄於甘永福主編：《羲皇故里論孔明》（甘肅：甘肅文化出版社，一九九七年九月），頁三六三－三七二。

朱大有：〈諸葛亮隱沒五事辨析〉，收錄於成都市諸葛亮研究會編：《諸葛亮研究》（四川：巴蜀書社，一九八五年一〇月），頁四六－六八。

朱紹侯：〈李興與〈諸葛亮故宅銘〉〉，收錄於高士楚等編：《諸葛亮躬耕地望論文集》（北京：東方出版社，一九九一年一月），頁六八－七九。

李廣健：〈梁代《漢書》研究的興起及其背景〉，收錄於黃清連編：《結網三編》（臺北：稻鄉出版社，二〇〇七年七月），頁六五五－八八。

范家偉：〈三國正統論與陳壽對天文星占材料的處理——兼論壽書無〈志〉〉，收錄於黃清連編：《結網編》（臺北：東大圖書，一九九八年八月），頁一三一－一八〇。

徐冲：〈「開國群雄傳」小考〉，收錄於《中國中古史研究》編委會編：《中國中古史研究．第一卷：中國中古史青年學者聯誼會會刊》（北京：中華書局，二〇一一年二月），頁八一－一〇五。

黃麗生：〈正史中分裂時代的「中國」〉，收錄於夏潮基金會編：《中國意識與台灣意識－一九九九澳門學術研討會論文集》（臺北：海峽學術出版社，一九九九年六月），頁一四六－二〇六。

崔曙庭：〈三國志評介〉，收錄於倉修良主編：《中國史學名著評介（第一卷）》（臺北：里仁書局，一九九四年四月），頁二二一－二四六。

陶懋炳：〈陳壽曲筆說辨誣〉，收錄於張越主編：《《後漢書》、《三國志》研究》（北京：中國大百科全書出版社，二〇〇九年一月），頁二二〇－二二七。

陳俊偉：〈崔浩評價諸葛亮一事探賾〉，收錄於國立臺灣師範大學國文學系主編：《思辨集．第十五集》（臺北：國立臺灣師範大學國文學系，二〇一二年三月），頁二二三－二四二。

孫遜：〈淺談《三國演義》正統觀念的歷史進步性〉，收錄於河南省社會科學院文學研究所編選：《《三國演義》論文集》（河南：中州古籍出版社，一九八五年一一月），頁二〇－三四。

張榮明：〈歷史真實與歷史記憶〉，收錄於瞿林東，葛志毅主編；羅炳良，郝振楠副主編：《史學批評與史學文化研究》（哈爾濱：黑龍江人民出版社，二〇〇九年三月），頁三五四－三六一。

葉振華：〈王沈《魏書》初探〉，收錄於周鵬飛、周天遊主編：《漢唐史籍與傳統文化》（西安：三秦出版社，一九九二年七月），頁二一〇－二一五。

趙國華：〈荀悅《中鑒》的成書時間——兼論《後漢紀》的史料價值〉，收錄於鄧鴻光、李曉明主編：《史學理論與史學史．第一輯》（武漢：崇文書局，二〇〇二年一〇月），頁一五四－一六三。

劉京華、惠英：〈陳壽評價諸葛亮曲筆辨〉，收錄於成都市諸葛亮研究會編：《諸葛亮研究》（四川：巴蜀書社，一九八五年一〇月），頁一九二－二〇一。

劉靜夫：〈習鑿齒評傳〉，收錄於中國魏晉南北朝史學會編：《魏晉南北朝史論文集》（濟南：齊魯書社，一九九一年五月），頁三二二－三三八。

龔鵬程：〈東晉名教論〉，收錄於國立成功大學中文系編輯：《魏晉南北朝文學與思想學術研討會論文集．第五輯》（臺北：里仁書局，二〇〇四年一一月），頁九六三－一〇〇〇。

黃俊傑：〈中國古代儒家歷史思維的方法及其運用〉，收錄於楊儒賓、黃俊傑主編：《中國古代思維方式探索》（臺北：正中書局，一九九六年一一月），頁一－三四。

〔日〕津田資久：〈《三國志．曹植傳》再考〉，收錄於《中國中古史研究》編委會編：《中國中古史研究．第一卷：中國中古史青年學者聯誼會會刊》（北京：中華書局，二〇一一年二月），頁七一－七九。

六、期刊論文

王文進：〈北魏文士對南朝文化的兩種態度——以《洛陽伽藍記》與《水經注》為中心的初探〉，《臺大中文學報》第二四期（二〇〇六年六月），頁一一五－一五〇。

王文進：〈論「赤壁意象」的形成與流轉——「國事」、「史事」、「心事」、「故事」的四重奏〉，《成大中文學報》第二八期（二〇一〇年〇四月），頁八三－一二四。

王文進：〈論魚豢《魏略》的三國史圖像〉，《中國學術年刊》第三三期（秋季號）（二〇一一年九月），頁一－三四。

王文進：〈習鑿齒與諸葛亮神話之建構〉，《臺大中文學報》第三八期（二〇一二年九月），頁七一－一二〇。

王永平：〈論荀彧——兼論曹操與東漢大族的關係〉，《揚州大學學報（人文社會科學版）》第三期（一九九七年），頁五六－六一。

王德毅：〈蕭常《續後漢書》及其影響〉，《東吳歷史學報》第一七期（二〇〇七年六月），頁一－二三。

卞孝萱：〈陳武帝「漢高、魏武之亞」、「無慚權、備」駁議——宋、齊、梁、陳開國四帝簡論之一〉，《南京曉莊學院學報》第二〇卷第一期（二〇〇四年一月），頁二三－二七。

朱子彥、王光乾：〈曹魏代漢後的正統化運作——兼論漢魏禪代對蜀漢立國和三分歸晉的影響〉，《中國史研究》第一期（二〇一一年二月），頁一一七－一四〇。

朱迎平：〈第一部文人傳記《文士傳》輯考〉，《古籍整理研究學刊》第六期（一九九四年），頁三六－三八。

沈伯俊：〈為諸葛亮析疑辨誣〉，《成都大學學報（社科版）》第六期（二〇〇七年），頁一一－一七。

宋志英：〈華嶠《後漢書》考述〉，《史學史研究》第四期（二〇〇一年），頁二六－三二。

宋志英：〈司馬彪《續漢書》考辨〉，《史學史研究》第二期（二〇〇五年），頁二五－三二。
宋志英：〈王隱《晉書》初探〉，《文獻季刊》第三期（二〇〇七年七月），頁六一－一五。
何偉康：〈從郭沖五議看諸葛亮治兵治蜀的雪泥鴻爪〉，《歷史月刊》第二三七期（二〇〇七年一〇月），一〇六－一一五。
阮廷焯：〈宋代有關正統論之史籍摭佚〉，《香港中文大學中國文化研究所學報》第一五期（一九八四年），頁一〇九－一三七。
李小樹：〈陳壽「謗議」諸葛亮質疑〉，《中州學刊》第一期（一九九七年），頁一一四－一一八。
李文仁：〈魚豢《魏略．勇俠傳》研究札記〉，《早期中國史研究》第二卷第一期（二〇一〇年六月），頁一五七－一七八。
李中華：〈孫盛儒學思想述評〉，《晉陽學刊》第五期（一九九二年），頁五二－五八。
李貞慧：〈重讀蘇軾〈方山子傳〉：以敘事觀點為中心的討論〉，《清華中文學報》第五期（二〇一一年六月），頁一二三－一六六。
李純蛟：〈論蜀漢在三國文化中的主體地位的確立（一）——以史學為中心的考察〉，《西華師範大學學報（哲學社會科學版）》第五期（二〇一一年），頁五六－六一。
林伯謙：〈孔融〈薦禰衡表〉與〈論盛孝章書〉〉，《東吳中文學報》第一二期（二〇〇六年五月），頁一－三八。
林盈翔：〈習鑿齒《襄陽記》與臥龍、鳳雛並稱的源起——兼論《三國志演義》中龐統角色的成敗〉，《雲漢學刊》第一八期（二〇〇九年六月），頁二五－五四。
吳直雄：〈習鑿齒及其相關問題考辨〉，《南昌大學學報（人文社會科學版）》第四〇卷第四期（二〇〇九年七月），頁七四－八〇。

吳直雄：〈習鑿齒及其相關問題再考辨〉，《南昌大學學報（人文社會科學版）》第四二卷第二期（二〇一一年三月），頁一五二－一六〇。
吳冠宏：〈余嘉錫箋疏《世說新語》之詮釋特色及其文化意義新探〉，《成大中文學報》第二二期（二〇〇八年一〇月），頁一－二二。
吳冠宏：〈余嘉錫以史評進路箋疏《世說新語》的現象考察〉，《東華漢學》第八期（二〇〇八年一二月），頁一〇七－一四〇。
侯建州：〈譙周勸降評議探賾〉，《文與哲》第一一期（二〇〇七年一二月），頁一六三－一八二。
秦永洲：〈三國時期正統觀念簡論〉，《山東師大學報（社會科學版）》第六期（一九九九年），頁三八－四〇。
徐婷婷：〈《世說》劉注《晉諸公贊》考略〉，《樂山師範學院學報》第二四卷第七期（二〇〇九年七月），頁二一－二三。
曹書杰：〈王隱家世及其《晉書》〉，《史學史研究》第二期（一九九五年），頁二三－三〇。
莊瑲逸：〈司馬光《資治通鑑》帝魏疏論〉，《中國文化月刊》第二五八期（二〇〇一年九月），頁一〇六－一二六。
曾守正：〈唐修正史文學彙傳的文學史圖像與意識〉，《淡江人文社會學刊》第七期（二〇〇一年五月），一－二二。
黃一農：〈星占、事應與偽造天象——以「熒惑守心」為例〉，《自然科學史研究》第一〇卷第二期（一九九一年），頁一二〇－一三二。
葉植：〈論題係沙上建塔，鐵證乃謬誤堆成——答吳直雄先生並與其《習鑿齒及其相關問題再考辨》一文商榷〉，《襄樊學院學報》第三二卷第一二期（二〇一一年一二月），頁一三－二三。
陳俊偉：〈東晉王隱的諸葛亮歷史圖像〉，《有鳳初鳴年刊》第八期（二〇一二年七月），頁四一一－四三二。
陳健梅：〈裴松之生卒年考〉，《中國史研究》第二期（二〇〇一年五月），頁五二。

陳橋驛：〈《水經注文獻錄》序〉，《杭州大學學報（哲學社會科學版）》第一六卷第三期（一九八六年九月），頁四七－五二。

趙海旺：〈從〈晉承漢統論〉看習鑿齒的正統史觀〉，《甘肅理論學刊》第四期（二〇〇六年七月），頁九七－一〇〇。

張元：〈讀田浩教授〈史學與文化思想：司馬光對諸葛亮故事的重建〉一文〉，《中央研究院歷史語言研究所集刊》第七三本第一分（二〇〇二年三月），頁一九九－二〇四。

張高評：〈研究視野與學術創新〉，《書目季刊》第四四卷第三期（二〇一〇年一二月），頁一－五〇。

張瑞龍：〈從經注與史注的變奏看裴松之《三國志注》的學術地位〉，《史學月刊》第六期（二〇〇四年），頁九五－一〇二。

梅祖麟、高友工著，黃宣範譯：〈唐詩的語意研究：隱喻與典故〉，《中外文學》第四卷第七期（一九七五年一二月），頁一一六－一二九。

蔡衍庭：〈尊魏？擁蜀？：關於裴松之正統觀的幾點討論〉，《東華中國文學研究》第四期（二〇〇六年九月），頁七七－九二。

蔡學海：〈建安年代的正統觀〉，《國立編譯館館刊》第一四卷第一期（一九八五年八月），頁一－三一。

錢國盈：〈三國時期的天命思想〉，《嘉南學報》第二七期（二〇〇一年一一月），頁二八一－二九八。

劉海靜、魯玉敏：〈晉胡沖《吳歷》輯佚〉，《吉林廣播電視大學學報》第五期（二〇〇七年），頁五〇－六八。

魏明安、任菊君：〈三世紀的諸葛亮熱——陳壽《三國志》成書前幾位政論家對諸葛亮的評論〉，《蘭州大學學報（社會科學版）》第三三卷第六期（二〇〇五年一一月），頁二七－三四。

魏斌：〈孫吳年號與符瑞問題〉，《漢學研究》第二七卷第一期（二〇〇九年三月），頁三一－五五。

遲永滿：〈試論華嶠的史學貢獻——兼論《後漢書》的價值〉，《青島大學師範學院學報》第二一卷第四期（二〇〇四年一二月），頁四七－五〇。

龐天佑：〈論晉代的史學與政治〉，《湖南文理學院學報（社會科學版）》第二九卷第四期（二〇〇四年七月），頁六一－六五。

魏世民：〈兩晉三部小說成書年代考〉，《昭通師範高等專科學校學報》第二四卷第四期（二〇〇二年八月），頁二八－三一。

羅炳良：〈范曄《後漢書》紀傳與司馬彪《續漢書》志分合考辨〉，《華中科技大學學報（社會科學版）》第一九卷第四期（二〇〇五年），頁一〇一－一〇七。

龔詩堯：〈十六國重要政權與同期拓拔鮮卑之漢化概況比較——以官方文教政策為討論核心〉，《淡江中文學報》第二四期（二〇一一年六月），頁一九一－二二〇。

〔日〕田中靖彥：〈《漢晉春秋》に見る三國正統観の展開〉，《東方學》第一一〇輯（二〇〇五年七月），頁四九－六四。

〔日〕永田拓治：〈「先賢伝」「耆旧伝」の歴史的性格——漢晉時期の人物と地域の敘述と社会〉，《中国：社会と文化》第二一期（二〇〇六年六月），頁七〇－九二。

〔日〕松本幸男：〈張勃呉錄考〉，《學林》第一四&一五期（一九九〇年），頁二六〇－三〇二。

〔日〕松本幸男：〈續張勃呉錄考〉，《學林》第一六期（一九九一年），頁四〇－九〇。

〔日〕津田資久：〈「魏略」の基礎的研究〉，《史朋》第三一期（一九九八年一二月），頁一－二九。

〔日〕満田剛：〈王沈『魏書』研究〉，《創価大学大学院紀要》第二〇集（一九九九年），頁二六三－二七八。

〔日〕満田剛：〈韋昭「呉書」について〉，《創価大学人文論集》第一六集（二〇〇四年），頁二三五－二八五。

〔日〕渡邉義浩：〈諸葛亮像の變遷〉，《日本大東文化大學『漢學會誌』》第三七號（一九九八年三月），頁一－三七。

〔日〕渡邉義浩：〈司馬彪の脩史〉，《大東文化大學漢學會誌》第四五號（二〇〇六年三月），頁二三－四一。

〔美〕田浩（Hoyt Cleveland Tillman）：〈史學與文化思想：司馬光對諸葛亮故事的重建〉，《中央研究院歷史語言研究所集刊》第七三本第一分（二〇〇二年三月），頁一六五－一九八。

七、譯著

恩格爾（Alan Engel）等著；張明貴譯：《意識型態與現代政治》（臺北：桂冠圖書公司，一九九〇年三月）。

喬伊絲・艾波比（Joyce Appleby）等著、薛絢譯：《歷史的真相》（臺北：正中書局，二〇〇〇年一〇月）。

海登・懷特（Hayden White）著，劉世安譯：《史元——十九世紀歐洲的歷史意象》（臺北：麥田出版社，一九九九年一二月）。

凱斯・詹京斯（Keith Jenkins）著，賈士蘅譯：《歷史的再思考》（臺北：麥田出版社，二〇〇六年八月）。

〔日〕佐藤利行著；周延良譯：《西晉文學研究》（北京：中國社會科學出版社，二〇〇四年六月）。

〔日〕岡村繁著；陸曉光譯：《漢魏六朝的思想和文學》（上海：上海古籍出版社，二〇〇九年五月）。

秀威經典　新視野09　史地傳記類　PG1397

敘述觀點與歷史建構
——兩晉史家的「三國」前期想像

作　　者／陳俊偉
責任編輯／盧羿珊
圖文排版／連婕妘
封面設計／蔡瑋筠

出版策劃／秀威經典
發 行 人／宋政坤
法律顧問／毛國樑　律師
印製發行／秀威資訊科技股份有限公司
114台北市內湖區瑞光路76巷65號1樓
電話：+886-2-2796-3638　傳真：+886-2-2796-1377
http://www.showwe.com.tw
劃撥帳號／19563868　戶名：秀威資訊科技股份有限公司
讀者服務信箱：service@showwe.com.tw
展售門市／國家書店（松江門市）
104台北市中山區松江路209號1樓
電話：+886-2-2518-0207　傳真：+886-2-2518-0778
網路訂購／秀威網路書店：http://www.bodbooks.com.tw
國家網路書店：http://www.govbooks.com.tw

2015年11月　BOD一版
定價：480元

國家圖書館出版品預行編目

敘述觀點與歷史建構：兩晉史家的「三國」前期想
像 / 陳俊偉著. -- 一版. -- 臺北市：秀威經
典, 2015.11
面； 公分
BOD版
ISBN 978-986-92097-5-5(平裝)

1. 三國史 2. 史學評論

622.308 104017472

讀者回函卡

感謝您購買本書，為提升服務品質，請填妥以下資料，將讀者回函卡直接寄回或傳真本公司，收到您的寶貴意見後，我們會收藏記錄及檢討，謝謝！

如您需要了解本公司最新出版書目、購書優惠或企劃活動，歡迎您上網查詢或下載相關資料：http:// www.showwe.com.tw

您購買的書名：________________________________

出生日期：________年________月________日

學歷：□高中（含）以下　□大專　□研究所（含）以上

職業：□製造業　□金融業　□資訊業　□軍警　□傳播業　□自由業

□服務業　□公務員　□教職　□學生　□家管　□其它_____

購書地點：□網路書店　□實體書店　□書展　□郵購　□贈閱　□其他

您從何得知本書的消息？

□網路書店　□實體書店　□網路搜尋　□電子報　□書訊　□雜誌

□傳播媒體　□親友推薦　□網站推薦　□部落格　□其他__________

您對本書的評價：（請填代號　1.非常滿意　2.滿意　3.尚可　4.再改進）

封面設計____　版面編排____　內容____　文／譯筆____　價格____

讀完書後您覺得：

□很有收穫　□有收穫　□收穫不多　□沒收穫

對我們的建議：________________________________

____

____

____

請貼
郵票

11466
台北市內湖區瑞光路 76 巷 65 號 1 樓
秀威資訊科技股份有限公司 收
BOD 數位出版事業部

....

（請沿線對折寄回，謝謝！）

姓　　名：______________　年齡：________　性別：□女　□男

郵遞區號：□□□□□

地　　址：________________________________

聯絡電話：(日)______________　(夜)______________

E-mail：________________________________